KB217217

도서출판
십자가사랑의 길

1. 십자가사랑의 책

도서출판 십자가사랑의 책을 통하여 예수 그리스도의
십자가사랑이 전파되며, 진실된 복음이 전 세계 만방에 펼쳐지길 원합니다.

2. 십자가사랑의 재정

도서출판 십자가사랑의 재정은 선교와 구제와 교회를 세우고
복음을 전하는데 사용되어지길 원합니다.

3. 십자가사랑의 사역

도서출판 십자가사랑은 하나님의 마음으로 정직하며
불의를 행하지 않는 기독교 기업으로 성장하길 원합니다.

하나님의 소원

하나님의 나라가 이 땅에!

다니엘 권 · 에스더 권 공저

십자가사랑

"내가 달려갈 길과 주 예수께 받은 사명 곧 하나님의 은혜의 복음을 증언하는 일을 마치려 함에는 나의 생명조차 조금도 귀한 것으로 여기지 아니하노라" (행 20:24)

이 책의 모든 수익금은
오직 하나님 나라의 확장을 위해서만
사용될 것임을 하나님 앞에 서원합니다.
이 서원의 증인은 하나님이십니다.
모든 영광 홀로 받으소서.
예수님 이름으로 기도 드립니다.

아멘!

프롤로그

하나님의 나라에 관한 책을 집필하도록 허락하신 하나님께 감사와 영광을 올려드린다. 하나님과 하나님의 나라에 대해 알고 싶은 갈망과 열망, 사모함으로 많은 예배, 집회, 세미나, 교육을 참석하면서 하나씩 깨우치는 데 도움을 주신 많은 분에게 감사를 드린다.

"하나님의 소원, 하나님의 나라가 이 땅에"라는 책을 집필하는 목적은 성령의 시대에 이미 도래한 하나님의 나라를 보여주기 위함이다. 또한 이미 도래한 하나님의 나라에서 훈련받고 있는 그 누군가에게 지침서로 사용되어 하나님의 나라 확장에 도움이 되기 위함이다.

성령이 스승 되어 가르치고자 하나, 성령을 어떻게 환영하여 내주케 하며, 성령이 어떠한 통로로 우리의 영 안에 내주하는지도 모르는 어린 양들을 어떻게 하나님의 군대까지 이끌어 갈 수 있겠는가? 이들을 마지막 때의 영적전쟁을 수행하는 용사들로 세우기 위하여 하나님의 말씀들이 필요하다. 또한 하나님은 하나님의 군대를 열방 곳곳에 세워나갈 것을 원하신다. 하나님의 군대를 어떻게 세워나가며, 어떠한 통로를 통하여 용사로 성장할 수 있는지 하나님은 자녀들에게 보여주고 가르쳐 주고 싶어 하신다. 성경과 기도 가운데 주신 감동과 깨달음을 바탕으로 정리된 이 책을 통하여 보여줄 수 있기를 소망해 본다.

이 시대의 교회를 보자. 종교의 영에 사로잡힌 교회와 종들을 통하여 꼴을 받고 있는 양들이 어떻게 성령의 음성(감동)을 들을 수 있겠는가? 성령이 스승 되어 가르치는 것을 인정하지 않는 교회들을 통하여 어찌 하나님의 용사까지 훈련될 수 있겠는가? 그리하여 하나님께서는 멕시코 예수사랑선교회를 허락한 것이다. 이곳은 하나님의 용사들을 하나님께서 친히 훈련하는 장소가 될 것이다.

이 책은 마지막 때에 환란을 통과하고 있는 자녀들에게 하나님의 뜻과 계획을 전달하는 통로로 사용되기를 원한다. 이 책을 볼 때 하나님의 음성인 것을 깨닫고, 하나님의 말씀들을 붙잡으며 읽는 사람들에게 영의 양식으로 자리 잡게 되기를 기대한다. 이제부터 시작이다. 하나님 아버지의 음성을 통한 말씀이 용사로서 훈련되는 어린 양으로부터 시작하여 종들까지 먹이게 될 것이며, 성경을 이해하는 데 도움이 되는 책이 되기를 바란다.

성경은 들어도 보아도 깨닫지 못하는 영적인 원리가 숨겨져 있는 비밀이다. 그러나 성령을 통해 비밀들이 풀어진다면, 그렇게 풀어진 계시로 말미암아 더 많은 사람이 그 계시 안에서 더욱 영적으로 확장된다. 젖먹이로부터 성숙한 그리스도인까지, 영적 성장을 통해 그들이 살아나는 놀라운 은혜를 체험하게 될 것이다.

이 책에서는 하나님의 나라의 개념이 무엇인지, 시대별로 하나님의 나라를 향한 하나님의 소원이 어떤 것이었는지, 성경 속에 역사적으로 어떠한 하나님의 나라가 있었는지, 지금 성령의 시대에 하나님의 나라를 어떻게 이루어 나가고, 확장해 나아가는지, 하나님의 자녀를 하나님의 군대와 용사로 어떻게 양육하시고자 하는지를 단계적으로 설명한다.

먼저 하나님의 나라를 완성하고자 하는 하나님의 열심이 하나님의 소원이며, 사랑이며, 자녀를 향한 축복이기에 자녀가 삶을 어떻게 살아갈 때, 이 땅에서 하나님의 나라가 도래하는지와 이 땅에서 하늘로 갈 때 어떻게 완성된 하나님의 나라인 천국으로 인도하시는지를 살펴보고자 한다.

더 나아가 영원한 왕국인 천국에 백성을 데려가기 위하여 지금 하나님의 나라를 어떻게 확장해 나가며, 확장된 하나님의 나라에서 영토는 무엇이며, 백성이 누구이며, 영원한 나라 천국에 들어가기 위하여 하나님 통치의 법이 우리 가운데 어떻게 역사하는지와 하나님의 나라의 삶의 과정에 관해 설명하려 한다.

하나님의 나라를 향한 하나님의 소원이 바로 우리를 향한 사랑이다. 죽기까지 사랑하셔서 영생의 나라로 인도하고자 하시는 하나님의 신실하신 여정과 역사하심에 대해 이 책을 통해 풀어내고자 한다.

이 책의 많은 내용은 멕시코 예수사랑선교회 예배에서 선포된 설교와 기도를 정리한 것으로써 성경의 말씀을 기반으로 하나님의 나라를 깨우치고, 이해하는 데 도움이 되도록 주요 말씀과 설명이 반복하여 기록되었음을 밝혀 드린다.

마지막으로, 모든 것을 가르쳐 주시고 깨닫게 해주신 하나님 아버지께 무한한 감사와 영광을 올려 드린다.

다니엘 권·에스더 권
예수사랑선교회

목차

PART 1

하나님의 소원 하나님의 나라 건국

1장
서론

01. 하나님의 기쁨과 소원

하나님께서 태초에 모든 만물을 만드신 이후, 그 모든 것을 바라보시고 매우 기뻐하셨다.[1] 하나님의 형상대로 사람을 만드셔서 땅을 다스리게 하시고, 그들이 하나님과 사랑을 나누며 살아가기를 원하셨으며,[2, 3] 하나님의 자녀로부터 영광과 존귀와 권능, 찬양을

1 (창 1:31, 개정) 하나님이 지으신 그 모든 것을 보시니 보시기에 심히 좋았더라

2 (창 1:27-28, 개정) 하나님이 자기 형상 곧 하나님의 형상대로 사람을 창조하시되 남자와 여자를 창조하시고 하나님이 그들에게 복을 주시며 하나님이 그들에게 이르시되 생육하고 번성하여 땅에 충만하라, 땅을 정복하라, 바다의 물고기와 하늘의 새와 땅에 움직이는 모든 생물을 다스리라 하시니라

3 (요일 4:7-8, 개정) 사랑하는 자들아 우리가 서로 사랑하자 사랑은 하나님께 속한 것이니 사랑하는 자마다 하나님으로부터 나서 하나님을 알고 사랑하지 아니하는 자는 하나님을 알지 못하나니 이는 하나님은 사랑이심이라

받으시고자 하셨으며, 창조한 만물이 하나님의 뜻대로 존재하는 것을 보시면서 기뻐하시는 것이 하나님의 창조 목적이셨다.[4]

하나님의 나라 모형인 에덴동산(영토)과 인간(백성)을 창조하신 후, 자녀가 하나님의 말씀에 순종(통치)하면서, 이 땅에서 생육하고 번성하여 땅을 충만하게 하는 것, 평강과 희락으로 행복하게 살면서 하나님의 사랑을 있는 그대로 누리는 것, 그리하여 하나님께 감사와 영광과 찬양을 올려드리는 것을 기쁨으로 바라보는 것이 하나님의 소원(바라고 원하심)이었다. (창세기 1장 25절-31절), (데살로니가전서 5장 16절-18절), (이사야 43장 7절, 21절), (이사야 60장 21절), (에베소서 1장 6절, 12절, 14절), (시편 33편 1절), (요한계시록 4장 11절) 이와 같이 하나님께서 태초에 천지를 창조하신 이유 중의 하나는 사랑하는 하나님의 자녀들로부터 기쁨과 감사와 영광을 받기 위함이다.[5]

그 목적을 위해 하나님께서는 이 땅에 하나님의 나라를 이루시고 우리에게 모든 것을 공급하셨다. 또한, 하나님의 사랑을 느낄 수 있도록 만물 안에 하나님의 사랑을 심겨 놓았다.[6] 그 숨겨놓은 사랑

---

4 (계 4:11, 개정) 우리 주 하나님이여 영광과 존귀와 권능을 받으시는 것이 합당하오니 주께서 만물을 지으신지라 만물이 주의 뜻대로 있었고 또 지으심을 받았나이다 하더라

5 (살전 5:19, 개정) 항상 기뻐하라 쉬지 말고 기도하라 범사에 감사하라 이것이 그리스도 예수 안에서 너희를 향하신 하나님의 뜻이니라

6 (롬 1:20, 개정) 창세로부터 그의 보이지 아니하는 것들 곧 그의 영원하신 능력과 신성이 그가 만드신 만물에 분명히 보여 알려졌나니 그러므로 그들이 핑계하지 못할지니라

을 자녀들이 찾을 때 기뻐하며 즐거워하신다. 하나님의 사랑, 이 사랑은 영원히 끝까지 변하지 않을진대, 하나님의 사랑을 방해하며 대적하는 사탄에 의하여 사람이 변했다. 문제는 인간이 변했다는 것이다. 아담이 분명 하나님의 사랑을 인식하고 있었으나 하나님처럼 되고 싶은 교만으로 인해 그 사랑을 저버렸다. 아담의 배신으로 하나님의 나라 모형인 에덴동산과 하나님의 소원이 무참히 부서졌다. 불행하게도 아담의 후손이 바로 우리 인간이다.

그러함에도 불구하고 하나님께서는 그 소원을 포기하지 않으시고 우리를 바라보며 기뻐하고 계신다. 지금도 하나님 나라의 영역 안으로 이끌고자 하시는 하나님의 신실하신 뜻과 우리를 끝까지 놓지 않으시며 눈동자처럼 바라보시는 하나님의 사랑을 우리는 인식해야 한다. 설령 그 사랑이 무참히 짓밟히고 사람의 시선에서 망각되었을지라도, 끝까지 그 사랑을 찾기 위하여 인도하시는 하나님의 사랑을 깨달아야 한다.

하나님의 나라는 하나님의 사랑으로 통치되는 나라이다. 하나님의 말씀과 능력이 주권 되는 나라이다. 그 하나님의 나라에서 우리가 하나님과 동행하며 살아간다면 의와 희락과 평강으로 더욱 기뻐하며 행복하게 살아갈 수 있다. 그래서 하나님은 포기하지 않으시고 하나님 나라를 이루시기 위하여 일하고 계신다.

에덴동산에서도, 구약시대에서도 인간(백성)들을 인도하시어 하나님의 나라를 이루기 위하여 하나님은 신실하게 일하셨지만, 하나님의 사랑을 훼방하고 대적하는 사탄과 하나님의 말씀에 불순종하는 백성에 의하여 하나님의 소원은 무참히 부서졌다. 그렇게 하나님의 사랑이 무참히 밟혀 하나님의 나라가 잊혀갈 때도 하나님은 하나님 나라의 본체인 예수 그리스도를 이 땅에 보내어 하나님의 나라를 도래시키기 위하여 쉬지 않고 일하셨다. 쉬지 않고 일하심의 근원은 바로 자녀를 향한 하나님의 사랑이다. 이 사랑을 우리는 반드시 기억해야 한다.

그리하여 이제 예수 그리스도가 하나님의 아들이라는 진리와, 백성을 향한 사랑을 보이기 위하여 이 땅에 성육신의 하나님으로 내려왔다는 진리를 믿는다면, 그 순간부터 우리 안에서 하나님의 나라가 도래될 수 있다. 하나님의 형상이 복원된 백성(하나님의 자녀)들을 통하여 하나님의 나라가 확장되기를 원하시는 하나님의 큰 그림을 이 책에 설명하고자 한다.

또한 우리 안에 하나님의 나라가 도래되어 그 권세를 가지고 어떻게 하나님이 우리를 하나님의 나라로 변화시키며, 우리가 어떻게 순종해 나아갈 때 진정한 하나님의 용사, 그리스도의 병사로서[7] 준비되는지 이 일련의 과정을 설명하고자 한다.

---

7 (딤후 2:3, 개정) 너는 그리스도 예수의 좋은 병사로 나와 함께 고난을 받으라

무엇보다도 "하나님의 소원, 하나님의 나라가 이 땅에"라는 책을 집필하고자 하는 목적은 성령의 시대에 이미 도래한 하나님의 나라를 보여주기 위한 것이다. 또한, 이미 도래한 하나님의 나라에서 훈련받고 살아가고 있는 하나님의 자녀들에게 이 책이 지침서로 사용되어 하나님의 나라 확장에 도움이 되기 위함이다.

하나님의 나라를 향한 하나님의 소원이 바로 자녀를 향한 사랑이며, 자녀를 죽기까지 사랑하셔서 영생의 나라로 인도하고자 하시는 하나님의 신실하신 여정과 역사하심에 관해 설명하고자 하며, 성령님의 내주를 통해 이미 도래한 하나님의 나라에서 훈련과 연단을 받으며 살아가고 있는 하나님의 자녀들에게 도움을 주고자 한다.

따라서 이 책은 하나님의 나라를 이루고 살아가는 하나님의 자녀들의 삶의 지침서로 활용되기를 소망하며 작성되었다.

02. 하나님의 형상 복원

하나님의 가장 큰 기쁨은 무엇일까? 우리가 하나님의 형상으로 복원되는 것이다. 그리하여 하나님께서 이 땅 가운데 펼치고자 하는 하나님의 뜻과 계획을 우리를 통해서 펼쳐지는 것을 바라보는 것이다.

이 땅을 창조하신 목적이 바로 하나님 나라의 완성이기에 우리가 이 땅에서 하나님의 자녀로서 성품이 복원되고, 기질이 변화되어, 하나님의 속성과 인격이 드러나는 삶을 보임으로써, 우리를 통해서 하나님께서 나타나는 것, 우리를 통해서 하나님을 느낄 수 있는 것, 이것을 바라보는 것이 하나님의 가장 큰 기쁨이다. 즉 하나님의 형상을 드러낼 수 있는 삶을 자녀가 살아가는 것을 하나님은 가장 기뻐하신다.

우리가 누군가를 생각하고 떠올릴 때 생각나는 형상이 이미지가 있을 것이다. 우리가 진정한 크리스천이라면 예수 그리스도가 떠올라야 하지 않겠는가? 예수 그리스도의 영이신 성령님이 내주해 계신다면 성령을 통하여 예수 그리스도가 증언되어야 한다. 하나님의 형상과 인격이 우리의 삶을 통해서 풍겨 나와야 한다. 그러나 그러한 하나님의 속성과 인격이 드러나기 위해서 무엇보다도 가장 먼저 우리의 인격이 변화되어야 한다. 속성이 변화되어야 한다. 하나님의 향기와 예수 그리스도의 편지가 되기 위해서는 우리의 본질 자체가 변화되고 변혁이 일어나야 한다는 것이다.

우리의 본질과 본성은 본질상 진노의 자녀이며 사탄의 본성, 악의 속성을 지니고 있다. 갈라디아서 5장에 나타나는 음행, 부정, 분쟁, 시기, 질투, 음란과 우상 숭배와 술 취함과 방탕함 등 사탄의 속성들이 우리도 알지 못하는 사이에 풍겨 나온다.[8] 그로 인해 하나님의 나라에 백성으로 창조된 우리가 죄에 종속되므로 사탄의 기질과 성품, 인격을 드러내게 되었고, 그 결과 이 세상이 이토록 패역한 땅이 되어가고 있다는 것이다.

이 땅은 사람의 손에 의해 기경된다. 우리가 하나님의 형상으로 이 땅을 생육하고 번성하며 다스렸다면, 하나님의 속성과 신성과 능력이 기경된 땅에 나타날 것이다. 그러나 사탄에 종속되어버린 우리가 사탄의 인격과 속성으로 자연과 만물을 기경하며 훼손시켰기에, 이 땅조차도 분노를 내고 우리를 공격하며 다가오고 있는 것이다. 지금 이 시대에 일어나고 있는 쓰나미, 지진, 전염병을 보면, 이 땅을 기경하고 있는 사탄에 속한 우리의 속성과 많이 닮지 않았는가? 하나님의 인격과 속성과 성품으로 우리가 이 땅을 다스렸다면 자연은 마치 어미의 품 안에서 안고 있는 것처럼 그 소산물로 먹

8 (갈 5:19-21, 개정) [19] 육체의 일은 분명하니 곧 음행과 더러운 것과 호색과 [20] 우상 숭배와 주술과 원수 맺는 것과 분쟁과 시기와 분냄과 당 짓는 것과 분열함과 이단과 [21] 투기와 술 취함과 방탕함과 또 그와 같은 것들이라 전에 너희에게 경계한 것 같이 경계하노니 이런 일을 하는 자들은 하나님의 나라를 유업으로 받지 못할 것이요

이며 우리를 위해 존재하게 될 것이다. 그러나 이제 이 마지막 때에 만물은 사탄에 속성을 지닌 우리로 인하여 훼파되므로 그 속성으로 인간을 공격해 올 것이다.

하나님께서는 하나님의 나라를 위하여 지었던 모든 만물이 우리를 통해 아름답게 기경되고 빚어지기를 소원하셨다. 우리가 하나님의 속성과 인격으로 변화되어 이 땅을 다스렸다면, 자연은 우리에게 풍성함을 제공했을 것이다. 에덴동산과 같은 하나님의 나라의 영토에서 놀라운 풍요로움을 누리며 살았을 것이다.

이제 마지막 때의 전쟁이 시작되었다. 사탄의 속성을 지닌 자들과 하나님의 향기를 드러나는 자들과의 전쟁이다. 무엇을 통하여 전쟁하겠는가? 바로 기도이다. 기도 외에는 그런 종류가 떠나갈 수 없음을 명심해야 한다.[9]

하나님께서 그분의 자녀들에게 입술의 권세를 회복시켜 하나님의 군대로 세워나가기를 원하신다. 그들에게는 놀라운 입술의 권세가 부어질 것이다. 기도를 통하여 이 땅을 다시 기경해 나아갈 것이다. 마지막 때에는 무너진 곳을 수복하고 훼파된 곳을 복원시키며 하나님의 마음으로 기도하는 중보 기도자를 세워나가실 것이다. 하

9 (막 9:28-29, 개정) [28] 집에 들어가시매 제자들이 조용히 묻자오되 우리는 어찌하여 능히 그 귀신을 쫓아내지 못하였나이까 [29] 이르시되 기도 외에 다른 것으로는 이런 종류가 나갈 수 없느니라 하시니라

나님의 나라에 합당한 땅으로 변모시키기 위하여 하나님의 군대를 불러일으켜 세워나가고 있다는 것이다.

하나님의 소집 명령에 아멘으로 순종하는 자들을 불러일으켜 하나님의 군대를 세워나가시기를 원하신다. 그들을 통하여 중보하며, 선포하며, 사탄의 속박에 갇혀 있는 자들을 구출해 내기를 원하신다. 하나님 자녀의 권세와 삶이 복원된 자녀의 입술을 통해 이 땅을 다시 기경하는 것이 하나님의 꿈이라는 것이다.

이미 하나님께서 이 일을 시작하셨다. 하나님의 말씀과 음성에 따라가는 하나님의 군대를 불같이 일으켜 세우실 것이다. 그들에게 훈련 방법이 필요하다. 이 순간 지쳐있고 시험 중에 있으며, 연단을 받는 자들에게 그 과정을 설명해 주어서 다시 일어날 힘을 부어주기 위한 훈련 교재가 필요하다는 것이다. 이 책이 훈련과 연단 중에 있는 그 누군가를 위로하고 권면하는 참조 자료로 사용되기를 원한다.

이 책이 하나님의 나라와 하나님 자녀의 삶을 살아가기 위한 지침서이자, 더 나아가서 하나님의 용사와 군대를 세워나가기 위한 훈련 교재 중의 하나로 사용되기를 간절히 소망한다.

2장
역사적 하나님의 나라

01. 인간의 창조와 타락

1) 하나님의 자녀와 소원

하나님은 사랑이시다[10]. 하나님은 사랑의 대상으로 사람인 우리를 만드셨다. 그래서 온전한 하나님의 사랑이 우리 사람에게 향해 있다. 하나님의 영을 불어 넣었기에, 사랑하기에 온통 하나님의 마음이 자녀인 우리에게 있는 것이다. 모든 것을 다 가지신 전능하신 하나님께서 가장 약한 부분이 있은즉, 그분의 형상을 닮은 자녀를 향한 사랑이다. 그 사랑 앞에서 모든 것을 포기하시기 때문이다.

---

10 (요한1서 4:16, 개정) 하나님께서 우리를 사랑하시는 사랑을 우리가 알고 믿었노니 하나님은 사랑이시라 사랑 안에 거하는 자는 하나님 안에 거하고 하나님도 그의 안에 거하시느니라

하나님의 형상을 닮은 사람인 하나님의 자녀를 만들어 그들과 사랑하며, 교제하며, 친밀함을 유지하며 함께 살아가는 하나님의 나라를 이 땅에 이루시고자 하셨다. 또한 하나님의 나라에서 자녀들이 생육하고 번성하여 하나님의 대행자로서 이 땅을 다스리는 것을 바라보기 원하셨다.[11] 이 땅에 하나님의 나라를 이루어서 자녀와 영원히 함께하는 것, 하나님의 자녀를 지키며, 끝까지 영원히 사랑하는 것, 그 자녀를 한순간도 놓치지 아니하고 바라볼 수 있는 하나님의 나라를 실현하는 것이 하나님의 소원이시다. 그것이 바로 에덴동산을 창설하신 이유이다.

이 땅의 하나님의 나라에서 하나님의 권세와 능력으로 삶을 사는 하나님의 자녀들이 영혼과 육체가 분리될 때, 진정한 하나님의 완전한 왕국으로 입성시키는 것, 천국으로 데려가는 것이 하나님 아버지의 소원이다. 이것이 하나님 사랑의 시작이며, 하나님 사랑의 완성이기 때문이다.[12]

이 땅을 하나님께서 친히 다스릴 수 있었으나, 하나님의 형상으로, 하나님의 성품으로, 하나님의 인격으로 하나님의 자녀들을 빚

11 (창 1:26, 개정) 하나님께서 이르시되 우리의 형상을 따라 우리의 모양대로 우리가 사람을 만들고 그들로 바다의 물고기와 하늘의 새와 가축과 온 땅과 땅에 기는 모든 것을 다스리게 하라 하시고

12 (요한1서 4:17, 개정) 이로써 사랑이 우리에게 온전히 이루어진 것은 우리로 심판 날에 담대함을 가지게 하려 함이니 주께서 그러하심과 같이 우리도 이 세상에서 그러하니라

어 하나님의 나라를 다스리기를 원하셨다. 이것은 하나님의 통치에 자녀가 순종할 때만 하나님의 상속권을 가지고 대행자로서 하나님의 나라를 다스리도록 허락하셨다.

하나님의 말씀에 대한 자녀의 순종은 하나님을 사랑하는 확실한 증거로서 하나님에 대한 사랑을 나타내는 것이며, 불순종은 하나님의 말씀이 땅에 떨어지는 것이므로 자녀가 하나님을 사랑하지 않는다는 증거가 된다.[13]

따라서 하나님의 나라 백성의 자격, 명분으로서 하나님의 자녀들에게 하나님의 말씀과 명령을 통한 하나님의 통치에 순종할 것을 요구하신다.[14] 하나님의 말씀대로 살아가는 삶을 살 때, 이것을 '의'로 여기사 심판 날에 완성된 하나님의 나라인 천국에 들어갈 수 있도록 하나님께서 쉬지 않고 일하시고 있다.[15]

하나님의 자녀는 하나님을 사랑하고, 하나님의 말씀과 음성(감동)을 믿음으로 받고 순종해야 한다. 그리할 때 하나님께서 그것을 '의'로 여기시어 하나님의 나라의 백성으로 인정하시고 친히 천국

---

13 (요한1서 5:2-3, 개정) [2] 우리가 하나님을 사랑하고 그의 계명들을 지킬 때에 이로써 우리가 하나님의 자녀를 사랑하는 줄을 아느니라 [3] 하나님을 사랑하는 것은 이것이니 우리가 그의 계명들을 지키는 것이라 그의 계명들은 무거운 것이 아니로다

14 (롬 2:13, 개정) 하나님 앞에서는 율법을 듣는 자가 의인이 아니요 오직 율법을 행하는 자라야 의롭다 하심을 얻으리니

15 (야 2:21, 개정) 우리 조상 아브라함이 그 아들 이삭을 제단에 바칠 때에 행함으로 의롭다 하심을 받은 것이 아니냐

으로 인도하신다. 이것이 하나님의 마음이며 하나님의 나라를 향한 열망이며 소원이다.[16,17,18]

이 땅에서 하나님의 나라를 경험하지 못한다면, 사망으로 자녀의 영혼과 육체가 분리될 때 천국에 입성하기가 쉽지 않다. 따라서 하나님께서는 신실하리만큼 하나님의 완전한 왕국에 자녀를 입성시키기 위하여 쉬지도, 졸지도, 먹지도 아니하며, 자녀들의 구원을 위해 일하시고 있다. 하나님께서는 하나님의 열심이 자녀의 열정이 되고 소원이 되기 원하신다. 하나님의 사랑하는 자녀들이 하나님의 소원을 붙잡고, 결단하고 순종하며 살아갈 때, 하나님의 나라에 통치가 더 강력해지기 때문이다. 이것은 하나님께서 행하심으로 이끌어 나아간다는 것이지 자녀가 행하는 것을 의미하는 것이 아니다. 이처럼 하나님의 나라가 이 땅에 임하는 것은 하나님의 소원이며 자녀의 소원이 될 때, 진정으로 자녀를 통하여 하나님의 나라가 더 확장될 수 있기에, 하나님께서 자녀안에서 먹고 마시며, 임마누엘 성령 하나님으로서 동행하시며, 하나님의 나라를 확장할 수 있도록 친히 인도해 나가고 계신다.

---

16 (요한1서 3:24, 개정) 그의 계명을 지키는 자는 주 안에 거하고 주는 그의 안에 거하시나니 우리에게 주신 성령으로 말미암아 그가 우리 안에 거하시는 줄을 우리가 아느니라

17 (갈 3:24, 개정) 이같이 율법이 우리를 그리스도께로 인도하는 초등교사가 되어 우리로 하여금 믿음으로 말미암아 의롭다 함을 얻게 하려 함이라

18 (롬 13:10, 개정) 사랑은 이웃에게 악을 행하지 아니하나니 그러므로 사랑은 율법의 완성이니라

하나님의 나라가 이 땅에 도래하고 있으며, 반드시 도래해야만 한다. 영생의 하나님의 나라에 들어가기 위해서는 반드시 성령님이 우리 안에 내주하셔야 한다. 성령께서 내주하실 때야 비로소 하나님의 나라가 도래될 수 있기 때문이다. 하나님의 나라는 눈으로 볼 수 있는 공간, 즉 보이게 임하는 것이 아니며, 여기 있다 저기 있다고 말할 수 없는 곳으로서, 우리 안에 하나님의 나라가 도래하고 있다는 것이다.[19]

자신 안에 성령이 내주하여 하나님의 나라를 이룬 자녀들이 복원된 하나님의 형상으로 살아갈 때 그들이 가는 곳은 완성된 하나님의 나라, 천국이 될 것이다. 이렇게 하나님의 나라가 도래한 자녀들을 위하여 영원한 하나님의 천국, 완전한 하나님의 나라로 인도하고자 하는 아버지의 열심과 신실하게 일하심이 지금 이 순간에도 진행되고 있다.

하나님은 이 땅에 하나님의 나라를 이룬 하나님의 자녀를 의와 평강, 희락의 삶을 살도록 인도하시고, 자녀의 영혼이 육을 떠날 때, 자녀를 완성된 하나님의 나라로 인도하시는 것이 하나님의 소원이고 하나님의 사랑이다.

---

19 (눅 17:20-21, 개정) [20] 바리새인들이 하나님의 나라가 어느 때에 임하나이까 묻거늘 예수께서 대답하여 이르시되 하나님의 나라는 볼 수 있게 임하는 것이 아니요 [21] 또 여기 있다 저기 있다고도 못하리니 하나님의 나라는 너희 안에 있느니라

2) 인간의 창조와 타락

만물의 창조주이신 하나님께서 에덴동산을 창설하시고, 그곳을 다스리도록 하나님의 형상과 모양을 닮은 사람을 만드시기를 원하셨다. 하나님 사랑의 대상인 사람이 하나님의 나라 백성이 되는 것이 소원이셨다.

하나님은 흙으로 아담의 육체를 먼저 빚으셨다. 흙으로 육체를 빚은 이후에 그 코에 생기를 불어넣을 때, 하나님의 영과 인간의 영혼을 같이 불어넣어 생령이 되게 하셨다.[20] 영은 하나님의 통치 기관이며, 혼은 지성과 감정과 의지와 양심과 자유의지의 영역으로서 영혼이 생기를 통하여 아담에게 불어넣어진 것이다.

이때는 영과 혼이 하나님의 통치 영역(하나님의 뜻과 의지, 하나님의 섭리에 따라 통치되는 영역)[21]으로서 연합된 '영혼'의 단계에 있었다. '영혼'의 연합 단계는 영에서 하나님의 명령을 내리고 혼이 동의하여 육체를 통해 행함이 나타나는 단계로서, 이것이 영혼이 하나라는 의미이다. 이 책에서는 이분설에 동의하며, 단지 인간 안에서 영혼 육이 어떻게 서로 역할을 하고 있는지 설명할 때는 영과

20 (창 2:7, 개정) 여호와 하나님이 땅의 흙으로 사람을 지으시고 생기를 그 코에 불어넣으시니 사람이 생령이 되니라
21 (롬 8:28, 개정) 우리가 알거니와 하나님을 사랑하는 자 곧 그의 뜻대로 부르심을 입은 자들에게는 모든 것이 합력하여 선을 이루느니라

혼과 육으로 구분하여 설명한다.

하나님은 인간을 사랑하신다. 그러나 인간은 하나님의 섭리 안에서 자유의지로 하나님의 사랑을 선택할 수도 있으며 하나님의 사랑을 외면할 수도 있다. 인간이 하나님의 사랑(하나님의 뜻과 의지 포함)을 자유의지로 선택하여 하나님 앞에 순종의 삶으로 그 사랑을 증거하며, 하나님과 진정한 사랑을 나누길 원하셔서 인간을 창조한 것이다. 그러나 혼의 구조와 육의 본성 가운데 자유의지를 통하여 악을 선택하고 싶은 마음까지도 함께 존재하였다. 혼의 자유의지를 통해 선과 악을 분별하여 하나님을 선택하는 것이 바로 진정한 사랑을 위한 것이었는데. 이 자유의지 안에 악을 선택하고 싶은 마음까지도 있었다는 것이다.

이것을 사탄은 알고 인간의 혼의 영역을 통치하고자 공격하였다. 사탄은 하나님을 선택하지 않고 사탄의 것을 선택하도록, 생각을 통해서 자유의지 안의 악을 발동시켰다. 그 생각의 공격에 이브의 마음이 흔들렸으며, 흔들린 마음에서 행동까지 이어져 결국 자유의지가 훼손되었다. 더 나아가 감정과 의지까지도 격동되어 사탄의 죄 된 생각과 의지가 연속적으로 투입됨으로써, 결국 이브의 혼의 영역에서 훼손이 일어나게 된 것이다.

사탄이 죄 된 생각을 투영함으로 자유의지에서 악이 발동되고, 그것이 혼의 영역인 감정과 의지와 생각까지도 하나님의 명령을 잊어버리는 죄를 범함으로써 혼의 영역이 사탄의 종속으로 넘어간 것이다. 그 순간부터는 혼의 영역은 하나님의 통치가 아니라 사탄의 통치가 일어나는 공간으로 전락되었다. 인간의 혼의 영역이 사탄에게 잠식되어 버린 것이다. 혼의 영역을 사탄이 통치함에 따라 거룩한 하나님의 영이 인간의 영에서 떠나셨다. 하나님의 영이 분리됨으로써 하나님과 인간의 관계가 단절된 상태, 즉 인간의 영이 죽은 상태가 된 것이다.

육체에 영혼인 생기를 불어넣음으로 생령이 되어 하나님의 통치권 안에서 아담과 이브가 창조되었으나, 자유의지에 악의 발동으로 말미암아 어둠의 권세에 인간의 혼의 영역을 잠식되었으며, 지금까지도 탈환되지 못하고 있다. 이것이 하나님의 아픔인 것이다.

하나님은 지금도 자유의지로 하나님을 선택하는 자들, 예수 그리스도를 믿는 자들에게 성령이 내주하게 하시어 죽은 인간의 영을 깨우고, 하나님의 자녀인 것을 깨닫게 하신다. 내주하신 성령님은 거듭난 하나님의 자녀들이 속사람과 겉사람의 전쟁에서 승리하도록 인도하고 계신다. 혼의 영역을 다시 하나님의 통치 안으로 들어올 수 있도록 싸우고 계신다.

하나님은 이러한 영적 전쟁에서 하나님의 자녀들이 승리하여 영혼의 영역에 하나님의 통치가 회복되고 온전한 영혼 육으로 하나님을 사랑할 수 있기를 원하신다. 그리하여 에덴동산에서 무너진 소멸된 하나님의 나라가 다시 세워질 수 있도록, 완성된 하나님의 나라 천국에 자녀들을 데려올 수 있도록 쉬지도 먹지도 졸지도 아니하시고 일하시고 있다.

이 땅에서 성령을 통하여 인간의 영에 하나님의 사랑이 부어진다면 거듭난 하나님의 자녀가 되는 것이다. 그 자녀의 영혼 육이 온전하게 하나님께 통치되어 순종하는 삶을 살면서, 하나님께 기쁨으로 감사와 영광과 찬양을 올려드리는 것이 하나님 자녀의 삶인 것이다. 이 삶을 이끌어 갈 수 있도록 하나님은 포기하지 않으며, 계속 말씀하시며, 우리와 함께하시며, 완성된 하나님의 나라로 이끌 수 있도록 신실하게 일하시고 있다. 이것이 현재적 하나님 나라의 모습이다.

3) 하나님의 사랑과 하나님의 나라

하나님은 온전히 우리의 영혼과 육을 통치함으로써 마음껏 하나님의 사랑을 붓기를 원하신다. 모든 하나님의 백성들에게, 하나님을 알지 못하며 하나님을 믿지 않는 불신의 백성들조차도 하나님의 사랑을 붓기를 원하신다. 이 만물 안에 하나님의 사랑이 속속히 숨겨져 있다.

하나님의 자녀들이 자연을 보고 눈을 들어 하늘을 보면, 숨 쉬는 공간마다 하나님의 사랑이 일반 은총으로 이 온 우주에 담겨 있다.

살아 숨 쉬는 공간마다 하나님의 사랑을 숨겨 놓았다. 그 안에 하나님의 사랑이 숨 쉬고 있다. 만물 안에서 하나님께서 숨겨놓은 사랑을 찾는 이들에게 하나님은 무엇을 못 주겠는가?우리가 알지 못할 뿐이다. 우리가 느끼지 못할 뿐이다. 우리가 깨닫지 못하는 것이다. 하나님의 자녀들이 힘들고 어려울 때마다 하나님께서 숨겨 놓으신 사랑을 발견하는 그 기쁨을 누리기를 원한다. "하나님, 이 들꽃 속에 하나님의 사랑을 숨겨 놓았네요. 지나가는 일상 속에서도 하나님께서 없다 핑계치 못하도록 모든 것을 숨겨 놓았네요!" 이러한 감동을 받고 살아가는 자녀들이 하나님의 나라에 합당한 자녀들이 될 것이다.

"천국은 여기 있다 저기 있다 말하지 말아라! 천국은 우리 안에서 비롯되어야 하리라!"[22] 우리 안에 천국이 실상에서 일어나며, 하나님의 나라가 우리 안에서 실현될 때, 진정한 천국에 갈 수 있는 자격이 부어지는 것이다. 누구든지 한번 죽는 것은 정해진 것이며, 그 후에는 심판이 있으며 생명책에 기록되지 아니한 자들은 불 못에 던져질 것이다.[23]

---

22 (눅 17:20-21, 개정) [20] 바리새인들이 하나님의 나라가 어느 때에 임하나이까 묻거늘 예수께서 대답하여 이르시되 하나님의 나라는 볼 수 있게 임하는 것이 아니요 [21] 또 여기 있다 저기 있다고도 못하리니 하나님의 나라는 너희 안에 있느니라

23 (히 9:27, 개정) 한번 죽는 것은 사람에게 정해진 것이요 그 후에는 심판이 있으리니 (계 20:15, 개정) 누구든지 생명책에 기록되지 못한 자는 불못에 던져지더라

누구든지 한 번은 죽는다. 하나님께서 우리에게 줄 수 있는 가장 최상의 상급은 이 땅에서 하나님의 나라를 맛보아 알게 하시는 것이다. 이 땅에서 천국을 느낀 자들, 이 땅에서 하나님의 나라를 경험한 자들이 마치 에덴동산에서 아담처럼 영혼과 육이 온전히 하나님을 향하게 된다. 영혼 육을 다하여 하나님을 사랑하며, 하나님과 소통하면서 온전한 하나님의 나라에 들어가도록 인도하신다.

하지만 온전한 영혼 육의 사랑과 소통을 훼방하고 방해하는 적이 있은즉 바로 죄이다. 사탄이 죄를 가지고 다가올 때, 우리의 본성 안에 하나님을 대적하고 싶은 죄성이 있기 때문에 우리는 사탄의 음성에 따라가게 된다. 선악과를 따라간다. 먹음직하고, 보암직하여, 취하고 싶은 것에 눈을 돌리고 된다. 아담의 죄 된 후예인 우리 모두 다 그렇게 살아가고 있다.

사탄은 우리 혼의 감정과 의지, 생각에 죄 된 생각을 투영함으로 온전한 영혼 육으로 하나님을 사랑할 수 없도록 이끌어 간다. 종국에는 우리의 혼이 육을 이끌고 가서 아담처럼 하나님과 단절시킴으로 하나님을 볼 수 없으며, 하나님의 나라를 이룰 수 없는 영적 분리 상태까지 타락시킨다.

하나님 사랑의 대상이었던 아담은 온전히 영혼과 육을 통하여 하나님을 사랑하였다. 온 마음과 온몸 다해 정성으로 하나님을 사랑하였다. 아담의 후예들도 생육하고 번성하여 아담과 같이 영혼 육을 통하여 하나님을 사랑하기 원하셨다. 그것이 진정한 하나님의 나라의 모형이기 때문이다. 하나님은 하나님의 나라 완성된 모습을 보고 있다. 우리는 생명이 다하여 천국에 가는 그때에 완성된 하나님의 나라를 보게 될 것이다. 그러나 하나님은 자녀들이 이 땅에서도 하나님의 나라를 실현하기 원하신다. 죄짓기 전 아담과 이브처럼 하나님을 사랑하며, 하나님을 영으로 보며, 혼과 육을 통하여 이 땅을 기경해서 하나님의 나라를 완성하기 원하셨다. 그 소망은 지금도 여전하다. 온 맘 다해 영혼 육으로 하나님을 사랑할 자가 어디 있는가? 우리는 하나님의 사랑이 무엇인지도 알지 못하는 패역한 세대가 되었다. 이 온전한 영혼 육의 사랑이 무엇인지도 알지 못하여 하나님을 아는 지식이 없이 망하는 백성들이 많다. 그러하기에 우리가 보아도 보지 못하고, 들어도 듣지 못하는 것이 바로 하나님의 마음이며 아버지의 사랑인 것이다.

이 땅의 하나님의 나라에서 하나님의 사랑을 맛보아 아는 자들, 그리하여 환란과 곤란과 핍박과 어려움 속에서도 "하나님, 여기가 천국이네요. 하나님께서 있으니 이곳이 천국입니다."라고 고백을 하는 자들이 완성된 천국을 보게 될 것이다. 얼굴과 얼굴을 대면하여 영혼 육으로 사랑했던 그 사랑이 이제 천국에서 영혼(부활체)으로 하나님을 찬양하게 될 것이다. 이 땅에서 영혼 육으로 하나님의 사랑을 알며, 소통하며, 이 땅에서 하나님의 나라를 이루어가는 하나님 자녀의 영혼이 천국에서 하나님의 나라 왕국의 완성을 보게 될 것이다.

육은 흙으로 왔다 흙으로 간다. 아담의 죄는 혼의 감정에서 비롯되었으나, 혼에서 영으로 가지 못한 채 육으로 흘렀기에 하나님과 단절된 것이다. 우리는 혼의 감정과 의지와 지성과 양심과 자유의지를 통해서 하나님을 만난다. 그러나 영이 열린다면, 영으로 보는 것이다. 영으로 느끼는 것이다. 영으로 깨닫는 것이다. 아담은 혼의 감정과 지성과 의지와 양심과 자유의지를 하나님께서 주심으로 그 혼의 영역에서 하나님을 느끼며 사랑을 깨달았다.

죄를 짓기 전 아담은 영적인 존재로서 그 영으로부터 흘러나오는 사랑이 혼을 통치하며 육체에 죄를 담을 수 없는 거룩한 그릇이었다. 그리하여 그가 벌거벗었다 할지라도 혼의 감정과 의지로 정죄감과 수치감과 부끄러움을 느끼지 못한 온전한 영혼 육의 거룩한 상태였다. 그러나 죄가 침투하므로 혼의 영역에서 영으로 흘러가는 통로를 막았으며, 육체의 정욕과 탐욕, 하나님처럼 되고 싶은 교만함의 죄가 혼으로부터 투입되어 육체가 무너지기 시작하였다.[24] 그러므로 그가 벗었음을 알고 수치심과 정죄함과 부끄러움을 느끼게 된 것이다.

---

24 (롬 8:5-9, 개정) [5] 육신을 따르는 자는 육신의 일을, 영을 따르는 자는 영의 일을 생각하나니 [6] 육신의 생각은 사망이요 영의 생각은 생명과 평안이니라 [7] 육신의 생각은 하나님과 원수가 되나니 이는 하나님의 법에 굴복하지 아니할 뿐 아니라 할 수도 없음이라 [8] 육신에 있는 자들은 하나님을 기쁘시게 할 수 없느니라 [9] 만일 너희 속에 하나님의 영이 거하시면 너희가 육신에 있지 아니하고 영에 있나니 누구든지 그리스도의 영이 없으면 그리스도의 사람이 아니라

하나님을 향한 소통과 인간을 향한 사랑의 소통이 어디서부터 멈추었는가? 어디서부터 잘못되었는가? 바로 혼의 영역 가운데 죄가 침투하였고 그 죄가 육체로 흘러갔다. 죄가 침투했을지라도, 영으로부터 흘러 내려오는 하나님의 통치가 있다면 하나님의 나라를 계속 유지할 수 있다.[25] 그러나 아담처럼 죄를 선택한다면 영으로부터 흘러나오는 하나님의 통치가 단절되며, 혼은 육과 더불어 죄악의 나락으로 빠지는 것이다. 이것이 죄의 근원이었으며, 우리가 아담의 후예로서 아담의 형상을 닮아 원죄를 지니고 죄인으로 태어난 것이다.[26]

하나님은 이 땅에 하나님의 나라를 만들기 위하여 아담의 후예인 우리에게 내주하시며 영을 깨워나가고 있다. 에덴동산에서 아담에게 생기를 불어넣어 살아 있는 생령이 되게 한 것처럼[27] 성령이 우리에게 임하시매[28], 영을 거듭나게 하므로, 에덴동산에서의 죄짓기 전 아담처럼 영의 통치를 받게 하는 것이다.

하나님께서 우리에게 사랑을 부어 온전한 영혼 육의 사랑을 깨

25 (롬 8:1-2, 개정) [1] 그러므로 이제 그리스도 예수 안에 있는 자에게는 결코 정죄함이 없나니 [2] 이는 그리스도 예수 안에 있는 생명의 성령의 법이 죄와 사망의 법에서 너를 해방하였음이라

26 (창 5:3, 개정) 아담은 백삼십 세에 자기의 모양 곧 자기의 형상과 같은 아들을 낳아 이름을 셋이라 하였고

27 (창 2:7, 개정) 여호와 하나님께서 땅의 흙으로 사람을 지으시고 생기를 그 코에 불어넣으시니 사람이 생령이 되니라

28 (고전 3:16, 개정) 너희는 너희가 하나님의 성전인 것과 하나님의 성령이 너희 안에 계시는 것을 알지 못하느냐

닫게 할 것이다. 그 누구보다도, 그 무엇보다도, 다른 모든 사람들 보다도 하나님을 사랑할 수 있도록 하나님께서 자녀인 우리에게 그 사랑을 부을 것이다.

구하라, 찾으라, 두드려라, 하나님의 사랑을 구하라.[29]

영으로부터 흘러나오는 하나님의 통치와 사랑이 우리의 혼과 육을 적셔서 온전한 영혼 육의 사랑을 깨닫고, 죄를 짓기 전 아담처럼 하나님 나라의 백성이 된다면, 이 땅에서 하나님의 나라 백성으로 살다가 진정으로 우리가 호흡이 다 하여 천국으로 가는 날, 하나님의 나라, 왕국의 완성을 보게 될 것이다. 그러한 하나님의 자녀만이 호흡이 다 할 때, 완성된 하나님의 왕국에 들어가게 될 것이다.

그러므로 이 땅에서도 하나님의 나라를 실현해야 한다. 우리 영의 온전한 통치로 혼과 육이 하나님을 사랑할 때, 우리의 호흡이 다 한다면 하나님의 나라의 완성된 모습을 우리의 영혼이 경험하게 될 것이다. 영원히 우리의 영혼은 하나님과 영생할 것이다.

하나님의 자녀들은 영혼 육을 거룩히 지켜야 한다. 죄와 피 흘리기까지 싸워나가야 한다. 하나님은 자녀들과 온전한 영혼 육의 사랑을 하고 소통하기를 원하신다. 이것이 하나님의 마음이다.

---

29 (마 7:7-8, 개정) [7] 구하라 그리하면 너희에게 주실 것이요 찾으라 그리하면 찾아낼 것이요 문을 두드리라 그리하면 너희에게 열릴 것이니 [8] 구하는 이마다 받을 것이요 찾는 이는 찾아낼 것이요 두드리는 이에게는 열릴 것이니라

4) 하나님과 자녀의 사랑을 방해하는 사탄

우리의 영은 늘 하나님을 찬양한다. 하나님의 사랑에 반응하고 있다. 하나님께서 우리의 영 안에서 얼마나 사랑하는지 날마다 가르치며, 그 사랑을 보이며, 하나님의 사랑을 우리에게 물 붓듯이 붓고 있기 때문이다. 영의 양식인 사랑으로 우리를 먹이며, 가르치며, 양육하기에 하나님의 사랑을 아는 자들은 영적으로 강건해지고 흔들리지 않는다. 영으로부터 하나님의 사랑을 받고 반응하고 있기에, 어떠한 순간에도 넘어지지 않는 믿음으로 성장할 수 있다는 것이다.

많은 사람들이 영으로부터 흘러나오는 아버지의 사랑을 깨닫지 못한 채 우리의 지성과 의지와 감정으로 그 사랑을 찾기를 원한다. 때때로 "하나님 살아계신 것을 보여 주세요, 하나님의 사랑을 느낄 수 없어요." 하며 우리의 감정과 의지로 그 사랑을 보려 한다. 우리의 육의 눈으로 그 사랑을 확증하려 하기에 성령의 내주가 없는 자녀들은 영으로부터 흘러나오는 무한하신 하나님의 사랑을 느껴지지 못한다는 것이다.

하나님의 사랑은 온 만물 가운데 펼쳐져 있다. 만물 안에 하나님의 사랑, 신성과 능력이 담겨 있으니, 우리가 하나님께서 없다 핑계치 못하리라고 말씀하였다. 하나님은 그 사랑을 느낄 수 있도록 모든 만물 안에 하나님의 사랑을 심어 놓았다. 영으로부터 하나님의 사랑을 받는 이들은 이 자연이 하나님께서 주신 선물임을 깨닫고,

자연을 통하여 혼의 평강을 얻으며, 육체가 힘을 얻게 된다. 그리하여 자연과 친화적인 삶을 살 때 혼이 평강하며, 희락이 있으며, 육체조차도 건강을 찾을 수 있는 것이다.

자연과 만물 안에 하나님의 신성과 능력, 자녀를 향한 사랑을 심어놓았기에 자연 속에서 하나님의 사랑을 깨달아 알게 된다. 만물이 하나님의 작품인 것을 느낄 수 있다면 그로 인해 치유를 받을 수 있다는 것이다. 많은 사람이 자연 안에서 치유를 받으며 회복되고 있다는 것을 이미 잘 알고 있다.

우리에게 사랑을 증거하기 위하여 하나님께서 일하시고 있다. 성령을 통하여 그 사랑을 전하고 있다. 성령이 내주한 자녀들은 그 사랑을 경험하는 것이 그리 어렵지 않는다. 그러나 그 사랑을 경험하기 위해서는 우리의 혼과 육이 더욱 거룩해져야 한다. 그러므로 사도바울은 피 흘리기까지 죄와 싸워나가야 한다고 말하며, 우리의 씨름은 혈과 육이 아니라 하늘에 있는 악한 영들과의 씨름이라고 경고하고 있다.[30]

영으로부터 흘러나오는 하나님의 사랑이 부어진다고 할지라도 우리가 혈과 육의 씨름을 하지 않거나, 혼과 육, 혈과 육의 씨름에

---

30 (엡 6:12, 개정) 우리의 씨름은 혈과 육을 상대하는 것이 아니요 통치자들과 권세들과 이 어둠의 세상 주관자들과 하늘에 있는 악의 영들을 상대함이라

서 패배한다면 하나님의 사랑조차도 느낄 수 없는 상태가 되어 버린다. 혼과 육의 씨름에 승리한 자들은 하나님의 사랑을 투영 받는 것이 그리 어렵지 않다. 그러나 영적인 존재와의 씨름에 패배한다면 혈과 육을 종속하고 있는 사탄의 방해로 인하여, 하나님의 사랑이 영으로부터 흘러나오는 것을 차단하며 제한한다는 것이다.

사탄의 공격에서 승리하게 된다면 하나님의 사랑이 우리 안에서 흘러넘칠 것이다. 물댄동산처럼 하나님의 사랑이 폭포수처럼 쏟아질 것이다. 그 사랑에 감격함으로 혼과 육을 적시며, 영혼 육이 온전히 하나님의 사랑에 반응하게 된다. 그러나 많은 사람들이 아버지의 사랑을 느끼지 못한다는 것이다. 혈과 육의 씨름에서 승리한 자녀들에게 영으로부터 흘러나오는 아버지의 사랑이 부어진다면 놀라운 일들이 펼쳐지게 된다. 우리의 강퍅한 혼의 지성과 감정과 의지가 하나님께 복종 될 수 있으며 육체까지도 복종시켜 나가는 사랑으로 승화될 수 있다는 것이다. 이것이 하나님께서 가장 원하는 하나님과 자녀의 사랑 단계이다.

우리의 사랑은 어떠한가? 하나님의 자녀들은 지치고 힘들 때마다 하늘을 보라. 힘이 들고 고단하며 곤비한가? 그러할 때마다 하늘을 보라. 하나님의 작품을 보라. 하나님의 신실하신 일하심을 보라. 성령이 내주한 자녀라면 하나님의 솜씨 가운데 심겨놓은 하나님의 사랑이 영으로부터 흘러나간다. 하나님의 음성(감동)이 영으로부터 들려지게 된다. 그 사랑에 감격하므로 하나님을 따르며, 하나님의 사랑을 놓치지 않는 용사의 모습으로 변모되어 죽기까지 하나님을 사랑하게 된다. 많은 사람들이 영이신 하나님의 사랑을 느끼거나 볼 수 없기에 혼의 영역에서 사랑하게 된다. 그러나 그 사랑은 오래되지 않아 식어지게 된다. 성령이 내주하여 우리의 영이 거듭났으나, 하나님의 사랑이 투영 받지 못한다면 죄를 선택하게 되어 성령이 근심하며 소멸될 수 있다는 것이다.

영으로부터 사랑이 흘러나가지 못하여 혼의 영역에 미치지 않음으로써, 내주하신 성령이 근심하며 소멸되기 직전 상태가 되면, 하나님의 사랑에 감격하며 눈물을 흘렸던 하나님과의 추억들이 점차 희미해진다. 그리할 때 이전에 영으로부터 흘러나왔던 사랑이 멈추게 되어, 혼의 감정과 의지, 이성으로 하나님을 경험했던 모든 것들이 희석되므로, 결국은 "하나님께서 나를 사랑하지 않아"하면서 혼과 육체까지도 그 사랑을 느끼지 못하게 되고 하나님과의 사랑이 단절된 상태가 되는 것이다.

이 과정에서 우리는 엄청난 영적전쟁을 경험하게 된다. 치열한 영적전쟁에서 사탄은 우리의 혼과 육을 종속시키며 영으로부터 흘러나오는 하나님의 사랑이 혼과 육으로 전달되지 못하도록 막아서며 공격한다. 사탄이 하는 일은 매번 동일하다. 하나님의 사랑을 느끼지 못하도록 대적하는 것이다. 사탄은 우리의 영혼 육이 온전히 하나님의 사랑에 반응하며, 이웃사랑을 실천하는 도구로 쓰임 받는 것을 방해하기 위하여 쉬지도 먹지도 졸지도 아니한 채 공격하고 있다. “하나님은 너를 사랑하지 않아, 너를 버렸어”, 이와 같은 사탄의 속삭임을 우리의 혼과 육의 영역에 투영하고 있다. 사탄의 음성을 듣고 하나님의 사랑을 의심하는 자들은 결국 하나님에게서 멀어지고 있다.

하나님은 창조한 그 모습 그대로의 거룩한 상태로 하나님의 형상으로 우리가 복원되길 원하신다. 때때로 하나님은 고난이라는 통로를 통하여 우리를 성화시켜 나가신다. 하나님의 형상으로 복원된 그릇에 하나님의 사랑이 부어질 때에 진정으로 온전해질 수 있다는 것이다.

우리의 씨름은 혈과 육이 아니요, 통치자와 권세자와 어둠의 주관자와 하늘에 있는 악한 영들과의 씨름이다. 우리의 혼과 육의 전쟁을 수행해야 한다. 혼으로부터 흘러나오는 하나님을 대적하는 생각들이 있다면, 그것이 육체로 넘어가지 않도록 영적전쟁을 수행해야 한다. 거룩성을 지켜나가기 위해 혼과 육으로부터 투영되는 죄와의 씨름에서 죽기까지 싸워야 한다. 피를 흘리기까지 싸워 죄와의 씨름에서 승리할 때 영으로부터 흘러나오는 하나님의 사랑이 온전한 상태로 흘러갈 수 있기 때문이다. 이것이 하나님께서 기뻐하시는 자녀의 회복된 모습이기 때문이다.

02. 최초의 하나님 나라

하나님의 기쁨은 우리를 바라보면서 시작된다. 눈동자처럼 바라보시며 우리의 삶을 하나님 앞에 합당한 삶으로 바꿔나가시며, 하나님의 형상으로 복원시키는 것이 바로 하나님의 소원이며 하나님 나라의 시작이다. 하나님 자녀의 삶을 사는 자녀들이 하나님의 나라를 이루며 사는 것, 그것이 바로 하나님의 기쁨이다. 하나님의 자녀들과 영원히 영생하는 것, 하나님의 나라에서 하나님의 자녀로 회복된 자녀들과 영생하는 것, 이것이 하나님의 소원이 아니겠는가? 그 소원을 이루기 위하여 에덴동산을 창설한 것이다.

최초의 하나님의 나라인 에덴동산에서 생기를 불어넣어 하나님의 형상으로 빚은 아담에게 그 땅을 다스리도록 하셨다. 최초의 하나님의 나라의 경영을 아담에게 맡긴 것이다. 하나님은 에덴동산에서 하나님의 신성과 형상을 가진 자녀들과 영원히 사는 것을 꿈꾸셨다.

창세기 1장과 2장을 보면 하나님께서 빛과 궁창과 모든 만물을 만드시고, 마지막으로 하나님의 형상을 닮은 아담을 빚으시는 장면이 나온다.[31] 사람을 지으시고 하나님께서 참으로 기뻐하셨다. 하나

31 (창 2:4-7, 개정) [4] 이것이 천지가 창조될 때에 하늘과 땅의 내력이니 여호와 하나님께서 땅과 하늘을 만드시던 날에 [5] 여호와 하나님께서 땅에 비를 내리지 아니하셨고 땅을 갈 사람도 없었으므로 들에는 초목이 아직 없었고 밭에는 채소가 나지 아니하였으며 [6] 안개만 땅에서 올라와 온 지면을 적셨더라 [7] 여호와 하나님께서 땅의 흙으로 사람을 지으시고 생기를 그 코에 불어넣으시니 사람이 생령이 되니라

님의 왕국인 에덴동산을 통치하는 하나님의 대행자로 아담을 세워 하나님의 일을 감당하게 하셨다. 하나님이 창조하신 모든 피조물은 하나님의 형상을 닮은 인간을 위한 것이었다. 바로 우리를 위한 것이다. 하나님께서 무엇이 필요하여 빛을 만들었겠는가? 하나님은 쉬지도 먹지도 졸지도 자지도 아니하시는 영으로 존재하시는 분이신데 땅과 물이 무슨 소용이 있겠는가? 그분의 손으로 친히 빚으신 하나님의 자녀들을 위해 에덴동산을 지으시고 이 세상의 모든 것을 창조하신 것이다. 그것이 최초 하나님의 왕국인 에덴동산이었다.

하나님의 소원은 하나님의 왕국에서 하나님의 형상을 닮은 자녀들이 생육하고 번성하여 하나님의 대행자로서 이 땅을 다스리는 것을 바라보는 것이었다.[32] 하나님의 형상을 닮은 사람을 만들어 그들과 사랑과 교제, 친밀함을 유지하며, 영원히 함께 하고 싶은 것이 하나님의 소원이다. 그 목적으로 아담을 창조했으며, 하나님의 대행자로 임명하여 하나님의 왕국을 다스리게 하였다. 아담은 하나님의 상속권을 가지고 대행자로서 하나님의 왕국을 다스릴 수 있었다.

온전한 하나님의 사랑이 인간을 향해 있다. 하나님의 영을 불어넣었기에, 사랑하기에 하나님의 마음이 온통 아담, 즉 사람에게 있는 것이다. 모든 것을 다 가지신 전능하신 하나님께서 가장 약한 부

32 (창 1:26, 개정) 하나님께서 이르시되 우리의 형상을 따라 우리의 모양대로 우리가 사람을 만들고 그들로 바다의 물고기와 하늘의 새와 가축과 온 땅과 땅에 기는 모든 것을 다스리게 하라 하시고

분이 있은즉 그 형상을 닮은 자녀를 향한 사랑이다. 자녀들이 하나님을 능욕하고 대적하며 떠나갈지라도 바라볼 수밖에 없는 첫사랑의 마음이 하나님 아버지에게 있다. 아버지로서 자녀를 사랑하기에, 하나님의 형상을 닮은 하나님의 소유이기에 버리거나 멸하지 못한 채 그들을 바라보고 있다는 것이다.[33]

최초의 하나님의 왕국은 에덴동산이었다. 그러나 하나님의 사랑을 방해하며 대적하는 원수 마귀가 우리에게 다가왔다. 하나님의 시선과 마음, 사랑이 온통 인간에게 집중되어 있기에 하나님을 대적하고 막아서며 능욕하는 마귀가 우리에게 다가온 것이다. 하나님과의 관계를 단절시키고 속이기 위해 다가온 것이다. 하나님의 마음이 하나님의 형상을 닮은 자녀를 향해 있기에, 우리를 하나님과 단절시킨다면 하나님의 마음이 갈기갈기 찢어진다는 것을 알기에 마귀가 지금도 여전히 우리를 공격하고 있다. 마귀의 꼬임에 넘어간 사람들이 하나님을 대적하고 능욕하며 원망할 때 마귀가 춤을 춘다. 하나님께서 우리를 바라보고 탄식하며 통곡하면서 하나님의 마음이 아프도록, 우리에게 다가와 속여서 하나님께 대적하도록 이끌고 있다. 하나님의 이름을 훼방하며 대적하도록 우리를 인도하는 악한 원수 마귀의 목적은 바로 하나님의 마음을 갈기갈기 찢어놓는 그 하나에 있는 것이다. 하나님의 사랑이 아담에게 집중된 것을 마귀가 알고 하와에게 찾아가 간계한 계략으로 하나님과의 관계를 단

33 (창 6:6, 개정) 땅 위에 사람 지으셨음을 한탄하사 마음에 근심하시고

절시켰다.[34]

하나님의 왕국은 죄가 없는 곳이어야 한다. 하나님의 왕국은 거룩한 영으로 둘러싸인 하나님의 형상을 닮은 자녀가 있어야 하는 곳이다. 하나님 왕국의 비밀을 알고 있는 마귀가 우리를 속임으로써 하나님의 소원이 산산이 부서졌다. 하나님께서 아담에게 처음 했던 말이 무엇인가? "너희는 생육하여 번성하여 이 땅을 다스리라! 하나님의 왕국을 다스리라! 하나님 자녀의 권세로 에덴동산을 다스리며 생육하고 번성하여 하나님의 왕국을 건설하라!" 이것이 아담에게 주어진 첫 번째 명령이었다. 그러나 아담은 하나님의 통치권 안에서 하나님의 대행자로 사는 것을 선택하지 않았다. "선과 악을 아는 열매를 먹지 말라!"는 하나님의 통치 말씀이 있었으나 그는 하나님보다 사람의 말을 따라갔다. 이브의 말을 따라가므로 하나님이 아니라 이브의 사랑을 선택하였다.

하나님께서 아담에게 분명하게 말씀하셨다. "선악을 알게 하는 열매는 먹지 말아야 한다. 네가 먹는다면 반드시 죽으리라!"[35] 이

34 (창 3:1-4, 개정) [1] 그런데 뱀은 여호와 하나님께서 지으신 들짐승 중에 가장 간교하니라 뱀이 여자에게 물어 이르되 하나님께서 참으로 너희에게 동산 모든 나무의 열매를 먹지 말라 하시더냐 [2] 여자가 뱀에게 말하되 동산 나무의 열매를 우리가 먹을 수 있으나 [3] 동산 중앙에 있는 나무의 열매는 하나님의 말씀에 너희는 먹지도 말고 만지지도 말라 너희가 죽을까 하노라 하셨느니라 [4] 뱀이 여자에게 이르되 너희가 결코 죽지 아니하리라

35 (창 2:16-17, 개정) [16] 여호와 하나님께서 그 사람에게 명하여 이르시되 동산 각종 나무의 열매는 네가 임의로 먹되 [17] 선악을 알게 하는 나무의 열매는 먹지 말라 네가 먹는 날에는 반드시 죽으리라 하시니라

땅을 창조하시고, 이 세상을 통치하신 하나님의 말씀이 이 땅에 심어져서 하나님의 법이 되었다. 하나님의 통치의 법을 따르는 조건으로 에덴동산에서 살 수 있는 명분을 아담에게 준 것이다. 그러나 아담은 하나님의 말씀보다 사람의 말을 들었다. 만약 하나님을 죽기까지 사랑했다면 하나님의 말씀에 복종했을 것이다. 그러나 아담은 오히려 "살 중의 살이요, 뼈 중의 뼈"라고 고백했던 이브의 말에 복종하였다.[36] 하나님보다 더 사랑한 이브의 속삭임에 넘어간 것이다. 하나님의 말씀보다 사탄의 뿌려놓은 죄의 올무에 걸려 넘어진 것이다. 하나님의 말씀이 땅이 떨어진 것이 바로 하나님을 대적하는 증거라는 것이다.

하나님은 우리에게 말씀하시고 또 말씀하신다. 만약 우리가 그 말씀에 순종한다면 하나님을 사랑하고 있다는 확실한 증거가 될 수 있다. 반대로 순종하지 않는다면 하나님을 사랑하지 않는다는 확증이라는 것이다.

아담은 선악과를 앞에 두고 하나님의 말씀보다 사람의 말을 따라갔다.[37] 하나님을 떠나갔다. 하나님은 아담을 하나님의 나라의 백성이자 통치의 대행자로 사용하고 싶어 하셨으나 명분이 없어진 것

36 (창 2:23-26, 개정) [23] 아담이 이르되 이는 내 뼈 중의 뼈요 살 중의 살이라 이것을 남자에게서 취하였은즉 여자라 부르리라 하니라 [24] 이러므로 남자가 부모를 떠나 그의 아내와 합하여 둘이 한 몸을 이룰지로다 [25] 아담과 그의 아내 두 사람이 벌거벗었으나 부끄러워하지 아니하니라

37 (창 3:6, 개정) 여자가 그 나무를 본즉 먹음직도 하고 보암직도 하고 지혜롭게 할 만큼 탐스럽기도 한 나무인지라 여자가 그 열매를 따먹고 자기와 함께 있는 남편에게도 주매 그도 먹은지라

이다. 그 결과 하나님 나라의 건국에 대한 하나님의 소원도 무참히 부서져 내렸다. 하나님의 꿈을 마귀가 알고 하나님과의 관계를 파괴시켜 나갔다. 하나님의 왕국, 에덴동산은 거룩한 영만이 거할 수 있는 곳이므로 죄를 짓게 만든 것이다.

사탄이 가지고 있는 가장 큰 죄가 무엇인가? 죄의 근원이 무엇인가? 바로 교만이다. "나도 하나님처럼 될 거야!" 루시퍼가 하나님처럼 되겠다는 그 교만으로 하나님을 대적하였다. 사탄의 본성과 원죄가 지금도 그대로 흘러가고 있다. 아담과 하와도 하나님처럼 되고 싶은 교만이 마귀로부터 흘러들어와 결국 거룩한 영이 더럽혀졌다. 이로 인해 하나님의 왕국, 에덴동산에서 쫓겨날 수밖에 없었다. 하나님의 나라는 거룩한 영만이 머무를 수 있는 공간이기 때문이다.

"죄를 멀리 하라! 하나님과 단절되지 않도록 마귀의 속임에 넘어가지 말라!" 이것이 바로 하나님의 마음이다. 지금도 여전히 하나님과의 관계를 단절시키기 위하여 마귀가 우리에게 속삭이고 있다. 믿는 자들 속에 역사하며 하나님과의 관계를 끊어놓고 있다. 우리는 분별해야 한다. 무엇 때문에 하나님과의 관계가 단절되는지, 왜 하나님을 떠나가게 되는지, 어떠한 생각이 하나님을 아프게 하는지 분별하며 살아가야 한다.

하나님의 자녀로의 진정한 회복의 삶은 하나님께서 행하시는 신성의 영역을 상속으로 받는 것이다. 하나님의 자녀는 하나님의 신성 영역을 펼쳐낼 권세를 가진 자녀이다. 창세기 1장 26절 하나님께서 "우리의 형상과 우리의 모양대로 사람을 만들자"라고 말씀하셨다. 하나님의 형상과 모양 안에 신성의 영역을 내포하고 있다는 것이다. 바로 아담이 그러하지 않았는가? 그러나 죄가 투입되므로 하나님과 영적으로 단절되어 하나님의 자녀로서의 삶도 놓쳐버렸다. 그러한 과정에서 사탄의 공격이 더욱 가속화되었고 그의 자유의지로 하나님처럼 되고 싶은 교만의 죄를 선택하므로 영적인 분리가 일어난 것이다. 하나님과의 영적인 분리가 일어난다면 하나님과 자녀로서의 관계도 단절된다.

하나님의 신성 영역이 복원되는 것은 하나님의 통치의 법에 순종하는 삶을 살아가는 자녀들에게 부어준 놀라운 권세이다. 하나님과의 관계가 단절된다면 자동적으로 그 권세도 잃어버리게 된다. 아담도 그러했다. 하나님과의 관계가 단절되어 에덴동산에서 자녀의 삶을 살아갈 수 없었기에 신성의 권세도 박탈당하게 되었다. 하나님과의 영적인 분리는 하나님과의 관계의 단절을 의미한다. 더 나아가 하나님의 신성 영역이 자녀로 흘러가는 것이 차단되는 것을 내포하고 있다는 것이다. 그 결과 아담의 혼의 영역이 사탄의 공격으로 잠식되고 종속되었으며, 우리는 하나님의 형상을 잃어버리고 아담의 형상, 즉 사탄의 악의 본성을 가지고 태어나게 된 것이다.

하나님의 나라에 대한 하나님의 소원이 부서졌다. 이 땅을 생육하고 번성하여 다스리는 권세, 바로 그것이 하나님 자녀의 권세이다. 그것은 아담이 가졌던 권세이다. 이 놀라운 권세를 우리가 불평하고 원망하며 하나님의 형상을 닮은 선함을 잊어버리므로 잃어버리게 되었다. 사탄의 것을 자유의지로 선택하게 되므로 소멸하게 된 것이다. 기억하자. 하나님의 소원은 하나님의 나라에서 하나님의 자녀로 복원된 자들과 영생하는 것이다. 이것이 천국의 모형인 에덴동산이었다는 것이다. 하나님의 소원이 사랑의 대상으로 빚은 인간의 교만으로 말미암아 산산이 부서졌다. 그러나 감사한 것은 하나님의 나라를 건국하고자 하는 하나님의 소원이 지금도 여전히 계속되고 있다는 것이다.

03. 구약의 하나님 나라

최초의 하나님의 나라인 에덴동산에서 구약시대로 접어들었을 때 포기하지 않으시는 하나님의 소원이 확장되며 더 광범위해졌다. 한 나라를 건국하기 위해서는 영토와 주권과 백성이 필요하다. 에덴동산을 영토로 하고 수면위에 하나님의 영이 통치하고 있었다. 하나님은 건국된 하나님의 나라 영토와 주권 아래 백성으로 하나님의 형상을 닮은 아담을 만든 것이다. 이미 영토가 있었고 하나님의 주권이 수면 위에 내재하여 말씀으로 창조한 만물을 통치하고 있었다. 그 가운데 하나님께서 백성을 친히 빚어 그 코에 생기를 불어넣어 생령이 되게 하였다. 하나님의 나라가 이미 도래된 상태에서 하나님께서 백성을 만들었다는 것이다.

에덴동산에서 통치권의 대행자로서 살아가도록 만들어진 아담은 하나님 통치의 법을 따르기만 하면 백성의 자격을 유지할 수 있었다. 그것은 하나님의 나라를 미리 만들어 놓았기 때문이다. 그러나 아담은 하나님을 사랑하는 것보다 사람을 사랑하였고, 사탄의 속삭임에 넘어가 사람의 말을 듣고 죄를 선택했기에 하나님의 나라에서 살아갈 수 있는 권리를 잃어버리게 되었다. 하나님의 말씀에 순종하지 않고 믿지 않았기 때문에 백성의 자격을 상실하였고, 하나님께서는 아담을 에덴동산에서 내칠 수밖에 없었다. 결국, 아담은 하나님의 나라 영토에서 살 수 있는 자격을 박탈당하고 에덴동산에서 쫓겨났으며, 최초 하나님의 나라 영토도 무너져버렸다.

그런데도 하나님의 신실하심과 하나님의 나라 백성을 향한 사랑은 멈출 수 없었다. 그리하여 아브라함을 불러 본토 친척 아비를 버리고 하나님께서 지시한 땅으로 가라고 하시며 하나님의 나라 영토를 만들어가기 시작하였다. 하나님의 나라 영토를 선물로 주는 명분을 잃어버린 이유는 우리가 순종하지 않았기 때문이며 하나님을 대적했기 때문이다. 우리의 순종과 믿음의 행보를 통하여 하나님의 나라 영토를 소유할 수 있는지가 판가름 났던 것이다.

구약시대에 하나님은 에덴동산에서와 같이 하나님의 나라 영토인 가나안 땅을 거저 선물로 줄 수 있었다. 그러나 아담이 에덴동산에서 그 명분을 사탄에게 건네줌으로 하나님께서 명분을 잃어버리게 되셨다. 그런데도 하나님은 포기하지 않으셨다. 자녀를 사랑하셨기 때문이다. 우리의 믿음과 순종의 삶을 의로 여겨 영토를 받을 수 있도록 명분을 만들어 나가셨다.

하나님께서 아브라함에게 말씀하셨다. "본토, 친척, 아비를 버리고 내가 지시할 땅으로 가라!"[38] "하나님의 나라 영토로 가라! 가나안 땅으로 가라! 젖과 꿀이 흐르는 땅으로 가라! 하나님의 통치로 인하여 이른 비와 늦은 비가 부어지며, 하나님의 주권으로 사탄의

38 (창 12:1-3, 개정) [1] 여호와께서 아브람에게 이르시되 너는 너의 고향과 친척과 아버지의 집을 떠나 내가 네게 보여 줄 땅으로 가라 [2] 내가 너로 큰 민족을 이루고 네게 복을 주어 네 이름을 창대하게 하리니 너는 복이 될지라 [3] 너를 축복하는 자에게는 내가 복을 내리고 너를 저주하는 자에게는 내가 저주하리니 땅의 모든 족속이 너로 말미암아 복을 얻을 것이라 하신지라

나라에서 사탄의 통치를 받는 이방 나라의 백성들을 다 쫓아내고 하나님의 나라를 세워나가라!" 이것이 하나님 나라의 영토를 향한 부르심이었다. 아브라함은 본토, 친척, 아비를 버리고 하나님께서 지시한 땅, 하나님의 나라 영토가 될 가나안 땅으로 가라는 그 말씀에 믿음으로 반응하였다.[39] 아브라함은 갈 바를 알지 못했으나 믿음과 순종의 삶을 살아냄으로 하나님의 나라 영토를 받기 위한 발걸음을 뗄 수 있었다.

하나님은 아브라함을 하나님의 나라 백성으로 또한 하나님의 나라 통치권의 대행자로 부르셨다. 아브라함이 하나님의 말씀에 순종하고 믿음으로 나아갈 때 그것을 의로 여겨 백성의 자격을 주셨다. 하나님의 말씀에 순종을 의로 여겼다는 것을 기억해야 한다. 바로 그것이 하나님의 나라 백성의 자격이다. 하나님의 말씀에 순종할 때, 그것을 의로 여겨 하나님의 나라에 갈 수 있는 백성으로 인정해 준다는 것이다.

아브라함에게 본토, 친척, 아비를 버리고 하나님께서 지시할 땅으로 가라 하시며 가나안 땅을 영토로 보여주시고, 그가 백성이 될 자격이 있는지 하나님은 시험하였다. 아브라함은 믿음으로 가나안

39 (창 12:4-5, 개정) [4] 이에 아브람이 여호와의 말씀을 따라갔고 롯도 그와 함께 갔으며 아브람이 하란을 떠날 때에 칠십 오세였더라 [5] 아브람이 그의 아내 사래와 조카 롯과 하란에서 모은 모든 소유와 얻은 사람들을 이끌고 가나안 땅으로 가려고 떠나서 마침내 가나안 땅에 들어갔더라

땅을 향해 나아갔다.[40]

가나안을 향한 여정에서 얼마나 많은 사탄의 공격이 있었는가? 마치 선악과를 먹지 말라는 하나님 통치의 법에 사탄이 공격하여 선악과를 먹게 한 것처럼, 하나님의 나라 영토인 가나안 땅으로 믿음의 여정을 나아가는 아브라함을 사탄은 공격하기 시작하였다. 이방 나라 사람을 통하여, 환경을 통하여, 기근을 통하여 가나안에 정착하지 못하도록 아브라함을 흔들었다.

하나님의 소원은 별과 같이 셀 수 없는 많은 백성을 일구어 하나님의 나라를 완성하는 것이다. 하나님의 형상을 닮은 자녀들이 하나님의 통치권 안에서 생육하고 번성하여 하나님 나라의 백성이 되는 것이 하나님의 소원이기에 사탄은 이를 공격하였다. 가나안 땅을 밟지 못하도록 하나님의 나라 완성을 이루지 못하도록 공격하며 무너질 때까지 흔들었다. 사탄은 환경을 통하여, 기근을 통하여, 사라를 빼앗길만한 환란을 통해서까지 가나안 땅, 즉 하나님의 나라 영토에 들어가지 못하도록 막아섰다.[41]

---

40 (히 11:8-10, 개정) [8] 믿음으로 아브라함은 부르심을 받았을 때에 순종하여 장래의 유업으로 받을 땅에 나아갈새 갈 바를 알지 못하고 나아갔으며 [9] 믿음으로 그가 이방의 땅에 있는 것 같이 약속의 땅에 거류하여 동일한 약속을 유업으로 함께 받은 이삭 및 야곱과 더불어 장막에 거하였으니 [10] 이는 그가 하나님께서 계획하시고 지으실 터가 있는 성을 바랐음이라
(창 12:14-15, 개정) [14] 아브람이 애굽에 이르렀을 때에 애굽 사람들이 그 여인이 심히 아리따움을 보았고 [15] 바로의 고관들도 그를 보고 바로 앞에서 칭찬하므로 그 여인을 바로의 궁으로 이끌어들인지라

41 (창 12:10, 개정) 그 땅에 기근이 들었으므로 아브람이 애굽에 거류하려고 그리로 내려갔으니 이는 그 땅에 기근이 심하였음이라

마치 에덴동산의 백성으로 아담을 선택한 것처럼 하나님은 가나안 땅을 향하여 나아가는 믿음의 행보를 의로 여기사 하나님의 나라 백성으로 아브라함을 선택하였다. 아브라함이 그 말씀을 받고 순종함으로 앞으로 나아갈 때 백성이 되는 자격을 인정했다는 것이다. 별과 같이 셀 수 없는 아브라함의 자손을 통하여 이스라엘 백성을 만들어 나가기를 원하셨다. 하나님의 나라 백성으로 최초의 선민인 이스라엘 백성을 부른 이유는 하나님의 주권이다.

하나님은 약속 말씀과 아브라함의 믿음의 행보를 의로 여기사 백성으로 삼기를 원했다. 아브라함이 에덴동산 이후의 두 번째 하나님의 나라 백성의 자격을 받게 된 조건은 그의 믿음이다. 하나님은 백성의 자격을 줄 수 있는지 명분이 필요했으며, 그것은 믿음의 시험이었다. 그리하여 하나님은 아브라함에게 그의 믿음을 시험하고자 이삭을 바치라는 하나님의 법을 주었다.[42] 하나님의 말씀에 순종하는 것을 의로 여기시고, 그의 자녀인 이삭을 통해 생육하고 번성하여 별과 같이 셀 수 없는 많은 백성을 이루기 위한 명분을 만든 것이다.

우리가 순종하지 않거나 믿음으로 받지 않는다면, 하나님은 명분이 없기 때문에 백성으로 삼으실 수 없다. 아브라함도 명분을 주기 위하여 믿음을 시험하셨고 그는 이삭을 하나님께 드리기로 작정

---

42 (창 22:1-2, 개정) [1] 그 일 후에 하나님께서 아브라함을 시험하시려고 그를 부르시되 아브라함아 하시니 그가 이르되 내가 여기 있나이다 [2] 여호와께서 이르시되 네 아들 네 사랑하는 독자 이삭을 데리고 모리아 땅으로 가서 내가 네게 일러 준 한 산 거기서 그를 번제로 드리라

하며 믿음의 행보를 해나갔다.[43] 그 믿음으로 하나님의 나라 백성으로서 자격을 인정받았으며, 별과 같이 셀 수 없는 많은 자녀로 말미암아 하나님의 나라를 건국하시겠다는 약속이 성취될 수 있었다.[44]

믿음의 시험에서 아브라함은 이삭을 하나님께 드렸고, 그 믿음을 명분으로 하나님의 나라 백성이 되었다. 아담이 실패했던 하나님의 나라 백성의 자격을 아브라함은 믿음과 순종함을 명분으로 받았다. 하나님은 "이제야 비로소 네가 나를 사랑하는 줄 알았다." 하시며 아브라함과 이삭의 씨를 통해 구약시대 하나님의 나라가 실현될 수 있었다.[45]

구약시대의 하나님 백성의 자격은 바로 믿음과 순종이었다. 하나님의 말씀을 믿음으로 받고 순종해 나갈 때, 백성이 되는 자격과 명분을 주셨다. 아브라함은 갈 바를 알지 못했으나 믿음으로 순종함으로 가나안 땅을 들어갔다. 영토를 가나안 땅으로 선정한 이유

---

43 (창 22:3, 개정) 아브라함이 아침에 일찍이 일어나 나귀에 안장을 지우고 두 종과 그의 아들 이삭을 데리고 번제에 쓸 나무를 쪼개어 가지고 떠나 하나님께서 자기에게 일러 주신 곳으로 가더니

44 (창 22:16-18, 개정) [16] 이르시되 여호와께서 이르시기를 내가 나를 가리켜 맹세하노니 네가 이같이 행하여 네 아들 네 독자도 아끼지 아니하였은즉 [17] 내가 네게 큰 복을 주고 네 씨가 크게 번성하여 하늘의 별과 같고 바닷가의 모래와 같게 하리니 네 씨가 그 대적의 성문을 차지하리라 [18] 또 네 씨로 말미암아 천하 만민이 복을 받으리니 이는 네가 나의 말을 준행하였음이니라 하셨다 하니라

45 (창 22:12, 개정) 사자가 이르시되 그 아이에게 네 손을 대지 말라 그에게 아무 일도 하지 말라 네가 네 아들 네 독자까지도 내게 아끼지 아니하였으니 내가 이제야 네가 하나님을 경외하는 줄을 아노라

는 하나님의 약속 말씀이었다. 하나님의 경륜의 때에 하나님의 나라가 완성되도록 친히 가나안 땅을 선정하였다. 아브라함이 가나안 땅을 향한 최초의 백성이었으며, 이삭을 통하여 날 자녀들이 별과 같이 셀 수 없는 하나님의 나라 백성이 되어 하나님의 나라를 완성하기 원하였다.

구약 시대에 하나님의 나라를 이루기 위한 하나님의 열심이 아브라함부터 모세까지 이어졌다. 아브라함과 이삭의 후예들을 통하여 하나님의 백성으로 삼겠다는 언약을 이루어 나갔다. 하나님의 나라 영토로 백성들을 데려가기 위하여 하나님께서 신실하게 일하심의 증거들이 성경에 기록되어 있다. 이스라엘 백성들을 하나님의 통치가 있는 땅으로 데려가기 위해 하나님은 쉬지 않고 일하셨다. 그들이 하나님이 살아계신다는 사실과 하나님의 통치권 안에서 보호받고 있다는 것을 깨닫게 하기 위해 애굽 땅을 사용하였다. 이스라엘 백성들은 세상의 신의 통치권 아래에서 애굽 땅에서 노예와 같은 삶을 살고 있었다. 하나님의 이름도 잃어버렸다. 하나님을 향한 제사도 잃어버렸다. 세상의 신의 노예가 되어 세상의 통치를 받고 있었다.

그러나 하나님은 언약의 말씀을 기억하셔서 그들을 하나님의 나라 영토인 가나안 땅으로 데려가기 위하여 하나님께서 일하기 시작하셨다. 그리할진대 사탄의 나라에서 사탄의 통치를 받고 있던 이스라엘 백성들을 사탄이 호락호락 풀어주겠는가? 그렇지 않았다.

세상의 통치권 안에서 세상의 종속을 받는 바로 왕의 마음은 강퍅해졌고 완악해졌다. 또한 백성들에게 하나님의 통치를 강력하게 심어 주기 위하여 바로 왕을 더욱 강퍅하게 만드셨다. 이스라엘 백성들에게 하나님의 통치를 인식하도록 하기 위하여, 더 나아가 세상의 신의 통치를 받고 있는 바로 왕에게 하나님의 통치를 보여주기 위해 역사하셨다.[46]

하나님은 하나님의 나라 백성으로 선택한 이스라엘 백성이 애굽 땅에서, 세상의 통치하에서 부르짖는 소리를 들으셨다. 고된 노동으로 말미암아 세상의 통치권 안에서 통치를 받음으로 그들의 고통의 소리가 하늘에 상달된 것이다. 하나님께서 그 고통 소리를 들으시고 아브라함과 이삭과 야곱과 세운 하나님의 언약을 기억하셨다.[47] 하나님의 백성을 기억하셨다.

"아브라함에게 별과 같이 셀 수 없는 자손을 통해 내가 내 나라의 백성을 이루리라!" 그 언약의 말씀을 기억하였다. 그 언약의 말씀을 성취하기 위하여 하나님께서 부르신 이가 있은즉 바로 모세

46 (출 10:20, 개정) 그러나 여호와께서 바로의 마음을 완악하게 하셨으므로 이스라엘 자손을 보내지 아니하였더라

47 (출 2:23-25, 개정) [23] 여러 해 후에 애굽 왕은 죽었고 이스라엘 자손은 고된 노동으로 말미암아 탄식하며 부르짖으니 그 고된 노동으로 말미암아 부르짖는 소리가 하나님께 상달된지라 [24] 하나님께서 그들의 고통 소리를 들으시고 하나님께서 아브라함과 이삭과 야곱에게 세운 그의 언약을 기억하사 [25] 하나님께서 이스라엘 자손을 돌보셨고 하나님께서 그들을 기억하셨더라

이다. "모세야, 모세야" 하나님께서 부르셨다. "내가 여기 있나이다."[48] "이리로 가까이 오지 말아야 한다! 네가 선 곳은 거룩한 땅이라! 하나님의 나라의 땅이라! 하나님의 임재가 있는 땅이라!" 그러므로 "네 발에서 신을 벗어라! 세상의 통치에서 벗어나라! 세상의 신인 사탄의 통치권을 내려놓고 하나님의 통치권으로 들어오라!" 하나님은 세상의 나라에서 세상의 통치로 인하여 고통을 받고 있는 백성의 신음과 부르짖음을 보고 들으셨다.

> 내가 이제 세상의 나라와 세상의 통치 아래에 있는 백성들을 건져내어 젖과 꿀이 흐르는 가나안 땅으로 인도하리라! 하나님 나라의 백성 된 이스라엘 민족을 하나님 나라의 영토로 내가 데려가리라!

출애굽기 3장에 나오는 말씀은 하나님 나라의 백성을 불러 하나님 나라의 영토로 데려가기 위한 하나님의 사랑이었다. 모세를 통하여 그 일을 이루기 위하여 하나님께서 모세를 찾아갔다. 아브라함에게 찾아가 본토, 친척, 아비를 버리고 내가 지시한 땅으로 가라고 지시한 것처럼 그 언약의 말씀을 성취할 모세를 통하여 하나님은 일하기 시작하셨다.

---

48 (출 3:4-5, 개정) [4] 여호와께서 그가 보려고 돌이켜 오는 것을 보신지라 하나님께서 떨기나무 가운데서 그를 불러 이르시되 모세야 모세야 하시매 그가 이르되 내가 여기 있나이다 [5] 하나님께서 이르시되 이리로 가까이 오지 말라 네가 선 곳은 거룩한 땅이니 네 발에서 신을 벗으라

구약시대에 하나님의 나라는 아브라함을 통하여 발아되기 시작하였으며, 모세를 통하여 성취되기 시작하였다. 모세를 통하여 하나님의 나라를 만들기 위한 하나님의 열심이 시작되었다. 우리는 하나님의 언약을 기억하지 못하나 하나님은 기억하셔서 하나님의 소원을 이루기 위하여 신실하게 일해 나가셨다. 모세를 통하여 권능을 드러내기 시작하였다. 지팡이가 뱀이 되며, 뱀이 된 지팡이를 다시 지팡이로 만든 기적을 시작으로 하나님의 통치가 이스라엘 백성들에게 있음을 보여 주었다. 열 가지 재앙을 통하여 하나님의 사랑을 보였으며, 다양한 하나님의 공급하심을 통하여 하나님의 통치를 인정하고 인식 시켜 나가는 일들을 모세를 통해 출애굽 한 백성들에게 보여주었다.

세상의 나라에서 세상의 통치를 받고 있는 아브라함의 자녀들, 이스라엘 백성들을 구원하기 위해서는 어찌해야 하겠는가? 세상의 나라 사탄의 종속을 끊어야 하지 않겠는가? 그리하여 열 가지 재앙을 통하여 깨닫게 하셨다. 하나님의 나라 영토인 가나안 땅으로 데려가기 위하여 그들을 뽑아낼 때 사탄이 가만히 있었겠는가? 우는 사자처럼 발악하였다.

그러나 하나님께서 그 일을 허락하셨다는 것을 기억해야 한다. 바로 왕이 강퍅하므로 놀라운 10가지 재앙을 보여주기 위하여 하나님께서 일하셨다. 세상의 나라, 세상의 통치를 받고 있는 애굽 땅의 모든 신을 심판하기 위하여 마지막 10가지 재앙 중에 장자를 치

는 재앙을 허락한 것이다.[49]

하나님께서 애굽 땅을 칠 때 어린 양의 보혈을 문설주와 인방에 바른다면 하나님께서 그 집을 넘어가신다고 말씀하였다.[50] 세상의 나라에서 세상의 통치를 받고 있는 백성을 하나님의 통치권으로 인도하기 위해서는 어린 양의 보혈이 필요하였다.

문설주의 어린 양의 피를 바르라!
흠 없는 어린 양의 보혈을 바르라! 인방에 바르라!

하나님의 말씀과 명령에 순종하고 믿음으로 받으면, 하나님은 그것을 의로 여겨 하나님의 나라 백성으로 우리를 불러 친히 인도하신다. 이것이 하나님의 마음이었으며 하나님의 나라를 향한 하나님의 열망이자 소원이었다는 것이다.

하나님께서 예수 그리스도의 보혈을 사용한 것처럼 마지막 애굽 땅을 칠 때 어린 양의 보혈을 사용하였다.

49 (출 11:4-5, 개정) [4] 모세가 바로에게 이르되 여호와께서 이와 같이 말씀하시기를 밤중에 내가 애굽 가운데로 들어가리니 [5] 애굽 땅에 있는 모든 처음 난 것은 왕위에 앉아 있는 바로의 장자로부터 맷돌 뒤에 있는 몸종의 장자와 모든 가축의 처음 난 것까지 죽으리니

50 (출 12:12-13, 개정) [12] 내가 그 밤에 애굽 땅에 두루 다니며 사람이나 짐승을 막론하고 애굽 땅에 있는 모든 처음 난 것을 다 치고 애굽의 모든 신을 내가 심판하리라 나는 여호와라 [13] 내가 애굽 땅을 칠 때에 그 피가 너희가 사는 집에 있어서 너희를 위하여 표적이 될지라 내가 피를 볼 때에 너희를 넘어가리니 재앙이 너희에게 내려 멸하지 아니하리라

문설주의 어린 양의 보혈을 바르라![51] 내가 그 피를 볼 때 너희를 넘어가리라! 세상의 신과 나라에서 세상의 통치에 종속되었던 백성들을 내가 칠 때 그 재앙이 너희에게 내리지 아니하리라!

하나님은 하나님의 나라 영토인 가나안 땅으로 데려가기 위하여 세상의 신에 종속된 백성들에게 어린 양의 보혈을 뿌리며 그들을 분리해 내었다. 이것이 10가지 재앙을 허락하신 이유이다. 10가지 재앙을 통해 나타난 하나님의 권능을 바라보면서 하나님의 주권 안으로 들어와 하나님의 나라 백성이 되는 것을 갈망하기를 바라는 아버지의 마음이었으며. 그것이 바로 하나님의 소원이었기 때문이다.

구약은 율법을 주시어 구원의 문을 열었다. 율법을 통해서라도 하나님을 선택하며 사랑하기 위하여 율법을 만든 것이다. 율법을 통해 죄가 무엇인지, 의가 무엇인지, 심판이 무엇인지를 인식시키고 백성을 보호하기 위한 목적으로 율법을 만든 것이다. 죄에 대해서 인식시키기 위하여, 하나님을 선택하도록 하기 위하여 율법을 만든 것이다. 이것이 바로 하나님의 사랑이었다. 그러나 이스라엘 백성은 율법을 지킬 수 없을 만큼 죄가 만연했고 죄의 본성으로 인하여 더러워졌다.

오히려 율법이 정죄와 판단을 만들었고 율법을 지키는 것 자체

51 (출 12:7, 개정) 그 피를 양을 먹을 집 좌우 문설주와 인방에 바르고

가 의가 되어 버렸다. 결국 율법을 통하여 백성 구원의 문을 열어 줄 수 없는 상태까지 이르게 되었다. 그리하여 하나님은 구원의 문을 더 열 수 있도록, 백성의 죄를 대속할 피흘림의 제사를 통하여 죄가 없다 인정해 주며 하나님과 화목할 수 있도록 인도하였다.

피흘림의 제사를 통하여 죄가 있으나 죄가 없다고 인정해주며, 화목제물을 통해 백성과 하나님과의 관계를 단절시키지 않도록 하나님께서 구원의 문을 열어 놓으신 것이다. 그러나 오히려 율법이 백성을 정죄하게 만들어 하나님과 멀어지게 하였으며, 피흘림의 제사조차도 하나님 앞에 나아갈 수 없도록 백성을 하나님과 단절시켜 나아갔던 것이다.

04. 예수 그리스도의 하나님 나라

하나님의 나라를 이루시려는 소원을 하나님께서 포기하셨겠는가? 영원한 하나님의 나라에서 자녀들과 영생하는 것이 하나님의 소원과 꿈이기에 결코 포기하지 않으셨다. 결국, 하나님의 소원을 이루기 위하여 하나님의 나라 자체이신 하나님께서 성육신의 예수 그리스도로 이 땅에 오신 것이며 하나님의 나라 자체를 이 땅에 심은 것이다. 그러나 백성들의 눈이 가려졌기 때문에 하나님의 나라를 보아도 보지 못하며, 들어도 듣지 못하였다. 그들의 혼의 영역이 사탄에 의하여 잠식되었기에 하나님 자체이신 예수 그리스도, 즉 하나님의 나라가 이 땅에 도래했을지라도 알지 못했던 것이다. 하나님은 하나님의 나라를 완성하기 위하여 이 땅에 성육신의 몸으로 내려오셨다. 하나님의 소원을 포기할 수 없기에 하나님의 나라 본체이신 하나님께서 성령으로 잉태하여 이 땅에 내려오신 것이다. 이것이 바로 예수님의 탄생 사건인 것이다.

예수 그리스도는 하나님의 영으로 잉태하신 하나님 자체이며 본체이다. 하나님 자체가 하나님의 나라이다. 예수 그리스도가 이 땅에 오신 목적은 하나님의 나라를 보여주기 위한 것이며, 하나님의 나라를 도래시키기 위하여 보내심을 받은 것이다. 예수 그리스도의 사역을 통하여 하나님의 나라가 어떠한 것인지 보여주었다.[52]

---

52 (눅 4:43, 개정) 예수께서 이르시되 내가 다른 동네들에서도 하나님의 나라 복음을 전하여야 하리니 나는 이 일을 위해 보내심을 받았노라 하시고

예수 그리스도의 삶 가운데 하나님 자녀로서의 복원된 권세가 나타나고 있다. 그러므로 하나님은 예수 그리스도가 행한 일을 우리도 행해야 한다고 말씀하고 계신 것이다. 어떻게 우리가 예수 그리스도의 행한 일을 행할 수 있겠는가? 바로 성령이 내주한 자녀들을 통해 성취될 수 있다는 것이다. 성령 안에서 하나님 나라의 자녀의 삶을 살아가고 있는 이들을 통해 하나님의 나라를 이루어 가신다는 것이다. 하나님의 나라 자체이신 예수 그리스도가 이 땅에 오셔서 보여준 것은 바로 하나님의 나라였던 것이다.

하나님의 소원은 이 땅에 하나님의 나라가 도래되는 것이다. 하나님의 나라가 도래되어 우리가 그분의 대행자로 살아가는 것이다. 바로 아담처럼 말이다. 아담에게 그 권세를 주었으며, 아브라함에게 그 권세를 보여 주셨다. 모세에게 통치권을 이양하셔서 하나님의 신성과 인성을 드러내셨다. 그런데도 우리는 하나님의 나라의 하나님의 대행자로서의 삶을 살아내지 못하고 있다. 하나님의 나라가 무엇인지, 하나님 나라의 자녀의 삶이 어떠한 것인지 모른 채 하나님의 나라에 들어가기도 전에 다 포기해 버리고 있다는 것이다.

사람들은 하나님의 나라를 보여 달라고 한다. 예수님의 제자인 빌립도 하나님을 보여 달라고 하였다. 하나님의 나라는 육의 눈으로 보는 영역이 아니다.

하나님은 하나님의 나라 존재 자체이다. 하나님의 나라 본체이며 그 자체이신 예수님을 보면서도 빌립은 하나님을 보여 달라고 하였다.[53] 인간의 눈이 가려져 있기 때문이다. 인간의 혼과 육의 눈으로는 하나님의 나라를 느낄 수도 없으며 볼 수도 없기에 깨닫지 못하는 것이다. 하나님의 나라는 먹는 것과 마시는 것이 아니다. 인간의 눈에 보여 달라고 하여 보여줄 수 있는 영역이 아니다. 하나님의 나라 본체와 주체는 바로 하나님 스스로이다.

모세에게 하나님의 나라 통치 대행자로 세워 하나님의 형상을 보여주었다. 예수 그리스도의 예표를 보여주었다. 첫 사람 아담도 예수 그리스도의 모습을 보여주었다. 하나님께서 말씀으로 창조하신 그 능력을 아담에게 부어 주어 그가 말하는 대로 이루어지는 놀라운 하나님 나라 통치의 대행자의 모습을 나타내셨다는 것이다.[54] 그런데도 인간은 하나님의 말씀을 믿지 않고 비방하고 있다. 하나님의 나라 최고 통치권자의 대행자 모세의 말을 비방하고 판단하며 하나님 말씀의 통치에 순복하지 않았다. 하나님의 나라를 보여 달라고 하였다. 지금도 여전히 하나님을 보여 달라하고 있다. 하나님께서 보이지 않을 때 금송아지를 만들며, 바알신이 하나님인 것처럼, 태양이 하나님인 것처럼 우상숭배를 통하여 하나님을 경멸하는

---

53 (요 14:8-10, 개정) [8] 빌립이 이르되 주여 아버지를 우리에게 보여 주옵소서 그리하면 족하겠나이다 [9] 예수께서 이르시되 빌립아 내가 이렇게 오래 너희와 함께 있으되 네가 나를 알지 못하느냐 나를 본 자는 아버지를 보았거늘 어찌하여 아버지를 보이라 하느냐 [10] 내가 아버지 안에 거하고 아버지는 내 안에 계신 것을 네가 믿지 아니하느냐 내가 너희에게 이르는 말은 스스로 하는 것이 아니라 아버지께서 내 안에 계셔서 그의 일을 하시는 것이라

54 (창 1:26, 개정) 하나님께서 이르시되 우리의 형상을 따라 우리의 모양대로 우리가 사람을 만들고 그들로 바다의 물고기와 하늘의 새와 가축과 온 땅과 땅에 기는 모든 것을 다스리게 하라 하시고

죄를 범하고 있다는 것이다.

하나님 이외에는 다른 신을 섬기지 말라!

이것이 하나님 통치의 말씀이다. 하나님 이외에는 유일한 신이 없다는 것이다. 하나님은 스스로 있는 자이시며, 하나님의 나라 자체라고 말씀하셨으나, 죄악에 눈이 가려진 우둔한 백성들은 하나님의 나라를 알지 못하고 하나님을 느끼지도 못한 채, 보이는 영역으로 하나님의 나라를 보여 달라고 하였다.

하나님의 나라는 오직 성령의 통치에 순종의 삶을 살아갈 때 나타나는 열매로 살아가는 백성들의 삶에 달려있다. 빌립이 예수님께 하나님을 보여 달라고 하였다. 하나님을 보여 달라고 하는 것은 하나님의 나라를 보여 달라는 의미이다. 예수님 자체가 하나님의 나라이다. 그러나 공정하신 하나님께서 에덴동산에서, 구약의 모세 시대에서, 아브라함을 통하여 백성의 조건을 보여주고자 했던 그 동일한 재판관의 잣대로 스스로조차도 하나님의 나라를 보여주기 위하여 철저히 낮아졌다. 하나님 자체가 하나님의 나라일진대 하나님의 나라를 보여 달라고 말하는 우둔한 백성들에게 겸손의 왕으로 이 땅에 온 것이다.

예수 그리스도 자체가 하나님의 나라이다. 예수 그리스도의 말씀 자체가 하나님의 통치이다. 말씀으로 존재하신 예수 그리스도가 이 땅을 말씀으로 창조하실 때 창조주로서 직임을 담당하였다.[55] 그러나 하나님의 나라를 보여주고, 실현하기 위하여 하나님 본체이신 예수 그리스도가 이 땅에 오신 것이다. 이것이 구약시대에 외친 선지자들의 외침이었다.

하나님의 나라를 하나님 스스로가 보여주기 위한 예언의 성취가 예수 그리스도의 성육신 사건으로 완성되었다는 것이다. 세례 요한이 외쳤다.

> 회개하라! 천국이 가까이 왔음이라!
> 하나님의 나라 실체가 가까이 왔음이라![56]

예수 그리스도께서 사역하실 때 외친 것이 무엇인가? "회개하라. 하나님의 나라가 가까이 왔음이라! 복음을 믿어라! 나는 하나님의 나라 복음을 보여주도록 보내심을 받은 자로다!"[57]

---

55 (요 1:1-3, 개정) [1] 태초에 말씀이 계시니라 이 말씀이 하나님과 함께 계셨으니 이 말씀은 곧 하나님께서시니라 [2] 그가 태초에 하나님과 함께 계셨고 [3] 만물이 그로 말미암아 지은 바 되었으니 지은 것이 하나도 그가 없이는 된 것이 없느니라

56 (마 3:1-3, 개정) [1] 그 때에 세례 요한이 이르러 유대 광야에서 전파하여 말하되 [2] 회개하라 천국이 가까이 왔느니라 하였으니 [3] 그는 선지자 이사야를 통하여 말씀하신 자라 일렀으되 광야에 외치는 자의 소리가 있어 이르되 너희는 주의 길을 준비하라 그가 오실 길을 곧게 하라 하였느니라

57 (막 1:15, 개정) 이르시되 때가 찼고 하나님의 나라가 가까이 왔으니 회개하고 복음을 믿으라 하시더라
(눅 4:43, 개정) 예수께서 이르시되 내가 다른 동네들에서도 하나님의 나라 복음을 전하여야 하리니 나는 이 일을 위해 보내심을 받았노라 하시고

앞서 하나님의 나라를 완성하기 위한 기본 조건이 무엇이라고 설명했는가? 주권이 있어야 한다. 하나님의 통치가 임해야 한다. 영토가 있어야 한다. 이에 합당한 백성이 있을 때 하나님의 나라가 이 땅에 도래될 수 있다는 것이다. 예수 그리스도는 하나님의 나라 자체이며 본체이다. 하나님께서 성육신의 완전한 인간의 모습으로 하나님의 나라 백성 모습으로 스스로가 오셨다. 그리할진대 빌립은 하나님의 나라를 보여 달라고 하였다. 하나님을 보여 달라고 하였다. 공정하신 하나님께서 하나님의 나라 백성 자격으로 완전하신 인간의 성육신 모습으로 이 땅에 내려온 것이다.

그렇다면 하나님의 통치는 무엇인가? 성령의 통치와 하나님의 주권에 따라 움직일 때 하나님의 나라가 완성되는 것이다. 예수 그리스도는 성령으로 잉태하셨기에 이미 성령을 통하여 움직이고 계셨다. 성령으로 잉태하신 죄 없으신 하나님으로 성령의 통치법 안에서 자신을 제한하였다. 이미 성육신하신 예수 그리스도의 영 안에 하나님의 통치와 영토가 존재하고 계셨다는 것이다. 죄 없으신 인간의 모습으로 최소 단위 하나님의 나라 장자로 이 땅에 오신 것이다. 예수 그리스도는 하나님 자체를 보여주셨으며 하나님의 나라의 그림을 보여주셨다.

예수 그리스도가 죽으심으로 이제 성령의 시대에 어떻게 하나님의 나라를 이루어 가는지, 어떻게 하나님의 나라를 보여주는지, 어떻게 하나님의 나라 삶을 사는지, 완전한 인간으로 성육신한 그 순간부터 십자가에 못 박혀 죽으실 때까지 하나님의 나라 백성으로서 완전한 인간의 삶을 보여주었다.

성령의 통치에 움직이셨다. 성령의 말씀에 움직이셨다. 성육신하신 하나님이신 예수님께서 온전히 그의 영 안에서 하나님의 나라를 보여 주셨다는 것이다.

예수 그리스도의 하나님의 나라 모형을 보라. 성령의 통치 안에서 성령을 통하여 그리스도의 영이 하나님의 나라로 확장되어 나가는 모습을 보라. 강력한 신성이 있었음에도 불구하고 우리를 위하여 하나님의 나라를 보여주기 위한 사명을 감당하였다. 예수 그리스도가 우리의 죄를 대속한 이후에 우리가 죄인이었으나 의인으로 칭함 받고 예수 그리스도를 영접할 때 우리의 안에 성령이 임하는 것이다. 마치 성령으로 잉태하여 하나님의 나라의 영토와 통치를 받는 그 놀라운 사명을 완성하기 위하여 지성소를 들어가는 길을 열었다.

예수 그리스도는 하나님의 나라가 우리 안에 도래될 수 있도록 완전한 인간으로서 그 사명을 감당하기 위해 오셨다. 우리가 예수 그리스도를 믿을 때, 우리 안에 성령이 내주하심으로 우리 안이 하나님 나라의 영토가 되는 것이다. 성령님께서 우리를 다스리실 때 그것이 하나님의 나라 통치의 법이 되는 것이며, 우리가 하나님 자녀의 삶을 순종하며 살아갈 때, 하나님의 나라를 다스리는 통치 대행자의 사명까지도 감당할 수 있다는 것이다.

우리가 하나님의 나라를 보여주신 예수 그리스도를 진정으로 믿을 때 성령이 내주하심으로 그 순간부터 예수 그리스도가 행한 일을 행할 수 있다는 것이다. 하나님의 나라에 삶을 사는 자녀들은 예수 그리스도가 행하신 그 일을 행해야 한다. 그리할 때 하나님의 나라가 완성되어 나갈 것이다.

완전하신 인간이신 예수 그리스도의 삶을 보라. 성령 안에서 의와 평강과 희락 안에서 사셨다. 하나님 통치를 통하여 하나님의 신성 영역의 사역을 보여주셨다. 이제는 우리가 하나님의 군대가 되어 예수 그리스도가 행하신 하나님의 나라백성의 사명을 보여 주어야 할 것이다.

예수 그리스도는 하나님의 본체며 하나님의 나라를 보여주는 완전한 인간의 모습이다. 예수 그리스도 자체가 하나님이며, 예수 그리스도 자체가 하나님의 나라 실체이다. 이 땅에 성령을 통하여 거듭난 백성들에게 하나님의 나라 자녀의 삶을 보여주었던 하나님의 작품이었다.

하나님의 나라에 삶을 사는 자녀들은 예수님께서 행하신 그 일을 행해야 한다. 그리할 때 하나님의 나라가 완성되어 나갈 것이다. 하나님의 나라가 도래된 성령 하나님의 군대를 통하여 그 일이 완성되어 나갈 것이다. 이제 예수의 영이신 성령이 임한 하나님의 자녀들을 통해 하나님께서는 하나님 나라를 완성해 나가실 것이다.

PART 2

현재적 하나님의 나라

3장
도래한 하나님의 나라

01. 성령님 통치의 하나님의 나라

하나님의 나라는 보이게 임하는 것이 아니다. 무엇보다도 성령의 시대에 하나님의 나라는 우리 안에 건국되고 있다. 성령이 우리 안에 내주하셨을 때부터 하나님의 나라가 도래되었으며, 온전히 하나님의 나라가 확고해지기까지 쉬지 않고 하나님은 일하고 계신다. 우리가 일하는 것이 아니라 하나님께서 일하신다. 온전한 하나님의 통치가 이루어지기 위해서는 다른 통치권자를 척결해야 한다. 왜냐하면 한 나라의 두 왕이 있을 수 없기 때문에 왕권을 위해 싸우게 된다.

우리는 사탄의 나라에서 사탄의 통치를 받고 살아가고 있다. 설령 사탄에게 통치되어 악한 영이 몸을 종속시키며 잠식하고 있을지라도, 하나님은 그분의 백성들을 찾기 위해 쉬지 않고 일하신다. 우리를 죄짓기 전 아담처럼 온전하게 통치하고자 하시는 하나님의 소원을 멈추지 않는다는 것이다.

복음의 능력은 어디서부터 비롯되는가? 우리의 영 안의 성전에 성령이 내주하시기 전에는 우리는 죽은 영으로 존재한다. 성령이 우리의 영 안에 내주할 때야 비로소 우리의 영이 거듭나고 회생하며 살아난다. 복음이 전해져 예수 그리스도를 영접했을 때, 우리의 영이 먼저 반응하는 것이 아니라는 것이다. 그렇다면 복음이 어떠한 통로를 통해 들려지겠는가? 우리의 영으로 듣겠는가? 혼으로 듣겠는가? 무엇으로 듣겠는가?

우리는 성령을 잘 알지 못한다. 본질상 진노의 자녀로[58], 마귀의 자식으로[59] 혼과 육의 영역에서 살아왔기에, 예수 그리스도를 영접하기 전에는 우리의 영은 죽어 있는 상태처럼 존재하고 있다. 그리할 때 하나님께서 누군가를 통하여 복음을 듣게 하신다. 환경을 통하여 예수 그리스도의 이름을 떠오르게 하신다. 고난을 통하여 자신의 낮아진 모습에서 예수 그리스도의 십자가 사랑을 떠올리게 하

58 (엡 2:3, 개정) 전에는 우리도 다 그 가운데서 우리 육체의 욕심을 따라 지내며 육체와 마음의 원하는 것을 하여 다른 이들과 같이 본질상 진노의 자녀이었더니

59 (요 8:44, 개정) 너희는 너희 아비 마귀에게서 났으니 너희 아비의 욕심대로 너희도 행하고자 하느니라 그는 처음부터 살인한 자요 진리가 그 속에 없으므로 진리에 서지 못하고 거짓을 말할 때마다 제 것으로 말하나니 이는 그가 거짓말쟁이요 거짓의 아비가 되었음이라

신다. 예수 그리스도의 사랑과 이름을 떠올리는 주체는 무엇이겠는가? 우리의 영이겠는가? 바로 우리 혼의 지성, 감정, 의지가 예수 그리스도의 이름에 반응한다. 십자가의 사랑에 눈물을 흘린다. 우리의 감정과 지성과 의지가 발동되어 예수 그리스도를 구세주로, 하나님의 아들로 믿기를 결단하며 순종해 나가는 것이다. 그러한 과정에서, 우리가 복음에 반응하여 자유의지를 통해 예수 그리스도를 구세주로 인정하며, 우리가 죄인인 것을 인식하게 된다는 것이다.

우리의 혼의 영역인 감정과 의지와 지성으로 예수님을 영접하며 반응할 때에 우리의 심령이 열리므로 영이 깨어나기 시작한다. 그 결과, 성령님이 우리의 혼을 통과하여, 혼과 영을 연결하는 심령을 관통하여 우리의 영에 내주하시게 된다. 그때부터 성령은 우리를 통치하기 위하여 쉬지 않고 일하신다. 비록 성령이 내주하셨을지라도 우리의 혼과 육은 사탄의 통치로 잠식되어 있다.

우리는 본질상 진노의 자녀이며, 태생적 죄의 본성을 지닌 죄인으로 태어났기 때문에 이미 혼과 육의 영역에 사탄의 통치와 장악이 있다는 것이다. 그러한 태생적 원죄가 있는 상태로서는 구원받을 수 없으며 죄의 문제를 해결할 수 없다는 것이다.

그러나 태생적 원죄를 사하기 위하여, 예수께서 십자가에 죽으심으로 우리의 죄를 대속하였다. 태생적 원죄에 사하심은 회개를 통해서만 일어날 수 있다. 예수님을 영접하여 성령이 내주하실 때 부어지는 회개의 능력으로 말미암아, 우리가 죄인이었으나 의인으로 칭함을 받는다는 것이다. 설령 그러할지라도 우리의 혼의 지성, 감정과 의지와 양심과 자유의지로 선택한 악의 근원은 제거될 수 없다. 영이 거듭나 성령이 내주했다면, 우리의 태생적 형상으로부터 받은 죄의 원죄가 회개를 통하여 사하여진다는 것이다. 그러나 우리가 죄를 지음으로 말미암아 그 통로를 통하여 사탄이 통치하고 있다면 그때부터 치열한 싸움을 해나가야 한다. 성령의 통치가 강하면 강할수록 우리의 본성으로 말미암아 지은 죄에 대해 이겨낼 수 있는 힘을 받는다. 그러나 우리의 혼의 영역과 사탄의 통치가 강하다면 설령 성령의 통치로 말미암아 하나님의 음성(감동)을 들었다고 할지라도 혼이 동의하지 않으므로 순종해 나갈 수가 없다는 것이다.

성령의 통치가 강한가? 혼과 육의 통치가 강한가?에 따라 하나님의 음성에 순종할 수 있는지 없는지 결정될 수 있다. 성령의 통치가 강하다면, 사탄의 통치가 잠잠해지며 혼과 육의 영역을 하나님께서 순종을 통하여 바꿔 나갈 수 있다는 것이다. 속사람과 겉사람의 싸움 가운데 누구의 영향력이 더 크냐에 따라 승패를 가늠할 수 있다. 또한 누구의 음성에 순종하는지에 따라 영적 전쟁의 승패를 가늠할 수 있다는 것이다.

우리는 지금 누구의 영향력 아래에서 살아가고 있는가? 사탄의 통치에 젖어 있는가? 성령의 통치에 임재 되어 있는가? 우리는 지금 누구의 통치권 안에서 움직이는가? 만약 사탄의 통치가 더욱 강하다면 사탄은 우리를 지옥불까지 끌고 가려 할 것이다. 반대로 성령의 통치가 강하다면 그때부터 성령께서 사탄의 통치를 파쇄하며 올무를 끊어내며 자유롭게 하기 위하여 싸워나간다는 것이다.

성령이 우리의 영에 임하므로 우리가 거듭날 때, 태생적 원죄는 회개를 통하여 사함을 받는다. 그러나 그 이후부터는 우리가 지었던 모든 죄의 근원과 기질, 성품화되고 내재된 죄성들을 성령의 통치에 의하여 하나하나씩 끊어 나가야 한다. 그리할 때 사탄의 통치가 억압되며 거룩함과 경건의 모습으로 변모될 수 있다. 피 흘리기까지 죄와 싸워나간다면 사탄의 통치로 말미암은 죄의 근원이 뽑히며 성령의 통치가 더욱 상대적으로 강해진다. 그리할 때 우리가 예수 그리스도의 이름으로 사탄이 통치하고 있는 모든 영역을 온전하게 할 수 있는 능력을 받는다는 것이다.

예수 그리스도의 이름에는 권세가 있다. 우리가 예수님의 이름을 부를 때에 믿는 자의 표적이 일어날 수 있다는 것이다. 예수님께서 믿는 자에게는 이런 표적이 따르리니 우리가 예수님의 이름으로 귀신을 쫓아낸다고 말씀하셨다.[60] 누구의 능력에 힘입어 귀신을 쫓아내는 것인가? 성령의 통치가 강하다면 성령을 힘입어 귀신을 쫓

60 (막 16:17-18, 개정) [17] 믿는 자들에게는 이런 표적이 따르리니 곧 그들이 내 이름으로 귀신을 쫓아내며 새 방언을 말하며 [18] 뱀을 집어올리며 무슨 독을 마실지라도 해를 받지 아니하며 병든 사람에게 손을 얹은즉 나으리라 하시더라

아낼 수 있다. 그러나 귀신의 통치가 강하다면 그 능력을 우리가 받을 수 없다는 것이다. 악한 영은 오로지 예수 그리스도의 이름으로만 쫓아낼 수 있다.

“믿는 자들에게는 이런 표적이 따르리니 곧 그들이 내 이름으로 귀신을 쫓아내며” 그렇다. 귀신을 쫓아낼 수 있는 능력은 예수 그리스도의 이름 안에 있다. 예수 그리스도의 영이신 성령의 능력을 통하여 귀신을 쫓아낼 수 있다는 것이다. 우리가 예수님의 이름으로 귀신을 쫓아낸다면, 성령을 힘입어 귀신이 떠나간다면 하나님의 나라가 이미 우리에게 임하였음의 확증이다.[61] 하나님의 나라에서 성령의 통치가 더욱 강력해지므로 우리가 예수 그리스도의 이름을 부를 때에 귀신이 떠나갈 수 있다는 것이다. 성령의 통치가 강하면 강할수록 믿는 자의 표적들이 더 강력하게 일어날 수 있다.

성령을 통하여 하나님의 음성(감동)을 경험할 수 있으며, 순종하는 능력도 성령을 통하여 받을 수 있다. 성령의 통치가 강하다면, 성령을 힘입어 귀신을 쫓아낼 수 있다는 것이다. 그리할 때 사탄의 통치가 약해지며 상대적으로 성령의 통치가 더욱 강해진다. 하나님의 통치가 강하다면, 능력이 나타날 수밖에 없다. 성령을 힘입어 귀신을 쫓아내며, 병든 자를 치유할 수 있다는 것이다. 반대로 사탄

61 (마 12:28, 개정) 그러나 내가 하나님의 성령을 힘입어 귀신을 쫓아내는 것이면 하나님의 나라가 이미 너희에게 임하였느니라

의 통치가 강하다면, 사탄이 자신의 나라를 확장하기 위한 도구로서 그 사람을 선택했으므로 그를 통해서 사탄의 나라를 확장해 나간다. 이처럼 우리의 영혼 육 가운데 하나님의 통치와 사탄의 통치 간 치열한 전쟁이 일어나고 있으며, 그 결과물이 실상에서 나타날 수 있다.

지금은 마지막 때다. 하나님의 나라와 사탄의 나라에 종속된 자들의 전쟁이 시작되었다. 하늘과 땅의 전쟁이 시작되었다. 사탄은 자신의 나라를 확장하기 위하여 사람들을 볼모로 잡고 있다. 극단적인 종교를 선택하는 사람들을 통해 성령의 통치를 입은 자들을 더욱 공격하게 될 것이다. 사탄은 무엇보다도 하나님의 통치에 의하여 하나님의 뜻대로 사는 하나님의 자녀들을 공격한다. 그들의 자녀들을 공격하고 그들의 배우자들을 공격한다. 하나님의 통치가 임하여 놀라운 하나님의 나라를 확장하는 도구라는 것을 알기에 사탄이 그토록 공격한다는 것이다.

성령 안에서 의와 평강과 희락의 삶을 사는 자녀들에게 하나님 자녀의 삶이 복원되며, 그들을 통해서 아담의 권세가 회복되는 것, 이것이 바로 하나님의 나라 기초이다. 이들을 통해 하늘과 땅의 전쟁을 수행하도록 준비하고 있다. 하나님은 성령을 통하여 하나님의 나라가 도래된 자들에게 희락과 평강을 붓고 있다. 그러나 우리가 평안할 때는 희락과 평강이 하나님으로부터 온 것인지, 환경으로부터 온 것인지 분별할 수 없다. 그러므로 하나님께서 고난과 환란과 폭풍을 통하여 희락과 평강을 유지하는 훈련을 하는 것이다. 재난의 시작 속에서 자연재해를 통하여, 전염병을 통하여 하나님께서 모든 만물을 흔드시므로 그 가운데서도 희락과 평강을 유지하는 자들에게 입술의 권세를 주어 아담의 권세를 복원시켜 나가고 있다.

지금의 상황을 보면 재난의 시작이라 할 수 있다. 자연재해와 전염병과 나라와 나라가 분쟁하며 다투며 이제 마지막 때 재난의 시작으로 들어가고 있다.[62] 지금 우리는 고난과 환란 중에서도 평강을 유지하는 훈련을 해야 한다. 재난이 시작될 수 있기 때문이다. 마지막 때의 시간표 속에서 우리가 성령을 통해서 희락과 평강을 유지하는 훈련을 했다면 하나님께서 그 순종의 삶을 의로 여기사 하나님의 나라 자녀의 삶을 복원시켜 나갈 것이다. 그들을 통해서 하나님의 나라를 완성해 나갈 것이다. 하나님의 나라의 자녀로서의 삶을 복원시켜 마지막 때 전쟁을 준비에 나갈 것이다.[63]

이 땅에 다시 에덴동산의 복원을 꿈꾸는 것은 하나님의 소원이

62 (마 24:6-8, 개정) [6] 난리와 난리 소문을 듣겠으나 너희는 삼가 두려워하지 말라 이런 일이 있어야 하되 아직 끝은 아니니라 [7] 민족이 민족을, 나라가 나라를 대적하여 일어나겠고 곳곳에 기근과 지진이 있으리니 [8] 이 모든 것은 재난의 시작이니라

63 (계 14:1-5, 개정) [1] 또 내가 보니 보라 어린 양이 시온 산에 섰고 그와 함께 십사만 사천이 서 있는데 그들의 이마에는 어린 양의 이름과 그 아버지의 이름을 쓴 것이 있더라 [2] 내가 하늘에서 나는 소리를 들으니 많은 물 소리와도 같고 큰 우렛소리와도 같은데 내가 들은 소리는 거문고 타는 자들이 그 거문고를 타는 것 같더라 [3] 그들이 보좌 앞과 네 생물과 장로들 앞에서 새 노래를 부르니 땅에서 속량함을 받은 십사만 사천 밖에는 능히 이 노래를 배울 자가 없더라 [4] 이 사람들은 여자와 더불어 더럽히지 아니하고 순결한 자라 어린 양이 어디로 인도하든지 따라가는 자며 사람 가운데에서 속량함을 받아 처음 익은 열매로 하나님과 어린 양에게 속한 자들이니 [5] 그 입에 거짓말이 없고 흠이 없는 자들이더라

다. 하나님의 형상으로 복원된 하나님의 자녀들을 통하여 아담의 권세가 회복되는 것이다. 이것이 바로 하나님의 나라 삶을 사는 자녀들이 보여주어야 할 모습이 될 것이다. 그 삶을 위하여 연단을 주는 것이며, 훈련한 것이며, 고난의 상황 속에서도 희락을 유지하는 방법을 가르치며 깨닫게 하는 것이다. 지금 재난의 시작 속에서 하나님은 알곡과 양으로 선택된 자녀들에게 희락과 평강의 훈련을 하고 있다. 믿음의 삶을 선택하는 삶 속에서 하나님은 하나님의 자녀로의 형상을 복원시켜 나가고 있으며, 이들을 통하여 마지막 때 전쟁을 준비하고 있다. 이들이 하나님의 군대가 될 것이며, 이들을 통해 하나님 나라의 진정한 자녀의 삶을 보여주게 될 것이다.

하나님의 소원은 하나님의 나라가 더욱 확장되는 것이다. 이전보다 하나님의 나라에 초청하는 자들이 늘어날 것이다. 하나님께서 영혼들에게 구원의 문을 활짝 열어놓고 초청할 것이다. 그러나 누가 이 일을 감당하겠는가? 성령의 통치를 입은 자들이 믿는 자의 표적을 일으키며 하나님의 형상을 보여줄 것이다. 하나님의 신성을 보여 줄 것이다. 하나님의 사랑을 드러내는 자녀들을 통해 사탄의 통치에 사로잡힌 하나님의 백성들을 구출해 낼 것이다. 이것이 요한계시록에서 언급되어 있는 강력한 영적 전쟁의 모습이다. 대추수의 시즌 가운데 일어날 일들이다. 하나님의 군대와 사탄의 군대가 자신의 나라를 확장하기 위해 목숨을 건 치열한 영적 전쟁이 일어날 것이다.

02. 복음 들음과 방해

하나님은 스승 되어 가르치는 우리의 선한 목자이시다. 우리의 혼과 육으로 하나님의 말씀을 듣고 볼 때 그것이 어떻게 해석될 수 있겠는가? 하나님의 세계는 보이지 않는 세계이다. 영적으로 거듭나고 깨어나 성장할 때에 볼 수 있는 영역이다. 그러나 우리는 영적인 존재로서 영적인 민감성을 우리 안에 이미 내재하고 있다. 우리는 종종 영적인 세계에 열려 있는 사람들을 볼 수 있다. 하나님의 세계가 열린 민감한 종들도 보게 된다. 반대로 사탄의 뜻과 의지대로 움직이고 있는 자들도 볼 수 있다. 우리의 본질 자체가 영적인 존재이기 때문에 어디에 더욱 접촉되어 있느냐에 따라, 누구에게 더욱 통치를 받고 있는지에 따라, 하나님의 세계가 더 강력하게 열릴 수 있으며, 사탄이 주도하는 세계가 열릴 수도 있다는 것이다. 어떤 세계로 우리의 영이 열리느냐는, 우리의 기질과 본성과 자유의지로 선택하는 것과 양심에 따라 달라질 수 있다.

먼저 자유의지가 무엇인지 살펴보자. 자유의지는 선과 악을 구별하여 하나님을 선택하도록 우리의 혼의 의지 영역에 주신 선물이다. 하나님은 우리를 사랑하는 대상으로 창조하였기에 우리의 자유의지로 하나님을 선택하며 사랑하는 것을 기뻐하신다. 하나님의 선한 영향력 안에서 자유의지로 하나님을 선택해 나간다면 하나님의 세계가 더 강력하게 열릴 것이다. 그러나 악의 본성을 가지고 사탄이 주는 쾌락과 탐닉을 자유의지로 선택해 나간다면 우리는 점진적으로 사탄의 세계가 열리며 통치를 받게 된다.

양심을 통하여 선한 일을 행하며 하나님의 선한 영향력 안에 머물고자 순종해 나간다면 하나님의 세계가 더 많이 열린다. 그러나 양심의 가책을 통해 말씀하신다고 할지라도, 그 음성을 듣지 못한 채 양심에 거슬리는 일을 한다면 양심이 화인을 맞으므로 굳어져 간다. 이것이 바로 양심에 화인을 맞는 일이다. 그리할 때 악을 거부하는 양심과 자유의지의 기능이 무너짐에 따라 사탄의 세계가 더 열리며 통치를 받게 된다는 것이다. 하나님의 선한 영향력 안에 있는 것을 좋아한다면 하나님의 세계가 열릴 것이며, 사탄의 폭력성과 악의 산물을 통하여 살아가는 것이 기질과 성품과 인격화 되어 있다면 사탄의 세계를 더 열려 나가는 것이다.

처음 시작은 동일하다. 우리는 본질상 진노의 자녀로 원죄를 지닌 채 태어났다. 만약 자유의지를 통해 사탄의 것을 선택해 나갔다면 복음이 들려진다고 할지라도, 우리 안에 있는 강퍅함과 완고함, 사탄의 통치함으로 복음을 듣지 못하도록 막아설 수 있다. 사탄의 영향력과 죄 된 기질과 본성으로 인하여 양심이 화인을 맞음으로써 우리 안에 복음이 들어가는 것을 강력하게 차단해 나간다. 그러나 설령 우리가 거듭나지 않았다고 할지라도, 만약 양심과 자유의지를 통하여 선한 삶을 선택해 나갔다면, 사탄의 종속과 통치가 연약해져 있는 상태이기 때문에 복음이 들어갈 때 훼방하지 않는다. 사탄의 통치가 훼방할 만큼 강하지 않기에 복음을 들을 때 그 능력으로 말미암아 우리가 성령이 내주할 수 있는 통로가 열린다는 것이다.

주변을 둘러보면 강퍅한 자들이 참 많다. 사탄의 통치와 종속이 겹겹이 싸여 사탄의 종노릇 하며 살아가는 자들이 있다. 그들에게 복음이 들어가는 것이 얼마나 어려운가? 복음이 들어가지 못하도록 사탄이 견고한 진으로 막아서고 있다는 것이다. 그렇다면 어떻게 해야 하겠는가? 듣든지 듣지 않든지 복음을 전해야 한다. 그러나, 그러면 그럴수록 더욱 완고해지며 강퍅해져 복음을 거부할 것이다. 복음을 훼방하는 사탄의 종노릇 하는 자리까지도 서게 될지도 모른다.

사도바울이 그러하지 않았는가? 그는 그리스도인들을 핍박하고 죽이는 일에 모든 인생을 걸었다. 사탄의 영향력 안에서 그는 자유의지로 악을 선택해 나갔다. 회심 전 사도바울이 얼마나 완고한 사람이었는가? 얼마나 강퍅했는가? 그런데도 불구하고 하나님께서 그의 육의 눈을 감고 영의 눈을 여셔서 하나님의 세계를 보여주시며 이끌어 가셨다.

그 어떤 누구도 구원받을 기회가 없는 사람은 없다. 모든 영혼들에게 구원받을 은혜는 열려 있다. 그러나 자신의 기질과 인격, 자유의지의 선택에 따라 복음을 들었을 때, 거듭나며 성령이 내주할 수 있는 길을 사탄이 막아설 수 있으므로이토록 복음을 전하는 것이 어려워지고 있다. 세상이 악하면 악할수록 양심이 무뎌져 간다. 자유의지로 악을 선택하는 것이 양심에 가책을 받지 않는다. 양심에 화인을 맞음으로 죄가 더욱 만연해지고 있는 것이다. 그 결과 사탄이 이 세상의 신이 되어 우리를 종속하며, 잠식해 나가며, 통치함으로 복음이 편만하게 전파되는 것을 강력하게 대적하며 막아서고 있다는 것이다. 이것이 바로 복음이 전파되기 어려운 이유 중의 하나일 것이다. 그러할지라도 하나님은 쉬지 않고 일하고 계신다. 이 마지막 때 사도바울과 같은 권능의 종들을 세우기 위해 지금도 신실하게 일하고 계신다.

03. 진정한 회개와 예수님 영접

많은 사람이 교회를 다니고 있다. 유형적인 건물을 바라보며 그것이 전부인 것처럼, 구원받은 것처럼 교회를 다니는 사람들이 얼마나 많은가? 주변을 둘러보면 성령이 누구신지, 성령님의 내주도 인식하지 못한 채 교회를 다니는 사람들이 참 많다. 교회를 다니는 것으로 안심하며 구원받았다고 생각하기도 한다.

그러나 실상을 그렇지 않다. 교회에 다니는 많은 사람이 구원받지 못한 채 지옥의 나락으로 떨어질 수 있다는 것을 인식하고 있어야 한다. 히브리서 9장 17절을 통해 하나님은 우리에게 분명하게 말씀하셨다. "한 번 죽는 것은 사람에게 정해진 것이요, 그 후에는 심판이 있으리니!" 그렇다. 예수님을 믿지 않으므로 생명책에 기록되지 못했다면 불 못에 던져지게 될 것이다.[64]

그렇다면 생명책에 어떻게 기록될 수 있겠는가? 생명책에 기록되는 조건은 우리가 예수님을 영접하여 성령께서 내주하셔야 한다. 우리 안에 거룩한 성전이 있어야 한다. 어떻게 그 일이 이루어지는가? 바로 회개를 통해서다. 우리가 죄인인 것을 인정하며, 예수님이 우리의 죄를 대신 짊어지고 십자가에서 죽으셨음을 믿어야 한다.

---

64 (히 9:27, 개정) 한번 죽는 것은 사람에게 정해진 것이요 그 후에는 심판이 있으리니
(계 20:15, 개정) 누구든지 생명책에 기록되지 못한 자는 불못에 던져지더라

자신이 죄인인 것을 인식하고 뼛속 깊이 회개함으로써 죄인인 것을 고백할 때, 사탄의 올무가 벗겨지며, 그 믿음을 통해 성령이 우리 안에 내주할 수 있는 통로가 열리는 것이다. 이것이 바로 성령이 우리 안에 내주하며 거듭나게 되는 영적인 원리이다.[65]

어떻게 이러한 영적인 원리를 알 수 있으며 체험할 수 있겠는가? 교회를 다니는 것만으로는 예수님을 진정으로 영접할 수 없다. 우리에게 진정한 회개가 일어날 때 비로소 예수의 영이신 성령이 우리 안에 내주할 수 있는 통로가 열린다는 것이다. 교회를 다닌다고 할지라도 진정한 회개를 능력을 경험하지 못했다면 결코 구원받을 수 없다. 진정한 그리스도의 대속의 능력 가운데 죄인인 것을 회개함으로 성령이 내주할 때 비로소 구원에 이를 수 있다는 것이다. 그때서야 비로소 우리가 진정한 교회, 성령님의 거룩한 성전이 되는 것이다. 우리가 진정한 교회가 될 수 없는 것은, 회개를 통해 성령이 내주함으로 거듭남의 은혜가 없기에 교회만 다닌 채 사망의 길로 빠져나간다는 것이다.

교회만 다니는 사람이 되지 말고 진정한 하나님의 은혜를 경험해야 한다. 하나님께 기도하기를 원한다.

---

65 (고전 3:16-17, 개정) [16] 너희는 너희가 하나님의 성전인 것과 하나님의 성령이 너희 안에 계시는 것을 알지 못하느냐 [17] 누구든지 하나님의 성전을 더럽히면 하나님께서 그 사람을 멸하시리라 하나님의 성전은 거룩하니 너희도 그러하니라

하나님, 저에게 대속의 은혜를 부어 주시옵소서!
대속의 눈물을 부어 주시옵소서!
예수 그리스도가 저의 죄를 대신하여 죽으셨음을 믿음으로 받도록
믿음을 부어 주시옵소서!

기도하고 침노할 때, 하나님께서 그 기도의 응답으로 대속의 은혜와 십자가의 은혜를 부어 주실 수 있다. 우리의 혼의 갈망함과 사모함이 하나님의 은혜를 접할 때, 놀라운 깨달음의 은혜로 예수님을 영접할 수 있는 통로가 열리게 된다.우리의 영 안에 성령께서 내주하실 수 있는 통로가 열린다는 것이다.

우리 안의 성전을 진정한 교회가 되게 해야 한다. 우리 안의 성전을 거룩히 하여 하나님의 마음을 받을 수 있어야 한다. 하나님의 눈물을 받고 더 큰하나님의 은혜가 임할 수 있도록 해야 한다. 그리하여 하나님의 대속의 은혜가 우리의 마음을 움직임으로, 우리가 비로소 하나님의 은혜 안에서 거듭남이라는 놀라운 구원의 문이 열리게 되는 것이다.

하나님께서 우리에게 눈물을 주실 것이다. 아버지 마음을 주실 것이다. 우리가 알든지 모르든지 하나님의 은혜 안에 있기에, 기도할 때 더 부어질 것이다. 더욱 사모하고 갈망해야 한다. 더욱 하나님의 은혜를 침노할 때 하나님께서 부어 주실 것이다.

04. 하나님의 나라 도래 : 성령님 내주

우리는 육체를 가진 연약한 존재이다. 인간의 본성 자체가 악하고 연약하다. 우리는 본질상 진노의 자녀로서 하나님의 분노와 진노를 막을 방법이 없다.[66] 성령이 우리 안에 내주하시지 않는다면 본질상 진노의 자녀와 진노의 대상이 가는 곳이 바로 지옥이다.

우리의 본질 자체가 사탄으로부터 죄악을 받고 태어난 본질상 진노의 자녀이며, 마귀의 자식이기에, 그 상태로서는 우리가 천국을 침노할 수 없다는 것이다. 하나님의 나라에 들어갈 수 없다. 어떻게 본질상 진노의 자녀이며 진노의 대상인 우리가 하나님의 집, 천국에 들어갈 수 있겠는가? 그런 연유로 하나님께서 자기 스스로 진노의 잔을 부으시고 그 진노의 잔을 마시셨다. 진노의 대상인 인간을 목숨보다 더 사랑하기에, 그 자녀에게 진노가 부어지는 것을 견딜 수 없기에 진노의 잔을 비우기 위해 하나님께서 이 땅에 오신 것이다.

하나님께서 인간을 사랑하시므로 진노의 자녀를 위하여 이 땅에 오셨다. 바로 성육신의 사건이다. 본질상 진노의 대상의 죄를 짊어

---

66 (엡 2:3-5, 개정) [3] 전에는 우리도 다 그 가운데서 우리 육체의 욕심을 따라 지내며 육체와 마음의 원하는 것을 하여 다른 이들과 같이 본질상 진노의 자녀이었더니 [4] 긍휼이 풍성하신 하나님께서 우리를 사랑하신 그 큰 사랑을 인하여 [5] 허물로 죽은 우리를 그리스도와 함께 살리셨고 (너희는 은혜로 구원을 받은 것이라)

지고 그 죄를 대속하기 위하여 죽으신 것이 바로 예수님의 십자가의 사건이다. 진노의 대상에게 부어질 진노의 잔을 자신에게 부으시고, 피 흘림의 제사를 통하여 화목제물로 자신을 드리신 것이다. 우리가 예수님을 믿음으로 말미암아 그 진노의 대상에서 제외된다는 것이다. 진노의 대상에게 부어질 진노의 잔을 하나님께서 성육신하시어 부어 버리셨기 때문에 예수님을 믿는다면 진노의 대상에서 제외되는 것이다. 진노의 잔이 부어지지 않도록 막아설 수 있는 것이다. 마치 이스라엘 백성들이 유월절 어린 양의 피를 문설주에 발랐을 때 심판과 재앙이 빗겨나간 것처럼, 우리도 예수님을 믿을 때 진노의 대상에서 구원의 대상으로 바뀌어 나아간다는 것이다.

우리는 진노의 잔을 받아 마실 진노의 대상이었다. 그러나 우리가 예수 그리스도를 믿음으로 말미암아 그 진노의 대상에서 제외되었으며, 거룩하신 영이신 성령이 우리의 영 안에 내주할 수 있는 통로가 열렸다. 예수님의 십자가의 죽으심과 부활하심, 다시 사심과 죄를 대속하신 후 하나님의 보좌 우편에 앉아 계신다는 것을 믿을 때, 우리가 본질상 진노의 대상이었으나 그 대상에서 제외되므로 생명책에 기록될 수 있다는 것이다. 그리하여 그 믿음으로 말미암아 우리가 죄인이었으나 의인으로 칭함 받은 순간부터, 진노의 대상과 진노의 자녀가 아니며 하나님의 자녀로서 성령이 내주하시게 되는 것이다. 성령이 내주하심으로 구원의 확신을 주며, 진정으로 의인으로 만들어가는 성화의 과정을 하나님과 동행하며 이루어 나간다는 것이다.

어떻게 우리가 죄인이었으나 의인으로 칭함 받을 수 있겠는가? 이것이 바로 하나님의 은혜이다. 성령이 우리의 영 안에 내주하심으로 하나님의 자녀가 되는 권세를 누림으로 받을 수 있는 특혜이며 특별은총인 것이다.[67] 일반적인 구원의 은혜는 다 열려 있다. 만민에게 일반적인 구원의 문은 열려 있다. 그러나 진노의 대상에게 부어질 진노의 잔을 피할 수 있는 유일한 방법은 예수님을 믿는 것이며, 이것은 일반적인 은총에서 특별한 은총으로 넘어갈 때 부어질 수 있는 은혜이다. 우리가 마음으로 예수님을 주로 시인하고 입으로 고백하며 심령 깊숙이 믿음을 심을 때에 받을 수 있는 특별한 은총이기에 우리의 의지와 결단과 순종함으로 믿음 안에서 특별은총이 활성화될 수 있는 것이다.[68] 그리할 때 우리 안에 성령이 내주하심으로 하나님의 자녀가 되는 권세를 가지고 성령 안으로 들어갈 수 있다는 것이다. 성령이 가르치며, 생각나게 하시며, 기도하게 하시며 하나님의 임재 가운데 인도하시며, 죄와 싸워나가도록 이끌어 가신다는 것이다.

성령이 내주하시기 전에는 양심의 가책을 받으며 죄를 멀리하기 위해서 애를 썼다. 그러나 엄밀히 말해 그것은 하나님의 나라

---

67 (요 1:12-13, 개정) [12] 영접하는 자 곧 그 이름을 믿는 자들에게는 하나님의 자녀가 되는 권세를 주셨으니 [13] 이는 혈통으로나 육정으로나 사람의 뜻으로 나지 아니하고 오직 하나님께로부터 난 자들이니라

68 (롬 10:9-10, 개정) [9] 네가 만일 네 입으로 예수를 주로 시인하며 또 하나님께서 그를 죽은 자 가운데서 살리신 것을 네 마음에 믿으면 구원을 받으리라 [10] 사람이 마음으로 믿어 의에 이르고 입으로 시인하여 구원에 이르느니라

와 구원을 이루는데 별 상관이 없다. 성령이 내주하지 않은 상태로도 충분히 선한 행동과 양심에 따라 살 수 있기 때문이다. 그 선한 행동으로는 진노의 대상에서 제외될 수 없다는 것이다. 설령 우리가 지금 죄를 짓고 있다고 할지라도, 예수님을 진정으로 영접했다면, 진노의 대상에서 하나님의 자녀로서 구원의 대상으로 변화되기 때문이다.

성령께서 내주하실 때 비로소 구원이 완성될 수 있기 때문에 성령이 내주하신 후부터 본격적인 훈련이 시작된다는 것이다. 죄가 무엇인지, 의가 무엇인지, 심판이 무엇인지를 성령이 알려주신다.[69] 성령께서 죄와 심판에 대해 두려움을 주시며 하나님의 나라와 의가 무엇인지를 가르쳐 주신다. 성령이 생각나게 하며 떠오르게 하신다. 그러한 과정에서 회개의 역사가 일어날 수 있는 것이다. 죄에 대해서, 의에 대해서, 심판에 대해서 생각나게 하며 가르치시고 깨닫게 하시므로, 그 삶을 살지 못했을 때 깊은 회한과 눈물과 회개가 일어나는 것이다. 이것이 바로 성령이 우리 안에서 첫 번째 하시는 일이다.

성령이 내주한 순간에 일어나는 반응이 있은즉 바로 회개이다.

---

69 (요 16:7-8, 개정) [7] 그러나 내가 너희에게 실상을 말하노니 내가 떠나가는 것이 너희에게 유익이라 내가 떠나가지 아니하면 보혜사가 너희에게로 오시지 아니할 것이요 가면 내가 그를 너희에게로 보내리니 [8] 그가 와서 죄에 대하여, 의에 대하여, 심판에 대하여 세상을 책망하시리라

회개를 통하여 죄를 멀리하도록 이끌어 간다. 성령이 충만할 때 죄에 대해서 더 인식하게 되므로 회개가 더 강력하게 일어날 수 있다. 그러나 성령이 충만하지 않다면 혼의 감정과 의지에 의해 우리의 육체가 끌려감으로, 성령이 내주하신다고 할지라도 영의 사람이 아니라 육의 사람으로 살아갈 수 있다는 것이다. 하나님께서는 성령을 통하여 육의 사람이 아니라 영의 사람으로 이끌어갈 수 있도록 쉬지 않고 일하신다. 그리하기 위하여 항상 성령 안에서 기도하라 말하며 성령 안으로 들어올 것을 권면한다. 성령 안에서 기도하며 깨어 구하기를 힘쓸 때, 성령이 우리 안에서 역사하는 힘이 크게 되므로 구원을 이루어 나갈 수 있다는 것이다. 성령께서 우리 안에서 회개와 구원의 통로를 확장시키기 위해 쉬지 않고 일하고 계신다.

그러나 한 번 구원은 영원하지 않다. 구원을 받은 이후에 반복적으로 다시 죄를 짓는다면, 성령을 근심시키며 소멸시킬 수 있으며, 구원조차도 잃어버릴 수 있다는 것을 기억해야 한다. 하나님의 자녀들은 구원을 잃어버리지 않도록 성령을 붙잡아야 한다. 성령이 근심하지 않도록 죄를 멀리하고, 성령이 근심하여 소멸되지 않도록 회개의 삶을 살아야 한다. 그리할 때 성령이 충만함으로 역사하는 힘이 커지게 되므로, 육의 생각이 아니라 영의 생각을 하는 하나님의 자녀가 될 수 있도록, 늘 깨어 성령의 인도함을 받아야 한다는 것이다.

그렇다면 어떻게 살아가야 하겠는가? 에베소서 6장 18절 말씀처럼 모든 기도와 간구를 하되 항상 성령 안에서 기도해야 한다. 늘 깨어 구하기를 항상 힘쓰며, 여러 성도를 위해서도 구하도록 해야 한다. 우리 자신이 아니라 타인을 위하여 기도할 때 성령이 역사하는 힘이 커지기 때문이다. 이웃 사랑을 기도 가운데 실천할 때, 하나님의 사랑과 자비와 은혜와 은총이 더 머물게 되므로, 성령이 역사하는 힘이 커지게 되는 것이다. 여러 성도를 위해 구하고 찾으며 두드릴 때 성령이 역사하는 힘이 커지게 된다.

성령을 통해 하나님의 사랑이 각인되어 나간다. 우리가 순종과 결단과 행함으로 여러 성도를 위하여 구하며 찾으며 섬길 때 이웃 사랑이 실천된다. 하나님의 사랑과 이웃 사랑이 더욱 균형적으로 삶에서 열매를 맺게 되므로 영의 사람으로서 하나님께서 이끌어가는 것이 더 수월하다는 것이다. 하나님께서는 성령의 능력으로 우리를 영의 사람으로 이끌어가기 위하여 쉬지 않고 일하고 계신다는 것을 기억해야 한다. 이를 위하여 항상 성령 안에서 기도하도록 해야 한다.

오직 성령 안에 거하고, 성령 안에서 생각하며, 성령을 통해 판단하며, 성령을 통하여 말해야 한다. 이것이 우리를 향한 하나님의 부르심이다. 성령 안에서 기도할 때 성령의 생각을 알게 되니, 성령 안에서 생각하며, 말하며 행동할 수 있도록 인도해 가신다.

모든 기도와 간구를 하되 항상 성령 안에서 기도하라고 말씀하셨다.[70] 성령 안에서 기도하는 것이 무엇을 의미하는가? 방언으로 기도하는 것이다. 방언은 성령 안에서 기도하는 것이다. 하나님은 우리에게 요구하시는 것이 무엇인지를 날마다 묵상하며 방언으로 기도해야 한다.

방언은 사람에게 하지 아니하며 오직 하나님께 하나니, 영으로 성령과 함께 하나님께 비밀을 말하는 영의 기도이다.[71] 다시 말해, 방언은 우리의 영 안에 내주해 계신 성령이 하나님께 비밀을 말하게 하기 위하여 우리의 영을 깨워 기도하게 하시는 것이다. 마땅히 빌 바를 알지 못할 때, 성령을 통하여 모든 기도와 간구를 하게 하므로 막아주며, 보호하며, 지켜주며 영성의 삶을 살 수 있도록 인도해 주시는 것이다. 우리의 영을 깨워 간구하도록 이끌 수 있는 것은, 성령의 통치가 우리의 영 안에 강력하게 임재 할 때 나타나는 현상이다.

이와 같이 방언은 성령 안에서 우리의 영이 하나님께 비밀을 말하는 기도이기 때문에 방언을 많이 말하면 할수록 성령의 통치가 더 강력해진다. 영의 기도인 방언으로 기도하게 된다면, 영적인 통

---

70 (엡 6:18, 개정) 모든 기도와 간구를 하되 항상 성령 안에서 기도하고 이를 위하여 깨어 구하기를 항상 힘쓰며 여러 성도를 위하여 구하라

71 (고전 14:2, 개정) 방언을 말하는 자는 사람에게 하지 아니하고 하나님께 하나니 이는 알아 듣는 자가 없고 영으로 비밀을 말함이라

로가 확장되고 활성화되므로, 영의 사람으로 변모될 수 있다는 것이다. 영적인 것이 민감해지므로 구원의 확신과 믿음의 성장을 도모할 수 있다는 것이다.

하나님의 자녀는 성령 안에서 기도하며, 깨어 구하기를 항상 힘쓰며, 무엇보다도 이웃을 위하여 기도하는 중보자가 되도록 해야 한다.

05. 영의 갈망과 영의 활성화

1) 영의 갈망과 침노를 막는 적 : 무기력과 내적상처

지금 이 시대는 진리와 비진리의 전쟁, 재난의 시작 속에 있다. 선과 악의 영적 전쟁 안에 들어가고 있다. 참과 거짓의 전쟁 속에서 무엇을 선택하느냐에 따라 알곡이 될 수 있으며 가라지로 뽑힐 수 있다는 것이다. 우리의 반응에 따라 양이 될 수 있으며 염소도 될 수 있다. 하나님께서는 지금 모든 것을 허락하고 계신다. 하나님 말씀의 성취와 우리의 믿음의 성장을 위하여 마귀의 공격을 허락하고 있다. 마귀가 밀 까부르듯이 까부는 것을 허락하셨기에 엄청난 영적 전쟁 속에 스스로가 무장해야 한다는 것이다.

무분별하게 쏟아지는 거짓의 말, 가라지를 만들기 위해 쏟아붓는 사탄의 계략, 이 혼탁한 전쟁 속에서 어떻게 분별할 수 있겠는가? 그러할지라도 우리는 분별하고 선택해야 한다. 복음의 열정 안으로 들어가든지, 세상의 상식 앞에 무릎을 꿇고 미온적이고 중립적인 자세로 나아가든지 선택해야 한다. 분명 어떤 누군가는 하나님을 떠나는 이들도 있을 것이다. 이 상황이 가속화될 때 우리는 어찌해야 하겠는가?

이것이 바로 재난의 시작이다. 현재 직면한 문제와 상황으로 인해 재난이 시작되는 것이 아니다. 우리의 믿음이 무너짐으로 두려움의 영의 종속에 끌려갈 수 있기에 그것이 고통과 고난으로 이어질 수 있다는 것이다. 깨어 근신해야 한다. 졸고 있는 신부들에게 하나님께서 "깨어 근신하라! 정신을 차리라!"라고 말씀하고 계신다.

진리와 비진리 앞에서, 양과 염소의 갈림길에서, 참과 거짓의 말이 선포될 때 우리는 어디로 가겠는가? 이 모든 음성이 분별 된다면 축복이다. 진리의 말씀이 분별 된다면 축복이다. 비진리의 말들이 우리 안에서 거친 돌처럼 느껴진다면 그 분별로 인하여 거친 돌을 뽑아낼 수 있기에 축복이라는 것이다. 염소의 말을 들을 때 우리가 불편함의 분별을 느낀다면 은혜이다. 그리할 때 어떻게 반응하겠는가? 무엇을 선택하겠는가? 이는 우리의 겉사람의 기질, 성품, 인격과 밀접한 연관이 있다. 참과 진리의 말씀이 선포될 때 염소의 말들이 쏟아질 때 우리의 겉사람의 기질 안에서 반응하는 것이 다르게 나타날 수 있을 것이다.

우리의 겉사람의 기질 가운데 하나님을 향한 뜨거운 열정과 세상을 향한 거룩한 분노나, 어떠한 일이든 목표 지향적으로 달려가는 기질이 있다면, 우리는 결단하며 나아갈 것이다. 그러나 겉사람의 기질 가운데 무기력의 영이 자리 잡고 있거나, 상처로 내적인 아픔으로 눌려있는 심령이 있다면, 우리가 반응하는 것이 어려울 것이다. 그러므로 똑같은 은혜를 경험했을지라도 누군가는 겉사람의 기질 안에 상처와 눌림이 없기 때문에 자신이 바라고 소망하는 것에 대한 열망이 솟아날 수 있다. 그것이 하나님으로부터 받은 것이든, 사탄으로부터 받은 것이든, 세상으로부터 흡수되는 것이든, 상관없이 자신 안에 묶여있는 상처가 없다면 반응하기 시작한다는 것이다.

그러나 많은 이들이 미지근한 열정과 기질로 살아가는 것은 혼의 영역 안에 상처가 있기 때문이다. 무기력의 영들이 지배하고 있기 때문이다. 그리하여 어떠한 순간에 결단하고자 할 때 혼의 영역에서 두려움을 주는 것이다. 뜨겁게 사랑하고 열정을 가지고 선포하는 주의 종들에게도 동일하게 나타나는 현상이다. 만약 그들이 기질과 잠재의식 안의 쓴뿌리로 인하여 상처가 있다면 자기 생각, 감정, 열정을 드러내는 것을 주저하게 된다는 것이다.

그런 연유로 예수님께서 뜨겁든지 차든지 해야 한다고 책망하는 것이다. 우리가 뜨겁지도 않고 차지도 않다면 뱉어버리겠다고 하신 말씀을 두려움으로 받아야 한다. 하나님의 책망을 받지 않기를 원한다면 우리의 겉사람에 숨겨져 있는 어둠의 권세를 대적해야 한다. 무기력의 영을 대적하고, 상처가 있다면 용납하고 용서해야 한다. 영적인 눌림과 그로 인한 두려움이 있다면, 우리의 겉사람의 혼의 영역에서 하나님 앞에 갈망하며 나오는 것을 제한하기 쉽다는 것이다.

어떤 누군가는 하나님을 향한 열정과 침노함으로 하나님을 뜨겁게 찬양한다. 그러나 어떤 누군가는 영의 갈망이 있을지라도 주저함으로 "차든지 덥든지 하라! 너는 미지근하구나!"라는 하나님의 책망을 받을 수 있는 기질을 갖고 있다.

무엇이 문제이겠는가? 영의 갈망과 침노가 임할 수 있도록 겉사람의 기질 안에 있는 무기력과 두려움의 영과 상처와 아픔을 용납하고 용서해야 한다. 이렇게 진정한 치유를 받을 때, 영이 활성화되어 겉사람의 기질에 제한받지 아니하고, 더 하나님을 갈망할 수 있다는 것이다. 영의 갈망과 침노가 일어날 수 있도록 혼의 아픈 부위를 치유하는 것이 먼저이다. 숨어 있는 뱀을 분별하고 추출해야 한다. 그것이 영의 갈망을 막고 있기 때문이다. 영의 침노를 막아서고 있기 때문이다.

2) 영을 활성화 시키는 방법 : 영적 회개

이 세상의 온 수면 위에 하나님의 영이 가득 채워져 있다. 하나님의 영이 충만하게 채워져 있다. 하나님의 영이 덮고 있지 않은 곳이 없다. 하나님의 영이 통치하지 않는 곳이 없다. 이렇듯 하나님의 영은 방대하다. 이것이 이 땅에서 하나님께서 주권자로 통치자로 일하고 있다는 증거이다. 온 우주 만물 가운데 하나님의 영이 내주하지 않는 곳이 없다는 것이다. 그러나 하나님의 영이 계시지 않는 곳이 있다. 바로 불신자의 영 안이다. 우리가 예수님을 마음으로 믿고 입으로 시인할 때[72], 하나님의 영이 우리의 영 안으로 내주하실

72 (롬 10:9-10, 개정) [9] 네가 만일 네 입으로 예수를 주로 시인하며 또 하나님께서 그를 죽은 자 가운데서 살리신 것을 네 마음에 믿으면 구원을 받으리라 [10] 사람이 마음으로 믿어 의에 이르고 입으로 시인하여 구원에 이르느니라

수 있다. 온 우주 구석구석에 하나님의 영이 충만하게 흐르고 있지만, 우리가 예수님을 믿지 않았을 때는 우리 영 안에 성령이 내주하실 수 없다는 것이다. 우리는 이러한 중요한 원리를 간과하고 있다.

우리의 영 안은 하나님께서 임재하실 때에만 깨어날 있으며 거듭날 수 있다. 성령이 우리의 영 안에 내주하지 않는다면 멈춰져 있는 것처럼, 죽은 것처럼 활동하지 않는다. 오직 우리의 영은 성령이 내주하여 통치하실 때만 깨어나며, 태어나며, 거듭나게 된다는 것이다. 그리할 때 우리 안에 깊은 감격이 일어난다. 우리의 영이 춤을 춘다. 우리의 영이 천국에 입성할 존재이므로, 우리의 영이 깨어나 활동하기 시작한다는 것은, 천국으로 들어갈 수 있는 자격이 주어진다는 것이기에 어찌 영이 기뻐하지 않겠는가? 어찌 영이 감격하지 않겠는가?

우리는 영혼 육의 구조를 지닌 존재이다. 우리의 영은 온 우주 안에 편재해 있는 하나님의 영의 품 안에 있다. 설령 그렇다 할지라도, 우리의 영이 깨어나 하나님을 아바 아버지라고 부르지 않는다면, 하나님의 영원한 왕국인 천국에 입성할 수 없다는 것이다. 하나님께서 우리의 혼과 육의 그릇에 우리의 영을 담아 이 땅에 보내시는 것이다. 우리의 영을 하나님의 성령으로 채울 때, 이 땅에서 살다가 하나님의 왕국으로 들어갈 수 있다는 것이다.

우리가 이 땅에 살아갈 때, 무엇을 향해 살아가고 있는가? 무엇을 보고 살아가고 있는가? 온 우주 만물에 가득 차있는 하나님을 바라보면서 살아가고 있다면, 우리의 영이 더욱 활성화되어 혼과 더불어 하나님의 영원한 왕국 천국에 입성하게 되는 것이다. 그러나 예수님을 믿지 않는다면, 성령께서 우리의 영 안에 내주하지 못하시게 되므로, 우리는 영이 죽은 상태로 지옥불에 떨어질 수밖에 없다는 것이다. 이것이 하나님의 왕국 천국에 입성할 수 있는 자격이다.

마귀가 이를 알고 우리의 혼과 육을 자극하며, 우리의 영이 활성화되지 못하도록 방해하고 훼방하는 것이다. 하나님의 유일한 소원은 성령이 내주하심으로 거듭난 하나님의 자녀와 천국에서 영원히 영생하는 것이다. 그 소원을 아는 원수 마귀는 믿음을 잃어버리게 하기 위하여 죄를 투영하고 있다. 구원을 잃어버리게 하기 위해 총공격을 하고 있다. 만약 우리가 죄를 선택할 때, 성령이 근심하시며[73] 소멸되시기에[74] 다시 우리는 혼과 육의 존재로 머물게 되는 것이다. 성령이 떠나신다면 마치 죽어있는 영처럼 존재하게 된다는 것이다. 이것이 바로 구원을 사이에 둔 치열한 영적전쟁이다.

우리가 사망하는 순간에, 우리의 영에 성령이 내주해 계신다면 영원한 하나님의 나라 천국에 들어갈 수 있는 시민권을 취득하게

73 (엡 4:30, 개정) 하나님의 성령을 근심하게 하지 말라 그 안에서 너희가 구원의 날까지 인치심을 받았느니라

74 (살전 5:19, 개정) 성령을 소멸하지 말며

된다.[75] 에덴동산에서 이루고자 했던, 하나님의 소원인 하나님의 나라가 천국에서 완성되어 나갈 것이다.

우리의 혼과 육을 덧입혀 영을 불어넣는 것인즉 아담의 때와 같다.[76] 그렇듯, 원죄 속에 있는 우리를 예수 그리스도의 구원 통로를 통하여 성령이 임재하게 될 때, 이제 온전히 하나님의 영원한 왕국, 천국에 들어갈 수 있는 자격을 받을 수 있다는 것이다. 지금 하나님께서는 구원의 문을 활짝 열어 놓고 천국으로 입성하는 자녀들을 추수하고 있다.

지금 우리는 무엇을 바라보며 살아가야 하겠는가? 우리의 영 안에 계신 성령을 훼방하고 모독하지 말아야 한다. 부지불식간에도 제한하지 말아야 한다.[77] 그리할 때 우리를 통해 많은 영들이 살아나며, 깨어나며, 거듭나게 된다. 그리할 때, 죽은 영들이 살아나며 강력하게 추수가 일어난다.

영이 활성화되기 위하여 회개가 반드시 필요하다. 날마다 회개의 삶을 살며. 혼과 육에 묻어있는 죄성들을 끊어달라고 하나님께 부르

---

75 (빌 3:20, 개정) 그러나 우리의 시민권은 하늘에 있는지라 거기로부터 구원하는 자 곧 주 예수 그리스도를 기다리노니

76 (창 2:7, 개정) 여호와 하나님께서 땅의 흙으로 사람을 지으시고 생기를 그 코에 불어 넣으시니 사람이 생령이 되니라

77 (마 12:31-32, 개정) [31] 그러므로 내가 너희에게 이르노니 사람에 대한 모든 죄와 모독은 사하심을 얻되 성령을 모독하는 것은 사하심을 얻지 못하겠고 [32] 또 누구든지 말로 인자를 거역하면 사하심을 얻되 누구든지 말로 성령을 거역하면 이 세상과 오는 세상에서도 사하심을 얻지 못하리라

짖을 때, 우리의 영이 온전히 보존되어 성령이 근심하지 않는다.

아담이 최초의 왕국 에덴동산에서 쫓겨났던 이유는 바로 회개하지 않았기 때문이다. 그들이 회개했다면, 다시 거룩성이 입혀지며, 하나님의 나라에 합당한 자녀로서의 명분을 받을 수 있었을 것이다. 그러나 아담은 회개하지 않았고, 오히려 죄를 이브에게 전가했기에, 결국 에덴동산에서 쫓겨나게 된 것이다.

회개는 하나님의 영을 근심시키지 않고 활성화시키는 강력한 도구이다. 회개는 우리의 영이 사는 길이다. 회개는 혼을 죽이는 것이다. 육체를 잠잠하게 하는 것이다. 진정한 회개를 통해 우리의 영이 성령 안에서 거듭나게 되는 것이다. 영이 살 때 성령이 통치할 수 있다. 성령이 근심이 하지 아니한다. 영이 살 때, 성령이 제한받지 않게 되므로 천국 오는 그날까지 우리의 영을 지켜 주신다.

우리는 회개를 통해 죄 된 삶에서 돌아서야 한다.[78] 죄와 분리되며 작은 죄까지도 낱낱이 들춰내는, 하나님의 손길을 감사해야 한다. 하나님 앞에 숨길 죄가 어디 있겠는가? 낱낱이 드러날 수밖에 없다. 이제 우리는 죄와의 싸움을 선포하며 싸워나가야 한다. 죄에 대해 보혈로 씻고 회개할 때, 우리의 영과 혼과 육이 온전히 성령께 통치되어 추수할 일꾼으로 사용될 것이다.

78 (고후 7:10, 개정) 하나님의 뜻대로 하는 근심은 후회할 것이 없는 구원에 이르게 하는 회개를 이루는 것이요 세상 근심은 사망을 이루는 것이니라

06. 하나님의 나라 법/통치 : 성령의 법

1) 태생적 신분의 변화와 성령의 통치

세상에서 받을 수 있는 가장 큰 축복은 바로 우리의 태생적 신분이 변화되는 것이다. 우리의 태생적 신분은 마귀의 자식이다. 본질상 진노의 자녀이다. 하나님의 진노를 받을 수밖에 없는 사망의 자식이다. 그러나 성령이 임함으로 하나님의 자녀가 되는 권세를 누렸으며, 그때부터 성령을 통하여 태생적 신분을 바꿔 나가는 그 일을 하나님께서 감당하신다는 것이다.

하나님이신 예수님께서 성육신의 몸으로 오신 이유는 바로 인간의 태생적 신분을 바꾸기 위함이다. 예수님이 십자가에서 죽으심을 믿을 때, 모든 사탄에게 매인 태생적 신분의 탯줄이 끊어지면서 하나님의 자녀로서 복원되기 시작한다. 그것이 은혜인 것을 깨닫고, 감사함으로 하나님께 나아올 때 회개의 영을 부어주신다는 것이다. "내가 거룩하니, 우리가 거룩하라!"고 말씀하신 것처럼 예수님을 진정으로 영접할 때에 그 믿음을 의로 여기시고 거룩의 영을 부어 회개케 하며, 그 순간 통로가 열려 성령이 우리의 영 안에 내주하시게 된다. 성령이 내주하면서 가장 먼저 행하시는 일이 바로 신분의 변화이다. 태생적 신분이 마귀의 자식[79]에서 하나님의 자

79 (요 8:44, 개정) 너희는 너희 아비 마귀에게서 났으니 너희 아비의 욕심대로 너희도 행하고자 하느니라 그는 처음부터 살인한 자요 진리가 그 속에 없으므로 진리에 서지 못하고 거짓을 말할 때마다 제 것으로 말하나니 이는 그가 거짓말쟁이요 거짓의 아비가 되었음이라

녀로 신분이 변화되게 된다. 이것이 바로 성령이 내주하실 때 부어지는 은혜이다.

이처럼 우리가 의지와 결단으로 회개하며, 예수님을 진정으로 믿고 영접하면, 성령을 통하여 죄인인 것을 인식하게 되고, 죄에 대해서, 의에 대해서, 심판에 대해서 깨닫게 될 때, 회개의 영이 부어진다. 그 회개를 통해 거룩성이 입혀지고, 성령님이 우리 안에 내주하심으로 신분의 변화가 일어나게 된다. 죄를 짓고 살았던 것에 대한 회개의 영이 임하면서부터 신분의 변화가 시작되는 것이다.

하나님께서는 마귀의 자식, 즉 태생적 신분으로 살아갈 때 지었던 모든 죄를 기뻐하시지 않는다. 따라서 성령이 내주하실 때부터 사탄에 종속을 끊어낼 수 있도록 하나님께서 친히 일하신다는 것이다.

우리가 하나님의 법에 순종하며 따라갈 때, 그 삶이 때로는 고난의 형태로 나타날 수 있다는 것도 기억하자. 우리가 태생적 신분, 즉 마귀의 자식으로 살아갈 때는 불법과 부정의 생각이 들어도, 죄의 본성 안에서 그것을 인정하며 동의하는 삶을 살았다. 우리의 마음 가운데 "다른 사람들도 다 이렇게 살잖아! 나만 죄짓는 것은 아니잖아!"라고 생각했다. 마귀가 주는 생각을 투영 받음으로써 죄에 대해 양심에 화인을 맞은 것처럼 무뎌졌다. 그러나 감사하게도 성령이 임하므로 하나님의 자녀로 신분의 변화가 일어날 때부터 죄에 대해서 인식하게 하신다는 것이다. 그런데 문제는 그 순간부터 고난에 직면할 수 있다는 것이다. 죄의 본성에 따라 살았던 그 모든 삶이 성령의 통치의 법에 순종하게 될 때, 그것이 고난이 될 수 있다는 것이다. 예전의 삶과 성령의 통치의 법에 순종하며 사는 삶과는 차원이 다른 삶이 될 것이다.

태생적 신분에서 누렸던 쾌락과 죄가 주는 희열이 우리를 잠식하고 있었다. 마귀가 우리를 종속하며 쾌락을 주었고 육체의 정욕을 부어주었다. 그 안에서 탐욕을 불어넣어 성공과 명예로 치닫도록 이끌어 가며 세상의 것들을 쏟아부어 줬다. 그것이 독이었으나, 오히려 행복을 평가하는 잣대가 되었으며, 마귀 자식의 신분에서 누릴 수 있는 기쁨이었다. 그러나 우리가 성령의 내주함으로써 신분의 변화가 일어난 후, 성령의 말씀에 순종하게 될 때, 이 태생적 신분, 즉 마귀가 주었던 모든 쾌락을 끊는 성령의 통치가 일어난다는 것이다. 그러할 때 느끼는 것이 무엇이겠는가? 희락이 있다. 기쁨이 있다. 하나님 말씀의 법에 따라갈 때 주시는 하나님의 강권하신 기쁨이 있다는 것이다. 이는 마귀가 부어주는 쾌락과 차원이 다른 희락이다. 그러나 그 기쁨은 우리가 순종의 삶을 살아가면서 쾌락을 포기하며 내려놓을 때 유지할 수 있다.

우리는 본질상 진노의 자녀로서 마귀로부터 받는 그 쾌락이 우리 몸에 축적되어 있다. 사탄이 주었던 탐욕과 정욕 안에서 누렸던 쾌락이 우리 안에 축적되어 있다. 그것을 이기는 것이 고난의 삶이라는 것이다. 성령의 통치의 법에 따라 하나님의 말씀대로 살아갈 때, 성령이 주는 희락을 받기 전까지는 우리가 그 삶을 살아내는 고통의 시간이 있어야 한다는 것이다. 이것이 고난이며 연단이다.

만약 부정의 방법으로 재물을 취했다면, 성령의 통치의 법에 따라 그것을 다 내려놓아야 한다. 음란한 생활을 통하여 사탄이 주는 쾌락을 느꼈다면, 성령의 법에 따라 다 포기해야 한다. 그것이 우리에게는 고난이 될 것이다. 분노하는 그 마음을 내려놓고, 성령의 통치의 법에 따라 하나님의 사랑을 선택할 때 하나님께서 주시는 희락이 있다. 그러나 우리의 마음 가운데 축적된 사탄의 본성이 우리를 공격하기 시작한다.

너 바보니! 네가 하고 싶은 대로 해! 네 자신을 위해 살아!

사탄의 본성을 가지고 생각을 자극하면서 성령의 통치의 법에 따르지 못하도록 이끌어 간다는 것이다. 성령이 내주함으로 성령의 통치의 법 안에서 살아간다고 할지라도, 이미 우리의 본성 안에 축적된 사탄의 태생적 신분과 그로부터 받았던 쾌락과 육체의 정욕이 있기에 한순간 끊어 낼 수 없는 것이다. 그때부터 치열한 전쟁이 시작되는 것이다. 정죄감의 전쟁이다.[80] 속사람과 겉사람이 치러야 할

80 (롬 8:1-2, 개정) [1] 그러므로 이제 그리스도 예수 안에 있는 자에게는 결코 정죄함이 없나니 [2] 이는 그리스도 예수 안에 있는 생명의 성령의 법이 죄와 사망의 법에서 너를 해방하였음이라

전쟁이다.[81] 만약 이러한 연단과 어려움, 핍박 속에서도 하나님의 말씀에 순종하는 삶을 살기 위해 몸부림친다면 성령의 열매를 맺을 수 있다. 성령의 통치가 강력하면 강력할수록, 하나님의 영향력이 더 커짐으로 하나님의 성품, 즉 성령의 열매가 맺어지기 시작한다는 것이다.

성령의 열매는 고난 속에 맺어진다. 환란과 핍박과 궁핍과 세상의 신인 사탄이 주었던 탐욕을 끊어내며 고통을 견뎌낼 때, 정금같이 맺어지는 것이 바로 성령의 열매라는 것이다. 성령의 열매가 맺어지기 시작할 때부터 성령의 통치는 더욱 강력하게 일어날 수 있다. 성령의 통치는 연단을 통과한 자녀들에게 일어나기 때문이다. 성령의 열매는 하나님의 성품이다. 하나님의 인격이다.[82] 성령의 열매를 맺혀가며 그 안에서의 기쁨이 우리 안에 안식함으로 통치하게 된다. 고통과 고난 가운데 하나님의 통치가 더욱 강력해짐으로, 하나님 때문에 참고 인내하며 견뎌낼 때, 하나님의 통치가 강해짐으로 하나님의 희락의 영이 부어지며, 평강의 하나님께서 통치함으로 세상이 줄 수 없는 평안 가운데 요동치 않는 평강이 임한다는 것이다. 그러할 때 사탄은 더 이상 우리를 공격할 수 없다. 이 땅의 모든 것이 배설물로 여겨지며, 이 땅에서가 아니라 천국의 소망을 품

81 (고후 4:16, 개정) 그러므로 우리가 낙심하지 아니하노니 우리의 겉사람은 낡아지나 우리의 속사람은 날로 새로워지도다

82 (갈 5:22-23, 개정) [22] 오직 성령의 열매는 사랑과 희락과 화평과 오래 참음과 자비와 양선과 충성과 [23] 온유와 절제니 이같은 것을 금지할 법이 없느니라

게 된다. 천국의 소망의 품는 자가 누구이겠는가? 바로 영생을 꿈꾸는 하나님의 나라 자녀이다. 천국에 대한 갈망을 갖게 되는 것이다. 하나님의 자녀로 살아갈 때 천국을 침노하게 되는 것이며, 그것이 소원이 되어 삶을 살아갈 수 있는 것이다. 더 나아가 "이 땅의 모든 것들은 다 배설물이다."라는 사도바울의 고백을 올릴 수 있게 된다. 이러한 믿음을 지닌 하나님의 자녀들에게 믿는 자의 표적[83]을 부어주며, 아담에게 주었던 모든 권세[84]를 회복 시켜 하나님의 나라를 완성하는 강력한 도구들로 사용하고 있는 것인즉, 지금은 마지막 시간표 속에 하나님의 군대, 용사[85]들이 세워져야 할 때이다. 이 영적인 원리를 누가 가르치겠는가? 바로 성령을 통하여 친히 가르치기를 원하신다는 것이다.

2) 성령의 통치가 일어나는 과정 : 영→혼→육

하나님의 통치가 일어나는 것이 바로 성령의 능력이다. 하나님의 통치는 우리 안에서 하나님께서 강력하고, 역동적으로 움직이시

83 (막 16:17-18, 개정) [17] 믿는 자들에게는 이런 표적이 따르리니 곧 그들이 내 이름으로 귀신을 쫓아내며 새 방언을 말하며 [18] 뱀을 집어올리며 무슨 독을 마실지라도 해를 받지 아니하며 병든 사람에게 손을 얹은즉 나으리라 하시더라

84 말씀의 능력, 입술의 권세 : (창 2:19, 개정) 여호와 하나님께서 흙으로 각종 들짐승과 공중의 각종 새를 지으시고 아담이 무엇이라고 부르나 보시려고 그것들을 그에게로 이끌어 가시니 아담이 각 생물을 부르는 것이 곧 그 이름이 되었더라

85 (딤후 2:3-4, 개정) [3] 그리스도 예수의 좋은 군사로 나와 함께 고난을 받을찌니 [4] 군사로 다니는 자는 자기 생활에 얽매이는 자가 하나도 없나니 이는 군사로 모집한 자를 기쁘게 하려 함이라

며, 우리를 인도해 간다는 것이다. 이것이 진정한 성령의 능력이다. 하나님의 통치가 일어날 때, 성령의 능력이 우리에게 흘러나오는 것이기 때문에, 하나님의 통치와 성령의 능력과는 무관하지 않다는 것이다. 하나님의 통치가 일어나기 위해서는 우리 안에 성령이 내주하셔야 한다. 하나님의 통치는 보편적으로 우리 안에서 발산되어 나올 수 있다. 그러나 하나님의 속성이 무소부재하시며 편재하시기에, 외부에서도 하나님의 통치를 받을 수도 있다. 구약시대처럼 말이다. 그러나 지금은 성령의 시대로 우리 영 안에 내주하신 성령님의 통치가 강화될 때, 성령의 능력도 더욱 강하게 나타날 수 있다는 것이다.

성령이 내주하시어 통치하기 위해서는 우선 우리의 영이 깨어나야 한다. 우리의 영이 거듭나고 깨어날 때 성령이 우리를 통치할 수 있기 때문이다. 성령이 내주하시기 전에는 영은 마치 죽은 상태처럼 미동하지 않으며 반응하지 않는다. 복음을 들어도, 하나님에 관한 말씀을 들어도, 간증을 들어도, 별 감동을 받지 않는다. 예수님을 믿게 하시는 성령께서 내주하지 않으셨다면, 복음을 들어도, 그어떠한 놀라운 하나님의 기적을 보아도 믿어지지 않는다는 것이다. 자신의 의지로 믿어 보려고 했으나 결국 실패하게 된다. 왜냐하면 성령께서 우리의 영을 깨워 믿음을 부어주시기 때문이다.

성령께서 내주하면서부터 진리의 영이신 성령께서 믿음을 주기 위하여 말씀을 읽게 한다. 말씀을 접하게 한다. 말씀을 듣게 한다.

말씀을 보게 한다. 또한 기도의 마음을 주시며 기도의 자리로 인도한다. 우리의 영을 깨우고 활성화시키기 위해 하나님께서 친히 스승되어 가르치시며 인도해 가신다. 예배의 자리로, 기도의 자리로, 찬양의 자리로 인도하시며, 하나님의 통치가 일어나도록 쉬지 않고 일하시는 것이다. 이러한 과정 가운데에서 하나님께서 사모함을 주신다. 하나님의 뜻이 마음에 소원을 일으키게 하며 사모함과 갈망을 더욱 불어 넣어 준다. 바로 이것이 영의 갈망이다. 영이 죽어 있을 때는 영의 갈망조차도 없다. 성령이 우리 안에 내주하시지 않기에 하나님을 알고 싶은 마음도 갈망도 없는 것이다. 그러나 성령이 내주하시어, 영을 깨워 말씀과 기도와 찬양으로 영을 흔들어 깨운다면, 그 순간부터 더욱더 깊은 사모함과 갈망들이 일어나게 된다.

성령의 통치를 일으키기 위해서는 우리의 갈망이 있어야 한다. 이 갈망은 어디서 비롯되는가? 마음의 동의가 있을 때 영의 갈망들이 채워지는 것이다. 우리의 영이 거듭나고 깨어난다면, 하나님께서 갈망과 사모함을 넣어줌으로 혼과 육의 동의를 일으켜 결단의 자리로 나아간다. 그리할 때 더욱더 사모함과 갈망이 커지게 되므로, 하나님의 통치가 점진적으로 영으로부터 혼과 육으로 흘러 내려올 수 있다는 것이다. 일련의 과정인 것이다. 성령이 내주하시며, 우리의 영을 깨워 영의 갈망을 일으키며, 마음의 동의를 얻어 결단의 자리까지 이끌어 나가는 것인즉, 그리할 때 하나님의 통치가 점진적으로 확산되어 갈 수 있다는 것이다.

결코 성령의 능력은 하나님의 통치와 무관하지 않다. 성령의 능력이 활성화되기 위해서는, 우리 안의 성령 통치가 더욱 강력하게 일어나야 하므로, 이러한 과정을 통해서 성령이 우리에게 능력을 부을 수 있는 통로가 열린다는 것이다.

3) 성령의 통치와 육체의 소욕 연관성

성령의 통치를 위해서는 혼과 육의 동의가 일어나야 한다고 설명하였다. 그러나 우리가 의지대로 혼과 육을 영에 복종시킬 수 없기 때문에, 그러한 단계가 쉽게 일어나지 않는다. 가장 먼저 우리의 영이 활성화되어야 하며, 이러한 영의 활성화 과정 속에서 혼과 육이 복종 되며 통치되기 시작한다. 그러나 민감성과 영의 활성화가 일어난 사람들이 많지는 않다. 만약 우리의 영이 활성화되어 있지 않고, 성령님의 일을 인식하지 못하고 있다면, 어떠한 방향인지도 모르고 가는 경우가 많다. 그저 성령이 내주하시며 감격과 감동으로 인도하시므로, 기쁜 마음으로 영의 갈망을 채워나가는 것이 대부분의 경우일 것이다.

성령의 통치를 위해서는 마음과 육의 동의가 일어나야 한다고 설명하였다. 그러나 그러한 단계가 어찌 쉽게 일어날 수 있는 것인가? 우리가 의지대로 육을 복종시킬 수 있는 것인가? 그러한 민감성과 영혼의 활성화가 일어난 사람들이 많지는 않다. 민감성에 반응하기 위해서는 먼저 우리의 영혼이 활성화되어야 한다. 그러면 육체가 복종 되며 통치되는 것이다. 이러한 단계에 이르기 전까지 우리가 어떠한 방향인지도 모르고 가는 경우가 많다. 그저 성령이 내주하시며, 감격과 감동으로 인도하시므로, 기쁜 마음으로 영의 갈망을 채워나가는 것이 대부분의 경우일 것이다.

우리는 이러한 원리를 모른 채, 성령이 내주하셔서 혼과 육에 감동을 주어 깨워나간다. 그러나 이러한 단계 속에서 하나님과 친밀함을 유지하고 있는 자녀들을 사탄이 그저 바라만 보고 있겠는가? 만약 사탄이 하나님의 자녀들을 공격하지 않는다면 온전한 성령의 통치가 일어나는 하나님의 왕국이 된다. 그러나 분명한 것은, 사탄은 하나님과 사랑하는 자녀들과의 관계가 회복되는 것을 원치 않기 때문에, 이러한 과정에서 공격해 들어온다는 것이다.

이미 설명하였던 대로, 성령이 내주하시며 그 죽은 영을 깨워 영의 갈망을 불어넣는다. 하나님을 만나는 감격과 감동으로 혼과 육의 동의를 얻어 말씀과 기도와 찬양과 예배를 사모하게 되는 것이다. 이러한 과정과 단계 속에서, 사탄은 우리에게 육체의 정욕이 더욱 불일 듯 일어나도록 충동질 한다. 사탄도 권세를 가지고 있다. 우리의 영이 깨어났을 때 잠시 잠깐 잊고 있었던 육체의 소욕과 정욕들이 불일 듯 일어나도록 사탄은 역사한다. 어떠한 방법으로 역사하는가? 육체의 정욕을 즐기는 사람들을 통하여 충동질한다. 술친구를 동원하며, 음란의 장소에 동행했던 자들을 동원하며, 그들을 통하여 충동질해 나가는 것이다.

하나님은 성령이 내주한 사람들의 영 가운데 역사하시며, 혼과 육의 동의를 얻어 하나님께서 기뻐하시는 예배의 장소로 가기를 원하신다. 그러나 사탄은 여지없이 그들을 공격하여 음란과 불법의 장소로 그들을 충동하며 유인해 나가는 것이다. 많은 사람이 이러한 단계 속에서 무너져 내리게 된다. 영은 깨어났으나, 다시 혼과 육이 더러운 죄성에 파묻히게 되므로, 영적인 갈망을 희석시키는 것인즉 영의 갈망을 잃어버리게 되는 것이다.

그리할 때 나타나는 반응은 무엇인가? 예배가 시들해지는 것이다. 기도해도 응답이 없는 것처럼 느껴지는 것이다. 찬양해도 기쁨이 없다. 말씀을 읽어도 영으로부터 성령님의 조명을 받을 수 없으므로, 그 뜻이 무슨 일인지 알지 못하며 지루해한다. 하나님께서 영을 깨워 영의 갈망을 채워가는 그 단계 속에서 사탄이 공격하기에, 혼과 육이 다시 육체의 소욕 속으로 빠져들어 간다. 이러할 때 믿음을 잃어버리게 된다. 믿음을 잃어버릴 뿐만 아니라, 죄를 더 흡수하여 성령을 근심케 한다는 것이다.

성령은 죄 없으신 하나님이시다. 성령은 죄 없으신 거룩하신 영으로서 죄와 함께할 수 없다고 성경에 기록되어 있다. 그렇기 때문에 비록 영은 깨어났으나, 혼과 육으로 말미암아 죄가 들어와 귀신의 처소가 그들의 육체 안에 점진적으로 확산하여 갈 때, 성령이 근심하시며 통치가 약화된다는 것이다. 영적인 싸움이다.

우리 안에 죄가 들어오게 된다면, 아무리 성령께서 통치하시려 하나, 죄가 기득권을 가지고 훼방하므로, 성령이 말씀하실지라도 그 음성이 혼과 육에 투영되지 못하는 것이다. 반대로 성령의 통치가 강하다면, 죄를 다스리며 죄를 끊을 수 있는 성령의 능력이 혼과 육에 투영되므로 성령의 통치가 점진적으로 강해진다. 영적인 줄다리기를 하는 것과 마찬가지이다. 성령이 우리를 다스리려고 할 때, 우리의 혼과 육이 동의한다면 성령의 다스림이 강해지는 것이다. 그러나 성령이 내주하실지라도 우리의 혼과 육이 사탄의 충동질에 넘어가 죄를 끌어들인다면, 비례적으로 성령의 통치가 약화되므로 성령의 음성이 투영되지 않아 육체의 소욕 쪽으로 끌려간다는 것이다. 이것이 성령이 육체의 소욕을 거스르며, 육체의 소욕이 성령을 거스른다는 그 말씀의 해석이다. 이 단계에서 무너져 내리며, 믿음을 잃어버리며 첫사랑을 잃어버리게 된다.

그리할 때 성령이 떠나가시겠는가? 근심하신다. 하나님의 음성을 투영할지라도 듣지 못하므로, 마치 하나님께서 역사하지 않는 것처럼, 무미건조한 신앙생활로 접어든다는 것이다. 이러한 단계 속에서도 성령은 인내하시며 기다리시는 하나님이시기에 떠나시지는 않는다. 근심하시면서 인내하시며 기다리신다. 많은 부분에 있어서, 성령이 내주하시나 영의 갈망이 계속 채워지지 않는다면 종국에는 사탄이 공격하므로 영의 갈망들이 감소한다는 것이다.

4) 성령세례, 성령충만, 영권의 관계

하나님께서 우리를 통치하기 위해 가장 필요한 것은 바로 우리의 혈과 육을 하나님께 복종시키는 것이다. 복음을 받아들이고 성령이 내주하시게 될 때, 우리 영의 주인은 성령이 되시며 구원을 이루어 가신다. 그러한 가운데 우리의 혈과 육이 성령께 복종 되지 않는다면, 성령이 우리 안에서 근심하시게 된다. 하나님의 통치를 강화시키기 위해서는 세상의 소욕을 하나님께 하나하나 내어놓음으로써, 우리의 혈과 육이 하나님 앞에 복종 되도록 절제하며 훈련하는 것이 매우 필요하다.

성령이 강력하게 우리 안에서 역사하실 때에 육체적 사인이 나타날 수 있다. 성령이 충만할 때, 우리의 영과 영에 계신 성령이 우리의 육을 복종시키기 위하여 역사하기도 하신다. 성령이 강하게 임하셨을 때 나타나는 육체의 사인들을 보라. 성령의 임재 안에서 육체의 진동과 함께 뒤로 넘어지기도 한다. 모든 육체의 사인이 성령으로부터 비롯된 것은 아닐지라도 성령이 임재 할 때 나타나는 증거들이 있다는 것이다. 때로는 자신의 의지대로 육체를 움직이지 못할 때도 있다. 이는 우리의 영 안에 내주해 계신 성령이 우리의 혼과 육을 통치하기 위하여, 강한 충격으로 우리의 육체 안에 임하시는 증거 중에 하나라는 것이다.

성령세례와 성령충만의 차이를 기억해야 한다. 성령세례는 복음을 듣고 믿었을 때, 구원을 이루기 위하여 성령이 우리의 영 안에 내주하시는 것이다. 성령이 임재하실 때 우리의 육체적 혼과 육의 사인이 있을 수도 있으며, 그렇지 않을 수도 있다. 우리의 영 안에서 일어나는 현상이기 때문이다. 성령세례는 영의 영역에서 성령이 우리를 다스려가기 시작한다는 사인이며 내적 증거이다.

그러나 성령충만은 성령께서 더욱 강하게 통치하시며 사명과 사역을 위해 강한 기름부음과 충만함을 채워주는 것이다. 성령을 충만히 채워주실 때, 우리를 통해 하나님의 일들이 성취될 수 있으므로, 하나님께서는 성령의 충만을 채워주기를 원하신다. 성령충만을 채워주시는 과정에서 우리의 육과 혈을 복종시켜야 하므로 강한 충격으로 인하여 우리의 육체에 사인이 나타날 수 있다는 것이다.

우리에게 성령충만이 임할 때 몸이 진동하며, 입신에 들어가며, 육안으로 보이는 증거들이 나타날 때 우리의 영 안에서는 강하게 우리의 혼과 육을 통치하기 시작하는 것이다. 그러므로 우리는 혼과 육의 존재이기에 성령충만을 날마다 간구하며 성령 하나님께 복종시켜 나가야 한다.

성령세례는 성령이 우리 안에 임하실 때 일어나는 첫 번째 내적 증거이며, 성령충만은 간구하고 사모하는 자에게 더하여 부어주시는 하나님의 은혜의 선물이라는 것이다. 성령의 충만함이 있을 때 사명을 감당할 수 있게 된다는 것이다. 그러하기에 날마다 성령의 충만함을 구하며 우리의 육체와 혼과 혈을 통치하도록 내어드려야 한다.

하나님은 영이시다. 우리는 혼과 육의 존재이므로 영에 계신 성령이 우리를 통치하기 위해서는 반드시 성령충만이 필요하다는 것이다. 성령이 충만할 때 하나님의 음성(감동)을 듣게 되는 것이다. 우리의 혈과 육과 육적인 생각들이 성령에 의해서 통치되게 되므로 영에 속한 사람이 된다.

우리의 영 안에 계신 성령이 역사하실 때 나타나는 것이 무엇인가? 영권이다. 영권은 바로 우리의 혼과 육을 성령께 완전히 통치되었을 때 나타나는 증거이다. 우리의 혼과 육이 성령께 통치되므로 잠잠해질 때 영에 계신 성령이 그 권세로 우리의 혼과 육을 다스리며 통치하며 친히 말씀하시는 것이다.

성령이 우리의 혼을 잠잠히 하며, 육을 복종시켜 나가며 말씀하실 때, 그것이 바로 하나님의 능력이 되는 것이다. 성령께서 하나님의 말씀과 권능으로 그 말씀을 받는 자들을 굴복시키는 것이다. 그런 연유로 때때로 하나님께서 우리의 혼과 육을 복종시키기 위해 금식을 명하신다. 금식할 때, 우리의 혼과 육은 고통스러우나, 성령이 우리 안에서 말씀하실 수 있는 통로가 확장되므로, 성령이 금식을 통하여 더 강하게 말씀하실 수 있다는 것이다. 금식의 능력이 바로 이것이다. 성령이 통치하시고 복종시켜 나가기 위한 과정 가운데 금식을 사용하신다. 겉사람의 기질을 다스리기 위하여, 혼과 육의 생각을 잠잠히 하고 복종시키기 금식을 요구하신다. 금식은 능력의 기도로서, 금식기도 가운데 하나님께서 말씀하시며, 금식 가운데 우리는 기도 응답을 받을 수 있는 것이다.

이미 하나님은 우리에게 말씀하시고, 말씀하고 계신다. 그러나 우리의 혼과 육의 생각이 잠잠하지 않음으로 성령의 음성을 들을 수 없다는 것이다. 그래서 우리를 쳐서 복종시키는 것이다. 우리를 쳐서 복종시켜야, 영에 계신 성령이 권능으로, 영권으로 하나님의 백성들을 다스리는 것이다. 이것이 능력이다. 그러나 그러하기 위해서는 어떻게 해야 할 것인가? 우리의 혼과 육은 결코 스스로 복종시킬 수 없다. 그러므로 쉬지 말고 기도해야 한다는 것이다. 우리의 영은 먹지도, 자지도, 쉬지도, 휴식하지도 않으며 온전히 깨어 있다. 쉬지 말고 기도할 수 있는 영역은 우리의 영의 영역이다. 우리의 육신의 힘으로는 쉬지 않고 기도할 수 없다. 우리의 영의 영역에서 나오는 영의 기도로 쉬지 않고 기도하며, 영의 언어로, 성령의 통치로 기도해 나간다면, 우리의 혼과 육이 잠잠해지며 영에 계신 성령께서 더 강하게 통치할 수 있는 통로가 확장되는 것이다.

영의 기도인 방언 안에 놀라운 비밀이 숨겨져 있다. 영권을 가진 사람들은 영의 기도를 통하여 성령이 말씀하실 수 있는 통로를 확장시킨다. 영적인 통로에 붙어 있는 더러운 기운들을 제거하며, 성령이 우리의 영 안에서 친히 말씀하시며 통치하실 수 있도록 길을 내고 정화하는 것이다. 이를 잘 알고 있던 사도 바울이 쉬지 말고 기도하라고 권면한 것이다. 성령이 통치하기 위하여, 혈과 육을 복종시켜, 영권을 가진 그리스도인들이 되게 하기 위하여 쉬지 말고 기도하라고 권면한 것이다. 우리가 기도할 때, 우리의 혈과 육이 복종되어 우리가 할 수 없는 기쁘함과 감사함이 흘러나오는 것이다.

우리는 악의 속성을 지닌 존재이다. 우리는 죄의 근원에서 발생된 죄성을 가지고 있다. 사탄의 죄성이 우리 안에 잠재적으로 내재되어 있다는 것이다. 그러하기에 우리는 본성상 항상 기뻐할 수 없다. 범사에 감사할 수 없는 존재다. 이미 사탄의 잠재적 본성이 우리 안에 깊숙이 내재해 있으므로 쉬지 않고 영으로 기도할 때, 사탄의 본성을 잠잠하게 하며, 영의 기도를 통해 영의 통로를 깨끗하게 하므로, 그로 인해 자연스럽게 맺어지는 열매가 기쁨과 감사이다.

항상 기뻐해야 한다. 우리의 육체적 정욕과 소욕을 내려놓지 못한다면 항상 감사할 수 없다. 항상 감사할 수 있는 것은 우리의 혈과 육을 쳐서 복종시킬 때 나타나는 열매이다. 우리는 항상 기뻐하며, 범사에 감사할 수 없다. 우리의 정욕이 강하므로 다른 이들을 바라볼 때, 시기와 질투로 인하여 감사함을 올릴 수 없다. 그러나 우리의 혈과 육을 성령께 복종시켜 나간다면 성령의 열매인 인내와 절제가 우리 안에서 흘러나오게 되므로 모든 것에 감사할 수 있게 된다.

“항상 기뻐하라! 범사에 감사하라! 쉬지 말고 기도하라! 이것이 예수 그리스도 안에서 우리를 향하신 하나님의 뜻이라!” 이 영적인 원리를 두고 기도해야 한다. 이 원리를 깨달았다면, 우리 안에서 혈과 육을 복종시켜 나가므로 항상 기뻐하며, 범사에 감사하며, 쉬지 않고 기도할 수 있도록 우리의 영을 더 깨워달라고 기도해야 한다. 우리의 영이 깨어나, 우리의 영이 성령 안에서 연합하여 통치해 나갈 때 비로소 쉬지 않고 기도할 수 있는 영권을 받는 것이다. 쉬지 않고 기도할 수 있는 것은 영권에 속한다.

우리 힘으로 쉬지 않고 기도할 수 있는가? 그렇지 않다. 우리의 혼과 육이 성령께 복종된다면, 혼과 육이 잠잠한 수면 시간조차도 영은 활성화되어 기도를 올릴 수 있다. 우리의 혼은 잠잠할지라도 영은 깨어 날마다 24시간을 기도하며 성령과 소통할 수 있다. 우리의 혼이 깨어났을지라도, 우리의 육이 삶을 다시 시작할지라도 영에서 24시간 기도하므로 영의 능력이 강하여져서 혼과 육을 복종시켜 나갈 수 있다. 그러므로 성령의 음성(감동)이 우리 안에 온전히 통치하며 이끌어나갈 수 있다. 그리할 때 영혼 육이 하나님께 복종 될 수 있는 것이다.

"사랑하는 자들아, 네 영혼이 잘됨같이 범사가 잘되고 강건하기를 내가 간구하도다." 우리의 영혼이 하나님께 온전히 순복되어 통치가 일어난다면, 범사가 잘되며 강건해질 수 있는 것은 당연한 성경적 원리이다. 우리의 영혼이 잘되는 것이 먼저이다. 우리의 영혼이 하나님께 완전히 순복되므로 연합되는 것이 먼저이다. 범사가 잘되고 일상이 번창하는 것이 먼저가 아니다. 우리의 영혼이 잘된다면 범사가 잘되는 것이 당연하다. 우리의 육체가 강건해지는 것은 당연하다. 무엇이 먼저인가? 우리는 먼저 우리의 육체가 강건해지는 것을 간구하고, 범사가 잘되는 것을 간구하고 있다. 그러나 먼저 우리 영혼이 잘되고 하나님께 복종되어 갈 때, 범사가 잘되고 강건하게 되는 것이다. 이 원리를 기억해야 한다.

그러므로 먼저 우리의 기질을 바꿔 나가야 한다. 우리의 본질적 분노의 기질, 본질적 시기의 기질, 부끄러움의 기질들을 바꿔 나가야 한다. 그 기질을 바꿀 수 없다고 말하지 않아야 한다. 혈과 육의 싸움이다. 혈과 육의 싸움을 해나간다면 영이 활성화되므로 성령 하나님께서 계속 힘을 주신다.

우리는 "하나님, 우리가 가진 혈의 본질, 기질, 본성, 사탄의 잠재적 본성이 우리 안에 고착된 것들을 보여 주시고, 인격과 성품으로 고착된 더러운 부분들이 있다면, 보여 주시고 제거하여 주시옵소서!"라고 기도해야 한다. 그리할 때 우리에게 조명해 주신다.

이제부터 피 흘리기까지 죄와의 싸움을 시작해야 한다. 죄와의 싸움이 시작되었다. 하나님께서 원하시는 것은 우리 속에 사탄의 본질적 본성이 성품과 기질로 토착되었던 것을 뽑아내는 것이다. 성령의 불로 태우는 것을 시작하려 하시는 것이다.

우리가 그 하나님의 부르심에 순종하지 못한다면 지금껏 말해온 영권의 사람이 될 수 없다. 우리의 기질이 하나님의 통치를 막고 있다. 우리의 본성이 하나님의 완전한 통치를 막고 있는 것이다. "나의 성격이다. 기질이다."라고 말하지 않아야 한다. 영혼 육을 창조한 하나님께서 우리의 혼의 기질을, 육의 본성들을 제거해 나가기를 원한다. 죄와의 싸움을 시작해야 한다. 작은 죄라도 하나님께 의뢰하며 그 죄의 본성, 기질, 토착되어진 나쁜 성품을 뽑아달라고 기도해야 한다. 그리할 때 하나님께서 그 일을 행하실 것이다.

이것이 바로 영권인 것이다. 이 영권을 받는다면 우리가 예수의 이름으로 사탄에게 명령할 때, 하나님의 영권이 우리 안에 있으므로 사탄은 잠잠할 수밖에 없다. 결박될 수밖에 없다. 예수 그리스도가 2천 마리의 귀신에게 명령하였을 때 떠나갈 수밖에 없었던 것은, 완전한 신성을 지닌 완전한 인간이시기에, 그 영권이 영적인 존재인 사탄에게 불로 나가기 때문이다. 우리는 이제 예수님이 행했던 것보다 더 큰 일을 할 것이다.

영권을 받는 것은 혈과 육을 복종시키며, 우리의 잠재적 사탄의 본성을 제거하는 죄를 끊는 것부터 시작되는 것임을 명심해야 한다. 그리할 때 하나님의 양 떼들이 우리의 말 한마디도 하나님의 말씀과 능력으로 듣게 되는 것이다. 우리가 영권으로 명령하고 강단에 설 때, 사탄의 세력들이 그 순간 결박되므로 하나님의 빛이, 하나님의 능력이 양 떼들 안에 투영되므로 성령이 내주하실 수 있다. 성령이 내주할 수 있는 길을 여는 것이다.

성령이 내주하기 위해서는 그들 안에 있는 어둠의 세력이 잠잠해져, 그의 마음을 주장할 수 있는 상태에서 성령이 내주하신다. 입으로 시인하며 마음으로 믿을 때 구원을 이룬다고 하였다. 그로 인해 그 사람 안에 성령이 내주한다고 이미 설명하였다. 사탄은 그의 마음과 생각을 잡고, 혼과 육의 영역을 종속함으로, 복음이 심령을 뚫고 영 안에 투영하는 것을 막아서고 있다.

어떻게 이 영적싸움을 해야 하는가? 어떻게 육으로 그들에게 복음을 심령에 넣어줄 수 있는가? 영권으로 제압해야 한다. 우리의 영권이 악한 영의 영권보다 강하다면, 우리가 이렇게 명령할 때 잠잠해지는 것이다. "사탄아, 하나님의 말씀을 선포할 때 너는 결박을 받고 잠잠할지어다! 이 더러운 귀신아, 잠잠 하라!"라고 명령할 때, 결박을 받고 잠잠해지는 순간 심령을 통해 복음이 들어가는 것이다. 심령을 통해 복음이 넣어질 때, 그가 입으로 "주님, 내가 주를 구세주로 인정합니다."라고 시인하고 마음으로 믿게 된다.

예수님을 영접하지 못하도록 사탄이 사람의 마음을 강퍅하게 하고 있다는 것이며, 사탄이 잡고 있는 마음의 족쇄를 풀어야 한다는 것이다. 그것은 영권으로 가능하다. 강한 영권으로 "예수의 이름으로 명령하노니 어둠의 권세야, 말씀이 선포될 때 너는 잠잠 하라! 결박을 받을 지어다!"라고 명령할 때, 마음의 빗장을 닫고 있는 사탄의 권세가 풀어지고, 복음이 들어갈 수 있는 통로가 열리는 것이다. 이때 누군가로부터 복음을 듣고 예수님을 영접하면, 성령께서 그의 영 안에 내주하시는 것이다. 이것이 성령이 사람 안에 내주하는 성경적 원리이다.

이 원리를 많은 하나님의 종들이 알지 못하고 있다. 그러므로 혈과 육으로 성령을 내주하게 하기 위하여 육적인 방법으로 그들을 통치하려 한다. 하나님의 양 떼들에게 억지로 복음을 넣어주기 위하여 혈과 육으로 노력한다. 그렇게 하지 않아야 한다. 영권의 싸움이다. 영적인 싸움이다. 우리가 사탄의 권세를 밟으며 제압할 수 있는 능력이 있다면, 그 사람 속에 역사하는 어둠의 권세, 마음을 잡고 있고 생각을 잡으며 그를 통치하고 있는 어둠의 권세를 결박할 수 있는 능력이 생기는 것이다. 그 결박 이후에 복음이 들어갈 때 심령을 통해 영의 통로가 열려 성령이 그의 영 안에 내주하시는 것이다. 놀라운 영적인 원리인 것이다. 그러나 사탄의 잠재적 본성이 우리 안에 기질과 성품으로 토착화되어 있다면 이 영권을 받지 못한다. 이제 하나님께서 작은 죄까지도 조명해 나간다. 그 죄를 보여줄 때 무릎을 꿇어야 한다. 우리의 능력으로는 할 수 없다.

하나님께 기도해야 한다. "하나님, 그것이 죄인 것을 몰랐습니다. 하나님의 통치를 막는 것임을 몰랐습니다. 하나님, 통치하소서! 이 죄를 내려놓겠습니다. 이 시기심을 내려놓겠습니다. 이 분노의 마음을 잠잠케 하겠습니다. 자기중심적인 생각과 자기중심적인 행동을 내려놓겠습니다. 하나님, 우리의 몸을 사랑하는 것처럼 우리 이웃을 사랑하는 것을 시도하겠습니다. 우리가 할 수 없사오니, 이제부터 주께서 어떻게 우리 이웃을 사랑해야 되는지를 구체적으로 알려 주시옵소서!" 이 기도에 하나님께서 이렇게 말씀하실 것이다. "저 양을 안아 주거라! 위로하라! 물질을 제공하라! 저 양을 먹이라! 저 양을 품으라! 네가 품을 수 없다는 것을 안다. 그러나 품으라! 품으려 할 때 잠재적 사탄의 분노의 본성이 그 힘을 잃게 되는 것이다. 또 품을 때, 또 품고 사랑하며 이웃을 섬길 때, 그 기질들이 하나씩 하나씩 사라져가며 영의 통치가 일어나, 그것이 사탄을 제압하여 양에게 성령의 강한 내주를 일으킬 수 있는 통치를 열어가는 것이다. 영권을 가진 자가 내 양들에게 성령을 불어넣을 수 있다." 하나님은 우리에게 이렇게 말씀을 하시기 원한다.

영권이 없을 때는 누군가에게 성령세례나 성령충만을 줄 수 있는 능력이 충분치 않다. 혈과 육으로 씨름하는 것이다. 그러나 영권이 있는 누군가가 손을 잡고 "예수님께서 당신을 사랑하십니다." 말할 때 통곡하며, 성령세례가 임하며 성령충만이 임하는 것이다. 그 누군가에게 구원이 임하는 것이다. 그가 성령의 내주로 인하여 구원의 인치심을 받기 시작해나가는 것이니, 우리에게 영권이 없다면 어떻게 하나님의 일을 감당할 수 있겠는가? 영권이 없다면 어떻게 하나님의 백성들을 만지며 하나님 권능의 종으로 일할 수 있는가? 영권을 달라고 구해야 한다. 그러나 가장 먼저 혈과 육을 복종시켜 나가야 한다. 온전히 복종시켜 나갈 때 흠도 없고 점도 없는 어린 양의 신부로서 영권을 가지게 된다.

07. 성령충만

1) 성령충만 받는 방법과 유지하는 방법

하나님께서 자녀들에게 요구하는 것이 무엇인가? 오직 성령으로 충만 하라는 것이다.[86] 그 어떤 하나님의 자녀도 성령으로 충만하지 아니하고 싶겠는가? 하나님의 종들이 바라는 것도 성령으로 충만한 것이다. 그렇다면 어떻게 성령으로 충만할 것인가? 우리의 생각과 의지로 "성령이 충만 할지어다. 성령으로 충만하라!" 명령한다고 성령이 충만해지는가?

성령의 충만함이 부어지는 것은 오직 하나님의 주권적인 은혜이다. 성령이 충만할 때 하나님의 마음을 알게 되며, 그로 인해 많은 영혼에게 복음을 전할 수 있다. 또한 성령으로 충만하게 된다면 성령께서 모든 것을 깨닫게 하시며 알려 주신다. 성령의 생각이 우리의 생각이 되고, 성령의 마음이 우리 마음에 부어진다. 온몸과 마음과 영혼이 성령으로 가득하기에 그 어떠한 사역도 우리가 감당치 못할 것이 없다는 것이다.

예수님께서도 사역하실 때 성령으로 충만했기에 하나님의 마음을 가지고 사역을 할 수 있었다. 예수 그리스도는 성령으로 잉태하

86 (엡 5:18) 술 취하지 말라 이는 방탕한 것이니 오직 성령으로 충만함을 받으라

신 하나님이시기에 가능한 것이다. 그렇다면 사도 바울은 어떠했는가? 베드로는 어떠했는가? 또 다른 제자들은 어떠했는가? 성령으로 충만하여 예수님께서 행한 사역을 그대로 재현할 수 있었다. 그들이 어떻게 성령으로 충만하게 되었는가? 그들은 오직 하나님께 집중하는 삶을 살았다.

성령으로 충만한 사람들의 특징은 그들의 영혼이 하나님을 향하고 있다는 것이다. 하나님을 갈망하고 또 갈망한다. 하나님을 갈망할 때, 우리의 영으로부터 흘러나오는 하나님의 말씀과 통치가 우리의 혼과 육의 영역까지 적시게 된다는 것입니다. 그리할 때 우리의 영혼이 합치되어 결코 분리할 수 없는 상태로 이르게 된다.

그렇다면 성령이 충만하기 위해서는 어떻게 해야 하겠는가? 앞서 언급했듯이 첫째, 우리가 하나님을 바라보며 갈망할 때 성령충만히 부어질 수 있는 것이다. 하나님을 향한 갈망이 있어야 한다. 그러할 때 성령이 우리를 감싸며 충만하게 채워줄 수 있다. 둘째, 복음을 전하는 일을 감당해야 한다. 하나님께서 왜 성령의 충만을 부어주시겠는가? 복음이 전하기 위해서다. 하나님을 증거하기 위해서이다. 성령으로 충만하여 하나님의 마음과 뜻을 투영시켜 흘려보내기 위함인 것인즉, 복음이 전해질 때 성령이 충만해진다.

우리가 하나님을 갈망하며 복음을 전한다면 성령을 충만하게 부어질 수 있다는 것을 기억하자. 복음은 우리의 의지로 전할 수 있는 것이 아니며, 성령의 의지 가운데 행할 수 있는 순종이기에, 이러한 훈련 속에서 겉사람의 기질이 복종 될 수 있다는 것이다. 그 결과 성령이 더욱 충만해질 수 있다는 것이다. 우리 스스로가 겉사람의 기질들을 쳐서 복종시키는 순종을, 성령이 도와주심으로 속사람이 강건해지기 시작한다. 속사람이 겉사람을 복종시키며, 속사람이 원하시는 대로 그의 영과 혼과 육을 인도하기 위해 성령충만을 계속 갈망해야 한다. 언제든지 성령의 충만함을 부어줄 수 있다는 것이다. 성령충만은 계속 부어져야 한다.

성령세례는 성령께서 내주하실 때 일어나는 일이다. 그러나 성령의 충만함은 날마다 기도하며 간구해야 한다. 성령이 충만하여 복음을 전하며, 이웃을 섬기며, 하나님을 증거해 나갈 때, 때때로 성령의 충만함이 소진될 수도 있다. 그리하기에 계속적으로 성령의 충만함을 채워 나가야 한다.

사도 바울이 기도하고 또 기도하며 성령충만함을 갈망하였다. 성령의 충만함으로 채워 나갔다. 성령의 충만함이 복음을 전하는 현장에서 강력하게 사용되었다. 그런데도 계속 채워지고 또 채워 하나님의 일을 감당하게 되었다. 성령이 계속 충만해진다면 우리의 영이 활성화되어 더 많은 성령의 충만함을 담을 수 있다. 그릇이 커지는 것이다. 우리가 성령의 충만함을 받을 수 있는 그릇이 커지는 것이다. 그리할 때 더 강력하게 하나님의 영이 부어진다.

하나님의 종이 성령의 능력으로 사역하지 않는다면, 어찌 하나님의 종이라 말할 수 있겠는가? 성령으로 생각하고 바라보며, 치유하며, 복음을 전해야 하지 않겠는가? 성령으로 채워 충만하게 하여 종들을 사용하고 싶은 마음이 하나님께 있다는 것이다.

성령의 충만함이 계속 부어진 종들은 어느 순간 그의 영과 혼과 육이 성령께 통치되므로 성령이 주권으로 계속 충만을 부을 수 있다. 이미 성령께 통치되었기에, 그가 성령의 충만함을 달라고 기도하지 않아도, 성령이 주권으로 부어지게 된다. 이러한 단계까지 가기 위해서 더욱 성령의 충만함을 구해야 한다.

하나님은 구하는 자에게 좋은 것을 주신다고 말씀하셨다. 구하며 또 구하며 또 복음을 전하는 현장 속에서, 하나님을 증언해 나간다면 성령이 충만해지며, 또한 성령의 충만함을 계속 부어 달라고 기도하며 나아갈 때, 온전히 하나님의 영으로 채워지게 되므로, 그때부터는 성령 하나님께서 주권에 따라 계속 성령의 충만함을 부어주는 것이다. 이미 그의 혼과 육에 하나님의 통치가 임했기에 그 순간부터는 성령의 충만함이 부어지는 것이 어렵지 않다는 것이다.

온전한 통치이기에 언제나 성령의 충만함을 유지할 수 있는 것이다. 이 단계까지 이른 사람들을 통하여 하나님께서 강력하게 일하신다. 그러나 처음 성령의 충만함을 받을 때는 하나님께서 부어주셔야 한다. 그 원리가 무엇인지 아는가? 성령이 내주하신 상태에서는 성령의 활동이 미약하다. 그것은 성령이 내주했을 때는 혼적인 생각과 육의 제한으로 성령이 충만하게 채우려 할지라도, 그릇이 작기에 충만함을 부어지는 데 한계가 있다는 것이다. 따라서 이때는 성령의 역사하심과 일하심이 미약하다. 성령은 인격적이기에 우리에게 강제적으로 역사하시지 않으며, 그릇이 준비될 때까지 기다리신다.

영이 활성화되어 깨어나고 자라나 성장한다면 성장한 만큼 하나님의 영이 부어지는 것인즉, 처음 성령이 내주하여 믿음이 연약할 때는 우리의 영도 자라나지 않는 상태이므로, 그만큼 부어지는 것이 약하다. 또한 부어졌다고 할지라도 일시적으로 부어지며, 또 사라지기도 하며, 소진되면 성령충만함을 잃어버리게 되는 것이다. 그러나 우리가 복음 전도자로 살며, 늘 기뻐하며, 하나님께서 원하시는 삶을 순종함으로 살아갈 때, 우리의 영이 자라나며 그 안에 그릇조차도 커지게 된다. 영이 무럭무럭 자라고 성장하며 더욱 커진다. 커지는 만큼 성령의 충만함을 담을 그릇이 커지기에 언제나 성령의 충만함을 유지할 수 있다는 것이다.

하나님께 순복된 삶을 사는 사람들이 성령의 충만함을 유지하고 있는 경우가 많다. 그 이유는 이미 그들의 겉사람의 기질과 혼과 육을 복종시키는 믿음으로 성장되었기 때문이다. 그들의 영이 그리스도의 믿음의 분량까지 자라나며 성숙되고 있기 때문이다. 반면 초신자의 경우, 설령 성령이 내주하셨다 할지라도 성령의 충만함을 유지하기 어려울 수 있다. 왜냐하면 아직 그들의 영이 젖을 먹는 단계이기 때문이다. 어린아이와 같은 믿음을 소유하고 있다면 성령의 충만함을 담을 그릇이 아직 적을 수 있다는 것이다. 영적으로 성장하고 확장되어 영의 영역이 넓어진다면, 그만큼 성령이 부어지는 충만함이 있는 것인즉, 언제나 성령의 충만함을 유지할 수 있다는 것이다.

성령충만은 하나님을 향한 갈망과 우리의 의지와 수고와 결단이 있어야 한다. 성령충만을 받기 위해서는 반드시 겉사람의 기질들을 복종시켜 나가야 한다. 그러할 때, 속사람이신 성령이 강건해지므로, 우리의 영을 깨우고, 먹이고, 입히며, 물과 양분을 주어 성장하게 되는 것이다. 성장하는 만큼 그릇이 커져, 그 안에 성령이 주권적으로 성령의 충만함을 계속 부어줄 수 있다는 것이다. 우리의 혼의 동의가 아니라, 성령이 주권적으로 우리 안에서 부어지는 것이니, 그 단계에서는 성령이 강권적으로 성령의 충만함을 부어 준다. 우리가 어떠한 상황과 조건에 있을지라도, 성령의 충만을 구하지 않을지라도, 늘 그 충만함을 채워 주시는 것이다. 성령이 하시는 일이다.

성령의 충만함은 구해야 더욱 강하게 부어질 수 있다. 복음의 현장에서 복음을 전할 때 더욱 채워질 수 있다. 하나님을 증언해야 한다. 강력하게 하나님의 말씀에 따라 순종하는 삶을 살아나가야 한다. 성령이 우리에게 강력하게 역사하여 우리의 영을 무럭무럭 자라게 하여 그릇이 커질 때까지 순복하는 삶을 살아야 한다. 그리할 때 성령의 충만함을 계속 부어 주실 수 있다. 이 마지막 때는 성령의 충만함이 없다면 다 무너져 내린다. 그러기에 우리는 늘 성령의 충만함을 간구해야 한다.

2) 성령충만을 갈망해야 하는 이유

성령으로 충만할 때 하나님의 말씀이 우리에게 투영되어 온전히 흘러간다. 하나님의 마음과 생각이 더 가깝게 느껴진다. 더 성령으로 충만해진다면 우리의 육신까지도 온전히 하나님 앞에 순복되므로 언제든지 하나님께서 우리를 통하여 일하실 수 있다. 그런 연유로 하나님께 쓰임 받기를 원한다면 반드시 성령의 충만을 간구해야 한다. 간구할 때 하나님께서 값없이 부어 주시기 때문이다.

하나님께서는 우리보다 더욱 더 성령을 충만하게 부어주기를 원하신다. 우리가 하나님을 사랑할 때 성령의 충만함도 갈망하게 된다. 육체에 속해 있거나 더 나아가 사탄에게 종속된 사람들은 결코 성령충만을 갈망하지 않는다. 하나님을 향한 영의 갈망이 없기 때문이다. 영의 갈망이 무엇인지도 모르는 육신에 속한 사람들은 아직 영적으로 어린 단계이기에 갈망하지 않는다. 그러나 성령의 충만을 갈망하는 사람들은 이미 성령의 충만함을 경험해 보았기에 더욱 갈망하게 되는 것이다. 맛보아 알기에, 하나님의 마음을 받은 경험이 있기에 성령의 충만함을 갈망하는 것이다.

하나님은 그러한 자녀들을 찾고 계신다. 그들이 더욱 성령이 충만하여져서 하나님의 일을 감당하기를 원하신다. 하나님 아버지의 마음이 그렇다. 그들도 역시 육신에 속하였을 때가 있었을 것이다. 정욕적인 삶을 살았을 때가 있었을 것이다. 세상의 신인 사탄의 종속을 받으며 세상적인 방법으로 살아갔을 때가 있었을 것이다. 그러나 성령이 임하므로 하나님의 자녀가 되었고, 하나님의 사랑을 깊이 경험하게 되면서부터, 영의 갈망이 커지게 되는 것이다. 영의 갈망이 커질 때 상대적으로 성령이 충만해지고 성령이 충만해진다면, 하나님을 알기를 원하며, 그로 인해 하나님의 마음도 부어질 수 있다는 것이다. 하나님은 이러한 갈망이 있는 자녀들을 통해 마지막 때를 준비하고 계신다. 하나님의 나라와 의를 확장하기 위하여 그들을 강력한 도구로 사용하기를 원하신다. 그러나 문제는 성령의 충만함이 있다고 할지라도 사역과 삶과 일상 가운데 그 충만함이 흘러나가 소진될 수도 있다는 것이다.

지금 우리는 성령이 충만한가? 성령이 충만하여 오직 하나님으로 인해 기쁜가? 하나님으로부터 온 희락과 사랑, 평강과 기쁨이 흘러넘치고 있는가? 성령이 충만하다면, 머리부터 발끝까지 가득 채워져 있는 상태이므로 하나님의 영이 우리의 인성에 흘러넘치게 된다. 사랑이 흘러넘치게 된다. 기쁨과 자비가 있는 것이다.

상황과 환경을 초월하여 하나님의 영으로부터 흘러나오는 하나님의 선한 성품들이 흘러나오는 것이다. 그렇다면 더 이상 고난이 고난이 아니다. 그 어떠한 환경이 그를 막을 수 없게 되는 것이다. 이러한 자들을 통해 하나님의 일이 성취된다. 하나님의 일은 좋은 환경과 조건 안에서 이루어지지 않는다. 때로는 죽음을 불사하여야 할 만큼, 힘들고 어려우며 고단한 삶이 지속될 수도 있다. 십자가의 삶을 살지라도, 인내하며 힘들고 어려울지라도, 하나님의 영으로 충만하기에 그 가운데에서도 기뻐할 수 있으며 사랑과 희락이 흘러 나갈 수 있다는 것이다. 우리는 성령의 충만함을 갈망해야 한다. 간구해야 한다.

하나님, 성령의 충만함을 부어 주시옵소서! 보혈로 덮어 주시고, 내 안에 모든 것들이 비워지게 하시며 성령의 충만함을 부어주시옵소서!

라고 기도해야 한다. 그리할 때 성령의 충만함이 부어질 수 있다. 이것이 영적인 전이이다. 성령의 능력은 전이된다. 충만함 속에서 성령의 기름부음이 흘러나와 병이 치유되고 치유와 회복이 일어나는 것이다. 하나님의 통치가 시작되는 것이다. 성령이 충만한 자들이 움직일 때마다 하나님의 나라에 변화가 일어나는 것이다.

무엇보다도 성령의 세례는 성령의 충만과 다르다는 것을 기억해야 한다. 성령 세례는 성령이 우리 안에 내주하실 때 일어나는 일이다. 성령이 비둘기처럼, 불처럼, 바람처럼 내주할 때, 마치 세례를 받듯이 우리에게 임하므로 일어나는 현상이다. 그러나 성령충만은 우리의 영 안에 내주하신 성령께서 역사하시고 통치하시므로 우리 안에 충만히 채워지는 것이다. 그러하기에 언제든지 사역과 일상의 삶 가운데 성령의 기름부음이 흘러나갈 수 있다는 것이다. 성령충만이 소진될 수 있다는 것이다. 그렇기에 날마다 성령의 충만을 갈망하고 간구해야 한다. 그리할 때, 하나님의 영이 우리의 영 안에 가득 채워져, 하나님의 일들을 하나님의 뜻대로 성취해 나갈 수 있다.

우리가 신령한 단계에 이르지 못하는 것은 성령이 우리 안에 충만하게 채워져 있지 않기 때문이다. 성령께서 내주해 계실지라도 육신에 속해 있기에, 아직도 여전히 정욕적인 삶을 살고 있기에, 자신의 생각과 이성이 성령의 생각과 통치를 막고 있기에 언제나 공허한 상태인 것이다. 허무한 상태인 것이다. 슬프고 기쁨이 없다. 성령이 내주해 계신다고 할지라도 성령의 충만함이 없으므로 고난 속에서 무너지며 실족하는 것이다. 그러나 만약 성령이 충만해지게 된다면 하나님의 성품이 그들 안에 가득 차게 되므로 고난을 극복할 수 있게 된다. 고난 안에 담겨진 하나님의 뜻과 계획을 성령을 통해 깨닫게 되기 때문이다. 왜 고난을 허락하시는지 그 뜻을 성령을 통해 인식할 수 있기 때문이다. 그 결과 우리는 고난 속에서도 하나님으로부터 오는 평강과 희락 안에 머물 수 있다. 그렇듯 하나님의 영으로 채워지고 준비된 자들을 통해 예수께서 행하신 사역까지도 행할 수 있다는 것이다.

성령이 충만할 때, 성령을 통해 신유의 기적도 일어날 수 있다. 온전한 치유가 일어날 수 있다. 하나님의 나라와 의가 확장될 수 있다. 그러나 문제는 성령의 충만함을 받는 것과 유지하는 것이 너무나도 어렵다는 것이다. 성령의 충만함을 받기 위해서는 무엇보다도 거룩해야 한다. 죄와 피 흘리기까지 싸워나가야 하며 말씀과 기도를 붙잡고 삶으로 살아내야 한다. 단지 말씀을 읽고 기도만 하는 것이 아니라, 하나님의 말씀과 음성에 따라 자신을 쳐서 복종시킴으로 삶으로 살아내야 한다는 것이다. 삶으로 살아낼 때 성령의 충만함이 임하게 되는 것이다. 성령이 충만한 사람은 결코 말씀과 삶이 분리되지 않는다. 말씀대로 살아내는 사람이다. 말씀과 기도를 통해 투영된 하나님의 뜻을 이루어 나가며 그 삶을 살아내고자 몸부림친다. 성령께서는 이러한 삶을 사는 자녀에게 성령의 충만함을 부으시고, 종국에는 이들에게서 하나님의 인성과 신성이 나타나게 되는 것이다.

우리는 날마다 성령의 충만함을 갈망해야 한다. 만약 성령의 충만을 받았다고 느껴진다면 쓴 말을 뱉지 않아야 한다. 어떠한 상황이라도 저주와 원망과 불평의 말씀을 쏟아내지 말아야 한다. 무릇 지킬 것 가운데 마음을 지키기 위해 결단해야 한다. 마음이 요동치지 않도록 더욱 기도를 붙잡아야 한다는 것이다. 그리할 때 거룩해지므로 우리 안에서 역사하시는 성령의 힘이 강해질 것이다. 성령의 통치가 일어나기 시작할 것이다. 성령의 통치와 함께 하나님께서 우리의 마음의 소원을 들으시고 모든 일을 형통케 하실 것이다. 하나님으로부터 온 평강과 희락을 더욱 부어 주실 것이다. 우리의 영 안에서 진정한 하나님의 나라가 도래되어 나갈 것이다.

3) 성령충만과 믿음과의 연관성

하나님께서는 성령으로 충만하라고 계속적으로 요구하신다. 성령으로 충만할 때 하나님 아버지의 마음을 더 담을 수 있기 때문이다. 성령으로 충만할 때 아버지를 위해 모든 것을 버릴 수 있기 때문이다. 성령으로 충만하다는 것은 우리의 영혼 육이 하나님의 뜻을 받들기 위하여 준비된 상태가 된다는 것이다. 성령충만을 구하고 또 구해야 한다. 구하는 자가 받을 것이다.

하나님께서 성령으로 충만하게 하셔서 행하고자 하시는 일들을 살펴보자. 성령이 충만한 자들은 이 세상이 감당할 수 없는 믿음을 받게 된다. 성령으로 충만한 만큼 믿음도 충만하게 된다. 성령의 충만함과 믿음은 함께 가는 것이다. 성령이 충만할 때 모든 은사가 열리게 된다. 성령이 충만할 때 믿음의 은사조차도 열리게 된다. 믿음은 은사이다. 겨자씨만 한 믿음으로 저 산을 옮기라 할 때, 옮길 수 있다고 말할 만큼[87] 성령으로 충만하게 된다면 하나님의 능력이 우리 안에 함께 확장되어 간다. 그리할 때 믿음이 실상으로 일어날 것이라는 확신이 들게 되므로, 세상이 생각하는 수준의 상식을 뛰어넘어 하나님의 일을 감당할 수 있다는 것이다. 성령의 충만함이 있을 때 믿음이 부어지며, 믿음이 부어지면 부어질수록 은사로 발아

87 (마 17:20, 개정) 이르시되 너희 믿음이 작은 까닭이니라 진실로 너희에게 이르노니 만일 너희에게 믿음이 겨자씨 한 알 만큼만 있어도 이 산을 명하여 여기서 저기로 옮겨지라 하면 옮겨질 것이요 또 너희가 못할 것이 없으리라

되게 된다. 친히 성령께서 스승되시어 은사를 발아시키고 성장케 하신다. 물론 우리의 결단과 순종의 삶이 뒷받침되어야 가능한 일이라는 것을 간과해서는 안된다.

주위에 믿음의 은사를 가지고 있는 사람을 보면 그들은 감당 못할 것이 없다. 그 어떤 누구도 감당할 수 없을 만큼의 믿음의 분량으로 커지게 된다. 믿음도 은사인 것을 기억해야 한다.[88] 겨자씨만한 믿음이 발아되고 성장하여 물과 양분을 주어 하나님께서 키우게 된다면, 신유의 은사나 예언의 은사처럼 믿음조차도 성장하고 성숙하여, 이 세상이 감당하지 못할 만큼의 믿음으로 커지며, 하나님의 일을 대행하는 정도까지 이를 수 있다는 것이다.

주변에 믿음의 은사를 받은 사람이 있는가? 그들의 믿음은 어떠한가? 그렇다면 그들이 믿음의 은사를 가졌는지 아닌지 어떻게 분별할 수 있는가? 간단하다. 어떠한 상황과 환경 속에서도 믿음을 지키고 있는가? 오직 예수 그리스도만이 구원받을 이름이라고 외치고 있는가? 어떠한 상황 속에서도 타협하지 않는가? 그렇다면 그는 성령을 통해 믿음의 은사를 받은 사람이라고 확증할 수 있다.

---

88 (고전 12:4-11, 개정) [4] 은사는 여러 가지나 성령은 같고 [5] 직분은 여러 가지나 주는 같으며 [6] 또 사역은 여러 가지나 모든 것을 모든 사람 가운데서 이루시는 하나님은 같으니 [7] 각 사람에게 성령을 나타내심은 유익하게 하려 하심이라 [9] 다른 사람에게는 같은 성령으로 믿음을, 어떤 사람에게는 한 성령으로 병 고치는 은사를, [11] 이 모든 일은 같은 한 성령이 행하사 그의 뜻대로 각 사람에게 나누어 주시는 것이니라

베드로가 믿음의 은사를 받고 사명을 감당한 대표적인 인물이다. 그러나 그러한 그도 성령이 내주하시고 충만함이 채워지기 전에는 예수님을 3번이나 부인했었다. 믿음이 사라져 버렸기에 "주는 그리스도시오, 하나님의 아들"이라는 고백도 할 수 없게 된 것이다. 그러나 성령의 충만함이 채워진 후부터 그의 삶은 완전히 변화되었다. 성령충만과 함께 믿음의 은사가 부어졌기 때문이다. 그 결과 그는 목숨을 걸고 복음을 전할 수 있었다. 사도 바울과 마찬가지다. 이들의 믿음은 세상이 감당하지 못한다. 성령충만과 더불어 믿음이 성장했고, 그 믿음이 은사로 발현되었기 때문이다.

성경에 나오는 믿음의 유산을 가진 많은 이들이 하나님의 일들을 감당하였다. 그들에게 부어진 것이 바로 믿음의 은사였다. 믿음의 은사를 가지고 하나님의 사역을 풀어내며 하나님의 일을 감당할 수 있었다. 성령충만이 부어질 때 믿음까지도 부어진다. 우리가 성령으로 충만하면서부터, 하나님께서 못하실 것이 없다는 그 믿음이 강하게 자리 잡으며, 믿음으로 바라보게 된다. 믿음으로 볼 때, 우리 안의 성령충만으로 인하여 강하고 담대하게 하나님의 일을 감당하게 된다. 성령이 충만할수록 믿음도 충만해지며, 믿음의 은사가 부어지면, 그 믿음의 은사로 말미암아 나머지 은사조차도 발아될 수 있다는 것이다.

성령 사역을 하는 사람들에게 보이는 특징은 무엇인가? 강한 믿음이다. 하나님께서 능치 못할 것이 없다는 강한 믿음이다. 믿음의 은사가 발아되므로 다른 은사조차도 더불어 성장하게 된다는 것이다. 그러나 믿음의 은사가 발아되기 위해서는 반드시 성령충만이 필요하다. 믿음의 은사를 받아 성장하고 성숙되어 온전한 은사 사역을 감당할 만큼 믿음이 성장하는 것도 단계가 있다. 믿음에도 단계가 있다는 것이다. 믿음도 은사이기 때문이다. 다른 은사와 마찬가지로 믿음도 씨앗 단계에서 발아되어 성장하며, 성숙하는 과정이 있으며, 믿음의 은사가 발아되기 위해서는 성령충만이 함께 가야 한다는 것을 기억해야 한다.

성령의 충만함은 우리가 원할 때 충만해진다. 그러나 하나님의 강권적인 부어주심이 병행될 때 계속 성령충만이 이루어질 수 있는 것인즉, 믿음의 은사가 발아되기 위해서 우리가 성령충만함을 유지하며 함께 가야 한다.

믿음은 하나님께서 주시는 값진 은혜이다. 믿음을 통하여 구원받는다는 것은 값없이 주시는 하나님의 선물이다. 구원은 하나님의 값없는 은혜이다. 믿음이 부어지기에 구원의 확신이 생기는 것이며, 믿음으로 삶을 살아갈 때, 성령이 충만해져 믿음조차도 은사적인 단계에 이를 만큼 강해진다는 것이다.

08. 하나님 음성(감동) 듣기

1) 하나님의 마음과 음성 듣기 조건

하나님의 말씀을 듣기 위해서는 영적으로 거룩한 통로를 유지하는 것과 자신을 성결하게 지키는 삶이 필요하다. 더불어 하나님께 집중해야 한다. 거룩하고자 몸부림치는 이들에게 하나님의 임재가 부어질 수 있으며 하나님의 말씀이 임하기 때문이다. 자신의 그릇을 준비하는 것이 하나님의 음성을 듣기 위한 첫 번째 자세라는 것이다. 하나님은 우리에게 말씀하시고 또 말씀하신다. 하나님의 말씀을 담을 수 있는 거룩한 그릇이 중요하다. 우리의 영이 거룩하면 할수록 하나님의 말씀이 잘 투영될 수 있기 때문이다.

그렇다면 어떻게 우리의 영을 거룩히 지킬 수 있겠는가? 가장 먼저 우리의 육을 거룩히 지켜야 한다. 우리의 겉사람의 기질 가운데 담겨 있는 죄성을 끊어나가는 것부터 시작해야 한다. 성결과 경건의 삶을 살고자 몸부림치는 그 순간부터 하나님의 마음이 투영될 수 있기 때문이다.

우리의 영의 거룩한 통로를 통하여 하나님의 마음과 생각이 흘러나올 수 있다는 것을 기억하자. 그러나 그 첫걸음은 우리의 육체를 거룩히 하는 것이며, 육체로부터 흘러나오는 죄성을 끊어나가는 것이다. 우리의 육체에 담긴 죄성들을 끊어나간다면, 혼적인 생각과 감정, 의지, 마음들이 점진적으로 성결의 삶으로 인도함을 받을 수 있게 된다. 우리의 육체가 강건해진다면 혼이 거룩해질 수 있으며, 혼과 육이 거룩해진다면 점진적으로 영까지도 하나님의 성결하고 거룩한 삶으로 인도받을 수 있다는 것이다. 그 결과 하나님의 마음과 음성이 계속하여 투영될 수 있다는 것이다.

성령이 우리의 영 안에 내주하신다면 우리의 영은 성령 안에서 거듭나기 시작한다. 성령께서 가장 먼저 우리의 영을 깨워 나가신다. 우리의 혼과 육을 깨우시는 것이 아니라 영을 먼저 깨우신다. 우리의 영이 거듭나는 일련의 과정 중 첫 번째는 바로 예수님을 영접하는 순간부터 시작된다. 예수님이 그리스도이시며 하나님의 아들이라는 것을 시인하고 고백할 때, 성령이 내주하실 수 있는 영적인 통로가 열리게 된다. 그 순간 회개의 영이 부어져, 성령께서 내주하실 수 있는 통로를 더욱 확장하신다. 회개의 영을 부어 진홍빛처럼 붉은 죄일지라도, 양털처럼 희어지게 하므로, 거룩의 영이신 성령께서 내주하실 수 있도록 좋은 땅으로 기경하는 것이다. 이것이 바로 이신칭의에 담긴 영적인 원리이다. 그러나 설령 성령이 내주하셨다고 할지라도 하나님의 음성과 마음과 뜻을 받을 수 있는 것은 아니다. 우리가 하나님의 뜻대로 살기로 원한다면, 그 순간부터는 우리의 육체에 담긴 죄성과 혼에 담긴 내부적인 죄성들을 끊어나가는 일부터 시작해야 한다는 것이다.

바로 사도행전의 제자들이 그러한 삶을 살았다. 오순절 마가 다락방에서 성령이 강하게 임하여 성령께서 그들의 영을 깨우시며 내주하셨다. 그들의 경우 성령의 내주와 함께 충만함까지 부어졌기 때문에, 그들의 혼과 육까지도 성령이 내주하심을 깨달을 수 있었다. 불같은 성령이 임하여 혼과 육까지도 하나님께서 통치하신다는 것을 인정할 수밖에 없었다는 것이다. 그러나 일반적으로 성령이 불처럼 임하는 경우는 드물 수 있다. 큰 축복이다. 보통의 경우 바람처럼 혹은 비둘기처럼 임하여 때로는 성령이 내주하셨는지, 성령께서 동행하고 계시는지 아닌지 알 수가 없다. 단지 구원의 확신이 들며 하나님이 믿어지기 시작한다.

어떠한 형태로 성령께서 역사하신다고 할지라도 큰 문제는 되지 않는다. 불처럼 임하셨든, 바람처럼, 비둘기처럼 임하셨던 성령이 내주하는 것은 마찬가지라는 것이다. 그러나 오순절 마가 다락방에 모여 있었던 120명의 성도처럼, 만약 불같은 성령의 충만함을 받게 된다면, 영혼 육의 전반에서 성령님의 내주 여부를 인식할 수 있다는 것이다. 그 결과 우리의 혼과 육을 하나님께 복종시키는 것이 어렵지 않을 수도 있다. 하나님을 인격적으로 경험했기 때문이다. 성령이 내주하셨을 때 강한 영적인 파장이 일어났기 때문이다. 하나님의 살아계심이 믿음으로 승화되어 우리의 혼과 육을 복종시켜 나갈 수 있기 때문이다.

성령이 충만하게 임한다면, 성령께서 역사하실 수 있는 영역이 커져 있는 상태이므로, 우리의 의지를 끌고 가실 수 있다는 것이다.

반면 성령의 통치가 약하다면 여러 가지 다양한 통로를 통해 영적인 공격을 받을 수 있게 된다. 배고파 우는 사자처럼 악한 영들이 우리를 공격해 올 수 있기 때문이다. 하나님 앞에 결단하고 순종하지 못하도록 생각을 통해, 환경을 통해, 상황을 어렵게 하므로 역사할 수 있다는 것이다. 믿음을 잃어버리게 하고 종국에는 하나님의 음성을 듣지 못하도록 막아서는 다양한 공격과 맞서 싸워야 한다. 깨어 분별해야 한다는 것이다. 더욱 성령의 충만함을 구해야 한다. 성령의 충만함이 있을 때 성령의 역사가 강해지므로 하나님의 음성이 잘 투영될 수 있음을 기억하자. 또한 성령이 충만할 때 좀 더 쉽게 우리의 혼과 육을 쳐서 복종시킬 수 있다. 얼마나 성령충만한가에 따라 하나님의 음성을 듣는 통로조차도 다르다는 것이다.

하나님은 말씀하시고 또 말씀하시기를 원하신다. 자녀를 도우시고 이끄시며 동행하는 것을 기뻐하신다. 이것이 바로 성령께서 이끄시는 삶이다. 성령께서 이끄시는 삶을 살 때 얼마나 놀라운 축복이 있는지를 보여주고 싶어 하신다. 하나님의 임재 안에서 진정한 하나님의 나라를 경험하고, 자녀의 삶을 선택해 나가기를 원하신다. 그러나 우리의 혼과 육이 순종하지 않는다면 성령께서 이끄시는 것에 한계가 있기에 결단하고 순종함이 필요하다. 그리할 때 하나님께서 우리의 인생을 설계하며 디자인할 수 있다는 것이다.

하나님과 동행하는 삶을 사는 자녀의 모습을 보면 하나님의 형상이 나타난다. 자녀가 아버지의 형상과 모습을 닮는 것이 당연하지 아니한가? 비록 힘들고 지칠지라도 성령님의 이끄심의 끝에 만나는 형상은 바로 하나님의 형상이다. 성령이 이끄시는 대로 가는 길은 좁고 협착한 길이며 힘이 든다. 그러나 하나님의 마음과 생각과 뜻을 받고 성령이 이끄시는 대로 살다 보면, 종국에는 하나님의 향기가 드러나게 된다. 하나님의 형상이 조금씩 우리에게 나타나 하나님 자녀의 삶을 살게 된다는 것이다.

하나님의 자녀가 하나님의 형상을 닮는 것은 당연하다. 자녀가 아버지를 닮는 것이 당연하다. 성령의 이끄심에 따라 우리가 걷게 된다면 아버지를 닮은 하나님의 형상이 드러나게 된다. 그렇다면 여기에서 언급하고 있는 형상은 과연 무엇일까? 하나님의 얼굴인가? 그렇지 않다. 하나님의 형상은 우리의 영 안에 담겨 있다. 우리의 영이 활성화되어 혼과 육을 점진적으로 복종시키며 단련시켜 나간다면, 영으로부터 흘러나오는 하나님의 형상이 우리의 혼과 육을 적셔서 하나님의 형상으로 복원된다는 것이다. 여기서 형상은 하나님의 모습이 아니다. 하나님의 신성과 인성, 즉 하나님의 영이다. 하나님의 영이신 성령으로 가득 채워진다면 우리가 하나님의 자녀인 것을 알게 된다. 아버지의 모습이 드러난다는 것이다.

우리는 성령께서 친히 이끄실 수 있도록 더욱 성령의 충만을 구해야 한다. 그리할 때, 진정한 하나님의 나라를 경험하는 자녀의 삶으로 서서히 복원될 수 있기 때문이다. 성령의 충만함을 통해 하나님의 음성을 듣고 분별하며, 하나님의 뜻대로 살아가는 것, 이것이 바로 하나님의 자녀의 삶이다. 우리가 모두 우리의 영 안에 도래된 하나님 나라에서 진정한 하나님의 자녀로 사는 삶을 소원할 수 있기를 바란다.

2) 하나님 음성 듣기와 순종과의 연관관계

성령으로 충만하면 우리의 영이 활성화되어 혼과 육이 하나님의 음성에 복종되어 나간다. 그리함으로 우리가 이렇듯 순종의 삶을 살 수 있는 것이다. 하나님의 종들은 하나님의 마음을 전하는 통로, 하나님의 음성을 받는 통로가 되어야 한다. 그리할 때 우리의 생각과 혼적인 판단과 육체의 한계로서 순종할 수 없는 부분들이 서서히 복종되어 나간다. 영으로부터 하나님의 강력한 음성이 투영되어 흘러나와서 우리의 혼과 육과 관절과 골수를 찔러 쪼개 변화시켜 나가기 때문이다.

하나님께 순종하는 것은 자신의 의지와 기질로 순종할 수 있는 것이 아니다. 영으로부터 흘러나오는 하나님의 음성이 얼마나 투영되느냐에 따라, 우리의 삶을 쳐서 복종시키며, 마치 사도바울처럼 모든 것을 배설물로 여기기까지, 하나님께 순종해 나갈 수 있다는 것이다. 우리가 순종하며 결단하려고 할지라도 어느 순간 순종하고자 하는 마음이 희석되는 경우를 많이 보게 된다. 시간이 지나면 지날수록 첫사랑이 희석되어 결단하고 순종하는 것이 힘들어진다. 결단과 헌신도 형식적이 되어 순종하는 것이 어렵게 된다.

혹시 새벽기도를 다니고 있는가? 어떤 누군가는 하나님을 만나기 위한 시간으로 새벽예배를 사모하는 사람이 있다. 그러나 어떤 누군가는 사람들에게 보이기 위해 순종하는 것처럼 행할 수도 있다는 것이다. 진정으로 하나님의 사랑과 위로를 경험했다면 의무가 아니라 기뻐하므로 순종할 수 있을 것이다. 하나님의 말씀이 영으로부터 흘러나와 위로하며 기쁨을 줄 때, 우리의 혼과 육과 관절과 골수조차도 하나님의 음성에 반응하여 기쁨으로 감당할 수 있다는 것이다. 그러나 의무적으로 형식적으로 어쩔 수 없이 새벽기도를 다녔던 사람들은 시간이 지나면 지날수록 의무감에 사로잡혀 힘들고 어렵게 된다. 종국에는 새벽기도를 다니지 않게 되는 상황까지 이르게 될 수도 있다는 것이다. 희락과 기쁨보다는 의무감으로 다녔기 때문이다. 하나님의 위로와 음성이 투영 받지 못하고 있다면 첫사랑의 열정이 사라져 그러한 현상으로 나타나게 된다는 것이다.

만약 하나님을 향한 사랑으로 행하는 순종이 아니라면 하나님께서 진실로 기뻐하는 순종의 단계까지는 이르지 못한다는 것을 기억해야 한다. 물론 하나님께서는 형식적으로 의무감에 순종하는 것조차도 기뻐하신다. 그조차도 행하기 어려운 순종이기 때문이다. 그러나 중심이 담긴 순종은 세상의 것을 배설물처럼 여기는 그 단계까지 이를 수 있기에 하나님께서 존귀하게 여기신다는 것이다. 마지못해 하는 순종이 아니라, 우리의 온 삶과 열정을 다 바쳐 순종하고 싶은 열망을 가지고 하나님 일에 순종하는 것, 이것이 하나님께서 기뻐하시는 순종의 최상급의 단계라는 것이다.

우리는 모두 하나님의 음성의 통로가 되게 해달라고 기도해야 한다. 하나님의 음성이 우리 안에서 울려 퍼지게 해달라고 기도해야 한다. 이 마지막 때에는 하나님의 음성을 붙잡는 자만이 살아남을 수 있기 때문이다. 의무감으로 형식적으로 하나님의 말씀에 순종하는 것이 아니라, 하나님 존재 자체가 목적이 되어 순종하는 것을 기뻐하신다는 것이다. 그러한 순종을 올리는 진정한 크리스천만이 마지막 때의 환란을 통과할 수 있기 때문이다. 앞으로 우리에게 밀어닥치게 되는 환란 속에서도 굳건히 이겨낼 수 있다는 것이다.

분명한 것은 하나님의 사랑과 위로가 없다면 견뎌낼 수 없는 시대가 도래된다는 것이다. 마지막 때가 빠르게 다가오고 있기 때문이다. 하나님의 힘과 능력만이 마지막 때 환란을 견뎌낼 수 있을 것이다. 마지막 때가 다가오면 올수록 세상은 크리스천들은 핍박하며 믿음에서 끌어낼 것이다. 하나님과 단절시키기 위해 온갖 수단과 방법을 다 동원할 것이다. 그때를 대비하여 하나님의 음성의 통로를 확장시켜 놓아야 한다. 하나님의 말씀을 심령에 깊이 담아두어야 한다. 하나님의 말씀대로 살아낼 수 있는 능력을 부어 달라 간구해야 한다. 지금 그 준비를 하지 않는다면, 우리는 중심으로부터 흘러나오는 마지막 때를 견뎌내는 순종을 할 수 없게 되기 때문이다.

과연, 지금 나는 누구로부터 위로받고 있는가? 앞으로 나는 누구로부터 위로를 받을 것인가? 누구의 말을 경청할 것인가는 너무나도 중요한 문제다. 하나님으로부터 위로를 받을 수 있도록 믿음을 준비해야 한다. 영적인 통로를 확장하고 활성화해 언제든지 성령님께서 내 안에서 말씀하실 수 있도록 대비해야 한다.

성경 말씀에 마지막 때, 환란을 겪게 될 것이라는 하나님의 말씀이 기록되어 있다. 환란을 통과할 때, 구원을 완성시킬 때가 도래할 수도 있다는 것이다. 그때 십자가를 지기 위하여 지금부터 순종의 훈련을 해야 한다. 하나님의 음성이 없다면 어찌 우리가 그 순종을 할 수 있겠는가? 가장 깊은 단계에서의 순종이다.

많은 이들이 함께하며 연합하여, 어려운 시기를 견뎌 나갈 것이며, 도울 자들이 있으니 두려워할 필요가 없다. 하나님께서 하늘을 열어 도와줄 것이다. 하늘을 열어 만나와 메추라기를 먹여 줄 것이다. 이제 마지막 환란의 때에는 하나님께서 하늘 문을 열어 도와줄 것이며, 만나와 메추라기로 먹이게 될 것이다. 어떤 순간에도 두려워 말며, 믿음을 잘 지키며 믿음을 보여 주어야 한다. 하나님께서 우리를 도와줄 것이니 하나님의 음성을 붙잡고 살아가야 한다. 하나님 말씀을 붙잡고 살아가도록 해야 한다. 말씀과 하나님 위로의 통로를 붙잡은 자들은 이 환란 속에서도 견뎌낼 힘이 생기게 될 것이다.

09. 순종

1) 하나님께서 일하심의 열쇠 : 순종

하나님의 자녀들은 순종이 얼마나 중요한지를 깨달아야 한다. 하나님을 움직이게 하는 가장 큰 열쇠는 바로 우리의 순종이다. 순복함이다. 순복함과 순종이 없다면 하나님을 움직일 수 없다. 우리가 말씀과 기도를 붙잡으며 날마다 예배자로 선다고 할지라도, 행함 없는 믿음이 죽은 것처럼, 순종을 통하여 우리의 믿음을 보이지 않는다면, 어찌 하나님께서 우리의 삶에 주권자 되어 통치하실 수 있겠는가? 그러나 우리의 혼과 육이 결코 하나님 앞에 포기되지 않는다면 무엇을 순종해야 할지, 어떻게 순종해야 할지, 무엇을 할 때 순종하는 것으로 인정되는지를 알 수가 없기에 분별하지 못한다는 것이다.

많은 사람이 이렇게 말한다. "하나님의 뜻과 마음을 안다면 나는 순종할 거예요." 그러나 우리가 그 하나님의 음성을 하나님으로부터 온 것인지, 우리의 생각인지, 혹은 사탄이 준 것인지를 알지 못하며 확신이 들지 않기에 흔들린다는 것이다. 그리하여 순종하고자 하나, 우리의 생각과 이성이, 또한 사탄이 공격하므로 순종하고 싶은 마음을 빼앗긴다는 것이다. 무릇 지킬 것 가운데 마음을 지키라, 생명의 근원이 이에서 남이라고 말하지 않았는가?[89] 순종하는 마

89 (잠 4:23, 개정) 모든 지킬 만한 것 중에 더욱 네 마음을 지키라 생명의 근원이 이에서 남이니라

음을 성령을 통해, 혹은 하나님의 감동을 받았다고 할지라도, 마음을 지키지 못한 채 우리의 생각, 판단, 선입견과 사탄의 공격을 통하여 우리의 마음이 흔들린다면, 결코 순종에까지 이르지 못한다는 것이다. 그리할 때 순종을 통하여 하나님의 합당한 명분으로 일하실진대 하나님을 움직일 수 없다는 것이다.

모세를 보면, 그의 혼과 육을 더 내려놓게 하기 위하여 광야로 인도하였다. 세상과 구별된 삶 속에서 죄와 구별되며, 자신의 기질을 바꿀 수 있는 척박한 땅으로 인도한다는 것이다. 그것이 광야가 될 수 있으며, 골방이 될 수 있으며, 자신을 전혀 알지 못하는 환경으로 인도하심일 수도 있을 것이다. 여러 가지 상황과 환경을 만드심으로, 우리의 혼과 육이 절제되며, 하나님의 음성을 들을 수 있는 환경까지 이끌어간다는 것이다. 광야에서 모세는 하나님을 만났다. 하나님의 음성을 들을 수 있을 만큼의 고난을 허락함으로, 이미 지식으로 알았던 하나님께서 나타났을 때, 그 음성에 순복할 수 있는 환경을 만들었던 것이다. 만약 모세가 왕궁에 있었다면 하나님께서 설령 말씀하신다고 할지라도 순종할 수 있었겠는가? 그것이 하나님의 음성인지조차도 분별하지 못했을 것이다. 그러나 모세를 하나님께서 쓰시기에 좋은 그릇으로 사용하기 위하여 광야로 인도하여 훈련하였다. 모세는 자신의 명예와 성공과 재물을 다 내려놓는 낮아짐의 환경 속에서 하나님의 말씀을 들을 수 있는 통로가 열리기 시작했다는 것이다.

하나님의 때는 절대 실수하지 않는다. 우리의 때가 하나님의 때보다 앞서가기 때문에, 때로는 우리의 성급함으로 하나님의 때를 기다리지 못한 채 포기한다. 하나님은 하나님의 경륜의 때에 반드시 성취를 이루어 가신다. 하나님께서 우리에게 약속의 말씀을 주었다면, 그 약속의 말씀이 하나님의 경륜의 때에 반드시 성취가 일어날 것이다. 우리가 그때까지 기다리지를 못함으로, 약속의 말씀을 믿는 믿음이 흐려지므로, 하나님의 일들을 보지 못하게 되는 것이다.

하나님께서 경륜의 때에 모세를 부르셨다. "모세야, 모세야, 이 땅은 거룩한 땅이니 너의 신을 벗도록 하라!"[90] 세상과 구별하여 하나님께서 부르신 것이다. 하나님께서 부르실 때, 이미 그의 혼과 육은 세상 속에서 낮은 자리에 있었기에, 자신이 아무것도 아니라는 인식 속에서 내려놓은 상태이기에 그 음성을 들을 귀가 열린 것이다. 육의 귀가 아니라 영의 귀가 열리기 시작하고 있었다는 것이다. 그때 하나님께서 모세를 더 강력하게 쓰기 위하여 요구했던 것이 무엇인가? 바로 순종이다. 모세의 시작과 부르시는 과정을 보면, 모세는 얼마나 두려웠겠는가? 얼마나 외로웠겠는가? 하나님의 능력을 보여주며 모세에게 바로 왕에게 가서 이스라엘 백성을 구해내라

90 (출 3:4-5, 개정) [4] 여호와께서 그가 보려고 돌이켜 오는 것을 보신지라 하나님께서 떨기나무 가운데서 그를 불러 이르시되 모세야 모세야 하시매 그가 이르되 내가 여기 있나이다 [5] 하나님께서 이르시되 이리로 가까이 오지 말라 네가 선 곳은 거룩한 땅이니 네 발에서 신을 벗으라

명령하지 않았는가?[91] 하나님의 마음을 전하지 않았는가? 하나님의 뜻을 전하지 않았는가?

누군가가 하나님의 마음과 뜻을 받는 자가 있다면, 순종함으로 하나님의 일이 성취될 것인즉, 하나님은 모세를 통해 하나님의 뜻을 이루기를 원했던 것이다. 그리하여 하나님께서 말씀하셨다. 말씀하시는 하나님의 음성을 모세가 들을 수가 있기에 하나님과의 대화가 시작된 것이다. 그리할 때 가장 먼저 모세에게 요구한 것은 바로 순종이다. 하나님의 말씀에 복종하는 훈련을 시작한 것이니 모세가 하나님의 말씀을 들었기에 순종의 발걸음을 내디딜 수 있었다. 그리할 때 하나님의 음성을 듣는 통로가 더 합법적인 명분으로 확장되어 더 큰 음성이 모세에게 들여질 수 있었다. 얼마나 두려웠겠는가? 때때로 하나님께서 우리에게 우리가 감당하지 못하는 순종을 요구했을 때 얼마나 두려운가? 얼마나 막막하겠는가? 그러함에도 마치 요단강 앞에 선 여호수아처럼 믿음으로 한 발을 내디딘다면, 그때부터 하나님께서 일하시는 통로가 더 확장되어, 하나님께서 더 역사하기 시작한다는 것을 기억해야 한다.

지금 우리가 행하기 어려운 순종 앞에 놓여 있는가? 하나님의 음성인 것을 명확히 분별하고 있는가? 그러함에도 상황과 환경이 어

91 (출 3:10, 개정) 이제 내가 너를 바로에게 보내어 너에게 내 백성 이스라엘 자손을 애굽에서 인도하여 내게 하리라

려워 내려놓고 있는 종들이 있는가? 그리할지라도 순종의 발걸음을 내디뎌 본다. 모세처럼 막막할지라도, 두려울지라도, 하나님의 말씀에 순종하는 모습을 보이도록 한다.

그 순종을 통하여 하나님께서 일하실 수 있는 것인즉 합당한 명분을 줄 수 있는 것은 바로 순종이다. 불순종은 하나님의 일하심을 막는 것이며, 순종은 하나님께서 일하실 수 있는 통로를 여는 것이니, 모세를 사용하기 위하여 하나님은 순종을 명령한 것이다. 막막하고 두려운 상황 속에서 모세가 이렇게 고백하지 않았는가? "하나님이여, 내가 어찌 바로 왕에게 가겠습니까? 나는 입술이 둔한 자입니다. 입이 둔하여 말할 수 없나이다."[92] 얼마나 두려웠겠는가? 모세에게 얼마나 큰 두려움이 있었는지를 묵상하여 본다. 하나님의 자녀들은 행하기 어려운 순종이 하나님으로부터 온 것이라는 것을 분별하며 그 순종을 해나갈 때 두려움이 있을 것이다. 모세조차도 두려움 속에서 "나는 입술이 둔한 자니이다. 나는 떨리나이다. 나는 두렵나이다." 고백하며 하나님께 나아가고 있지 않은가?

하나님은 전지하신 하나님이시다. 하나님은 그의 마음 가운데 순종의 마음이 있는지, 불순종의 마음으로 대적하고 있는지를 그 누구보다도 잘 아신다. 우리 안에서 순종의 마음으로 하나님께 말

92 (출 4:10, 개정) 모세가 여호와께 아뢰되 오 주여 나는 본래 말을 잘 하지 못하는 자니이다 주께서 주의 종에게 명령하신 후에도 역시 그러하니 나는 입이 뻣뻣하고 혀가 둔한 자니이다

씀할 때, 그것이 아버지의 마음을 움직인다. 설령 순종하기 어려울 때, 우리가 모세처럼 "하나님이여, 나는 순종하기를 원하나이다. 그러나 내가 입이 둔하여 내가 어찌 감당하리오까?" 라고 기도한다면 그 순종의 말을 의로 여기어 하나님께서 길을 연다는 것이다. 아론을 통하여, 환경을 통하여, 능력을 주심으로 하나님께서 말씀하신 것을 순종할 수 있도록 일하기 시작한다는 것이다.

우리가 한번 순종한다면, 그만큼 하나님께서 일할 수 있는 통로가 열리는 것이다. 또 한 번 순종한다면, 더 강력하게 일하실 수 있는 것이니 하나님의 일하심이 더 강력해지는 것이다. 모세가 "나는 입술이 둔하나이다. 입이 둔하여 말하지 못하나이다. 하나님, 나를 도우소서!" 순종의 마음으로 하나님께 아뢸 때 하나님께서 순종할 수 있도록 길을 여는 것이니 모세는 그리하여 순종의 종으로 빚어지게 된 것이다.

하나님의 자녀들에게 어떠한 상황 속에서 순종하기 어려울 때가 많을 것이다. 하나님께서 우리를 순종의 종으로 기름 부으며 순간순간마다 어려운 순종을 요구한다. 이것은 하나님께서 합법적인 명분을 가지고 우리를 도울 수 있도록 일하기 시작하는 증거이다. 사탄이 참소하지 않을 정도로 보호막을 치는 것이 있은즉 바로 순종이다. 우리가 순종하지 않을 때, 하나님께서 우리를 주권적으로 돕는다면 사탄이 참소하지 않겠는가? 욥을 참소한 것처럼 우리를 참소하지 않겠는가?[93] 우리가 순종하지 않는데 어찌 하나님께서 일하시겠는가? 우리가 순종하지 않는데 하나님께서 일하신다면 사탄이 참소하지 않겠는가? 하나님은 공의로운 재판관이며, 정의롭게 일하시는 하나님이시므로 사탄의 참소까지도 물리칠 수 있을 만큼의 순종을 요구하고 있다. 그리할 때, 하나님께서 합법적으로 일할 수 있는 것이므로, 우리가 비록 순종할 수 없는 상황일지라도, 모세처럼 "나는 입이 둔하나이다."라고 고백하며 하나님께 아뢸 때, 그것을 순종으로 여겨 하나님께서 일하신다는 것이다.

모세의 순종을 배우자. 순종의 종인 모세를 통하여 하나님께서 어떻게 일하셨는지를 기억해야 한다. 한발 한발 순종의 발걸음을 내디딜 때마다, 그의 능력과 권능이 확장되는 것을 볼 것이다. 순종할 때 능력을 붓는다. 순종할 때 능력이 배가된다. 우리가 순종하지 않는다면, 불순종의 영이 우리를 잠식하므로, 그만큼 하나님께서 통치할 수 있는 영역이 작아진다.

---

93 (욥 1:6-12, 개정) [6] 하루는 하나님의 아들들이 와서 여호와 앞에 섰고 사탄도 그들 가운데에 온지라 [7] 여호와께서 사탄에게 이르시되 네가 어디서 왔느냐 사탄이 여호와께 대답하여 이르되 땅을 두루 돌아 여기저기 다녀왔나이다 [8] 여호와께서 사탄에게 이르시되 네가 내 종 욥을 주의하여 보았느냐 그와 같이 온전하고 정직하여 하나님을 경외하며 악에서 떠난 자는 세상에 없느니라 [9] 사탄이 여호와께 대답하여 이르되 욥이 어찌 까닭 없이 하나님을 경외하리이까 [10] 주께서 그와 그의 집과 그의 모든 소유물을 울타리로 두르심 때문이 아니니이까 주께서 그의 손으로 하는 바를 복되게 하사 그의 소유물이 땅에 넘치게 하셨음이니이다 [11] 이제 주의 손을 펴서 그의 모든 소유물을 치소서 그리하시면 틀림없이 주를 향하여 욕하지 않겠나이까 [12] 여호와께서 사탄에게 이르시되 내가 그의 소유물을 다 네 손에 맡기노라 다만 그의 몸에는 네 손을 대지 말지니라 사탄이 곧 여호와 앞에서 물러가니라

우리가 순종한다면 사탄도 참소할 수 없기에 하나님께서 우리 안에서 더욱 강력하게 일하시며, 그것이 믿음이 되어 놀라운 하나님의 일들을 감당할 수 있으므로, 순종은 하나님의 일하심을 이끌어 낼 수 있는 가장 큰 열쇠라는 것이다. 모세의 순종을 배우자. 묵상하도록 하자. 하나님의 자녀들이여, 순종하기 어려울 때 모세의 고백을 올리자.

하나님, 나는 순종하기를 원합니다. 그러나 입이 둔하여 말할 수 없나이다. 하나님, 나를 도우소서! 내가 순종할 수 있도록 나를 도우소서!

이 기도를 올리도록 해야 한다. 그리할 때 그것을 순종의 의로 여기어 하나님께서 도울 자들을 붙여주고 막힌 담을 허물며, 우리가 감당할 만한 시험만을 허락하리니, 그때부터 더욱 강력하게 하나님의 공급이 시작된다. 하나님께서 일하시는 기적이 일어날 것이다.

2) 진정한 순종의 의미 : 자신의 한계 인정

하나님의 음성을 들을 수 있도록, 얼굴과 얼굴을 대면하여 하나님의 뜻을 전할 수 있도록 통로로 준비되는 것은 결코 순종의 삶이 없이는 이루어 낼 수 없는 기적이다. 이것이 바로 기적이다. 우리의 삶 가운데 가장 큰 기적은 이 음성의 통로를 계속 유지하며 하나님의 도구로 사용되는 것, 이를 위해 순종을 요구하며 우리의 한계를 알게 하고 포기하게 하는 것, 이것이 삶 속에서 계속 일어날 때 낙망하지 아니하고 포기하지 않는 것을 하나님은 기뻐하신다.

순종의 종 모세를 묵상하여 보면, 모세에게 있어 가장 큰 순종이 언제였는지 아는가? 가나안 땅을 앞에 두고도 모든 것을 여호수아에게 넘겨주며 "나는 여기까지입니다."라고 고백할 수 있었던 믿음, 이것이 바로 진정한 순종의 모습이다. 믿음이 없다면 순종할 수 없는 것이며, 믿음이 없다면 진정한 순종의 열매를 맺을 수 없는 것인즉, 모세는 믿음으로 행하였고, 믿음으로 하나님의 일을 감당했으며, 또한 믿음으로 순종하는 삶을 산 하나님의 종이었다.

자신의 한계를 인정하는 것, 자신은 할 수 없다고 고백하는 것, 그리하여 온전히 내려놓는 것 이것이 바로 진정한 순종이다. 모세가 거룩함을 잃어버린 채 바위를 쳤을 때 "너는 가나안 땅에 들어가지 못할 것이다."라고 하나님은 말하였다. 모든 것을 이끌어간 모세, 오직 가나안 땅을 향해서 달려왔던 모세, 오직 가나안 땅을 향하여 달려왔던 그의 온전한 삶 가운데 "너는 거룩함을 잃어버리며 분노했기에 가나안 땅에 들어가지 못할 것이다."라는 하나님의 말씀에 모세는 낙망했을 것이다.[94] 모세는 탄식했을 것이다.

---

94 (신 32:48-52, 개정) [48] 바로 그 날에 여호와께서 모세에게 말씀하여 이르시되 [49] 너는 여리고 맞은편 모압 땅에 있는 아바림 산에 올라가 느보 산에 이르러 내가 이스라엘 자손에게 기업으로 주는 가나안 땅을 바라보라 [50] 네 형 아론이 호르 산에서 죽어 그의 조상에게로 돌아간 것 같이 너도 올라가는 이 산에서 죽어 네 조상에게로 돌아가리니 [51] 이는 너희가 신 광야 가데스의 므리바 물 가에서 이스라엘 자손 중 내게 범죄하여 내 거룩함을 이스라엘 자손 중에서 나타내지 아니한 까닭이라 [52] 네가 비록 내가 이스라엘 자손에게 주는 땅을 맞은편에서 바라보기는 하려니와 그리로 들어가지는 못하리라 하시니라

그러함에도 불구하고 하나님의 말씀을 인정하며, 온전한 순종으로 그의 후계자 여호수아에게 모든 것을 이양하고, 하나님의 말씀을 그대로 전했으며, 그들이 강하고 담대함으로 가나안 땅에 입성할 수 있도록 모든 것을 포기했던 것, 이것이 순종의 완성이다.

우리 중에 누구든지 으뜸이 되고자 하는 자는 모든 사람의 종이 되어야 한다.[95] 모든 사람의 종이 되어야 한다는 것은 자신의 한계를 인정하며, 자신의 직분을 인식하는 것이다. 자기의 한계를 하나님의 시선 안에서 내려놓으며 자신이 할 수 없다고 고백하는 것, 하나님 앞에 모세처럼 모든 것을 온전히 내려놓고 자신의 한계까지도 내려놓으며 하나님의 뜻에 순종할 때 종의 모습을 완성시키는 것이다. 하나님 종의 모습으로서 진정한 순종의 모습을 모세처럼 보일 때 하나님은 그를 세워나간다는 것이다.

하나님은 진정한 순종의 종을 높이 세우며, 그를 통하여 온전한 하나님의 형상을 드러내고자 한다. 모세와 같이 자신이 소망하고 갈망하며 꿈꾸었던 모든 것을 하나님 말씀에 순복하는 것, 그리하여 자신의 한계를 인정하는 것, 이것이 바로 진정한 순종의 모습이 될 것이다. 그 순종이 있었기에 모세는 끝까지 하나님의 말씀을 받아 적는 서기관으로 살 수 있었다. 하나님께 진정한 순종을 드려야 한다. 우리의 생각, 우리의 의지, 우리의 뜻이 앞설지라도 하나님께

95 (막 10:44, 개정) 너희 중에 누구든지 으뜸이 되고자 하는 자는 모든 사람의 종이 되어야 하리라

서 말씀하셨기에, 자신의 한계를 내려놓고 하나님 앞에 무릎을 꿇으며 포기하고 내려놓는다면, 그 겸손한 종의 모습을 통하여 하나님께서 더 역사하실 수 있다.

하나님의 자녀들은 진정한 순종의 종으로 살도록 해야 한다. 모세의 삶을 묵상하도록 해야 한다. 자신이 할 수 있을 때, 교만하지 아니하고 높아지지 아니하며, 자신을 내려놓고 오직 하나님만 바라보며 영광을 올린다면, 그 순종을 하나님께서 기쁨으로 받으며, 또한 그를 통해서 하나님의 일을 감당하게 한다는 것이다.

하나님의 종들이 가장 부족한 것은 자신의 한계를 인정하는 것이다. 자신의 부족함을 인정하는 것이다. 오직 하나님 앞에 엎드리며, 하나님의 말씀대로 순종하는 포기함의 모습이 없기에, 하나님께서 말씀하신다고 할지라도 들을 수 없으며, 진정한 순종의 삶으로 살 수 없다는 것이다.

하나님의 자녀들은 모세의 순종을 배우도록 해야 한다. 진정한 순종을 통하여 하나님께서 우리를 통해 영광을 받으며 역사하시니 하나님의 말씀이 들렸다면 순종해야 한다. 그때부터 하나님은 우리의 한계가 아니라 하나님의 한계로서 친히 일하실 것이다.

10. 하나님의 나라 영토 들어가는 조건

하나님께서 살아 계시는가? 하나님께서 살아계심을 믿는가? 하나님의 살아계심을 믿는다면 하나님의 말씀에 따라 순종하는 삶을 살고 있는가? 많은 사람들이 하나님의 말씀을 순종하지 않는 이유는 하나님의 살아계심을 믿지 않기 때문이다. 하나님은 살아계시며, 역사하시며, 우리를 하나님의 나라로 인도하시며, 끝까지 영원히 지켜주시는 하나님이실진대, 믿음이 없기에 살아계신 하나님을 믿지 못하고 있다.

하나님의 살아계심을 어떻게 믿을 수 있겠는가? 맛보아 아는 자들이 하나님의 살아계심을 경험하며, 그 경험을 토대로 말미암아 믿음이 형성된다. 하나님의 살아계심과 역사하심을 체험할 때, 그것이 믿음이 되어 하나님을 따라가며 순종하는 삶을 선택한다. 그러나 우리의 삶 가운데 하나님의 살아계심을 경험하지 못하고 있다. 어떻게 할 때 하나님의 살아계심이 경험될 수 있겠는가? 우리가 거듭나서 하나님의 말에 청종하기 시작할 때부터 하나님의 살아계심을 경험하게 된다.

하나님은 말씀하시고 말씀하시는 하나님이시다.[96] 그러나 우리

---

96 (욥 33:14-17, 개정) [14] 하나님은 한 번 말씀하시고 다시 말씀하시되 사람은 관심이 없도다 [15] 사람이 침상에서 졸며 깊이 잠들 때에나 꿈에나 밤에 환상을 볼 때에 [16] 그가 사람의 귀를 여시고 경고로써 두렵게 하시니 [17] 이는 사람에게 그의 행실을 버리게 하려 하심이며 사람의 교만을 막으려 하심이라

가 하나님의 말을 듣지 못하는 이유는 하나님의 통치권 밖에서 살아가고 있기 때문이다. 하나님의 통치권 안에서 살아간다면 하나님의 살아계심과 인도하심을 느낄 수 있을 것이다. 어떻게 느낄 수 있겠는가? 하나님께서 친히 우리에게 찾아오신다. 하나님께서 아브라함에게 찾아가 말씀하신 것처럼[97], 하나님께서 모세에게 찾아가 거룩한 땅으로 부른 것처럼[98] 우리가 하나님의 살아계심을 경험하게 하려고 우리를 찾아오신다.

우리가 하나님의 살아계심을 인식한다면 하나님 앞에 머물러야 한다. 하나님의 살아계심이 경험된다면 하나님의 거룩한 땅에 들어가야 한다. 그러나 세상의 통치와 종속이 있는 우리는 하나님의 살아계심을 느낄 수 없다는 것이다. 그러므로 하나님은 세상의 통치와 세상의 나라에 잠식되고 있는 자녀들을 구원하기 위하여 친히 찾아간다.

하나님은 세상의 통치에 사로잡혀 있는 백성들을 구원하기 위하여 모세를 통하여 하나님의 살아계심을 보였다. 하나님의 권능을 보였다. 모세를 통하여 하나님의 강력한 신성의 영역을 보여주며

97 (창 12:1, 개정) 여호와께서 아브람에게 이르시되 너는 너의 고향과 친척과 아버지의 집을 떠나 내가 네게 보여 줄 땅으로 가라

98 (출 3:4-5, 개정) [4] 여호와께서 그가 보려고 돌이켜 오는 것을 보신지라 하나님께서 떨기나무 가운데서 그를 불러 이르시되 모세야 모세야 하시매 그가 이르되 내가 여기 있나이다 [5] 하나님께서 이르시되 이리로 가까이 오지 말라 네가 선 곳은 거룩한 땅이니 네 발에서 신을 벗으라

말씀으로 만물이 복종되는 것을 보여주었다. 모세를 통하여 사탄의 통치 아래 있는 언약의 백성, 하나님의 나라 백성을 구원하기 위하여 하나님의 능력을 보여주었다. 그 능력이 무엇이었는가? 바로 말씀으로 만물이 복종되며, 말씀으로 자연이 순복하며, 말씀으로 하나님의 신성 영역을 펼쳐 보여주었다. 모세를 통하여 말씀의 능력을 보여주며 하나님의 살아계심을 증거 하였다. 말씀의 능력을 심어주어 하나님의 통치권 안에서 우리를 양육하기 위함이었다. 우리를 백성으로 삼아 하나님 말씀의 능력으로 하나님의 나라 백성이 되게 하기 위함이었다. 그리하여 말씀으로 선포할 때 자연이 복종되며, 놀라운 하나님 말씀의 능력이 나타나는 것을 보여주었다.

하나님의 나라 백성으로 선택한 이스라엘 백성들은 어떻게 하였는가? 하나님의 말씀으로 이스라엘 백성들을 세상의 통치에서 건져내었다. 얼마나 많은 살아계신 하나님의 능력을 펼쳐 보여 주었는가? 그러나 백성으로 삼은 하나님의 자녀들은 하나님의 살아계심을 망각하고 있었다. 불평하고 원망하며 하나님께서 없다고 하면서 저주하였다. 말씀의 능력을 보고도 하나님의 살아계심을 깨닫지 못하였다. 하나님께서 이스라엘 백성들을 하나님의 나라 백성으로 삼고, 가나안 땅을 하나님의 나라 영토로 삼기를 원하였으나, 순종하지 아니하며 하나님의 살아계심을 인정하지 않았기에, 하나님의 나라 영토에 그들을 들여보낼 수 없었다.

이스라엘 백성이 가나안 땅에 들어가지 못한 채 광야에서 왜 그토록 훈련을 받았는지 아는가? 바로 그 거룩한 땅에 들어갈 자격을 상실하였기 때문이다. 하나님의 나라 영토에 들어갈 자격은 하나님의 살아계심을 믿는 것이다. 하나님께서 역사하시며 동행하심을 믿는 것이다. 하나님께서 아버지로서 공급하시며, 인도하시며, 역사하시는 것을 믿는 것이다. 그러나 이스라엘 백성들을 하나님의 살아계심을 인정하지 않음으로, 하나님의 나라 영토인 가나안 땅으로 들어가는 자격을 상실하였다. 세상의 통치에서 하나님의 나라 통치로, 어린 양의 보혈로 그들을 이끌어내며 인도하였건만, 그들은 여전히 불평하며 하나님의 살아계심과 역사하심을 인정하지 않았다는 것이다.[99]

하나님의 나라 통치는 말씀으로 이루어진다. 말씀으로 만물을 창조한 것처럼 하나님의 말씀을 믿는 믿음으로 우리가 순종할 때, 하나님의 살아계심을 더 경험하게 되는 것이다. 그러나 하나님께서 아브라함과 언약을 기억하사, 그들에게 기름을 부었으나, 이스라엘 백성들은 하나님의 살아계심을 인정하지 않았다는 것이다.[100] 그들은 불평하며 저주하며 원망하였다. 하나님의 나라 통치권자가 살아

99 (출 6:7-8, 개정) [7] 너희를 내 백성으로 삼고 나는 너희의 하나님께서 되리니 나는 애굽 사람의 무거운 짐 밑에서 너희를 빼낸 너희의 하나님 여호와인 줄 너희가 알지라 [8] 내가 아브라함과 이삭과 야곱에게 주기로 맹세한 땅으로 너희를 인도하고 그 땅을 너희에게 주어 기업을 삼게 하리라 나는 여호와라 하셨다 하라

100 (출 6:4-5, 개정) [4] 가나안 땅 곧 그들이 거류하는 땅을 그들에게 주기로 그들과 언약하였더니 [5] 이제 애굽 사람이 종으로 삼은 이스라엘 자손의 신음 소리를 내가 듣고 나의 언약을 기억하노라

있음을 인정하지 않았다. 그러므로 그들은 하나님의 나라 백성으로 선택되어 가나안 땅의 영토로 들어가는 모든 자격을 상실하였다. 하나님의 살아계심을 신뢰하며 믿고 따랐던 여호수아와 갈렙 이외에는 그 어떤 누구도 하나님의 나라 영토에 들어갈 수 없게 되었다.

여호수아와 갈렙을 통하여 하나님의 나라 영토를 확장해 나가기 시작하였다. 하나님의 살아계심을 인정하며 순종하여 믿음으로 나아갈 때, 말씀으로 그 땅을 점령해 나아갔다. 하나님의 말씀을 순종함으로 나아갈 때, 땅을 정복해 나가며 하나님의 나라 영토가 확장되었다. 여호수아를 통하여 하나님께서 친히 군대 대장 되시어 그 땅을 점령해 나갔다는 것이다.

하나님의 나라 영토인 가나안 땅에 들어갈 수 있는 백성의 조건은 바로 하나님의 살아계심을 인정하는 것이다. 하나님의 말씀으로 통치하는 하나님의 역사를 믿음으로 받을 때, 하나님의 나라 백성으로서 그 땅을 점령할 수 있는 자격이 주어진다는 것이다. 그런데도 이스라엘 백성은 불평하고 원망하며 하나님의 살아계심을 인정하지 않았다. 말씀으로 다스렸던 하나님의 나라 통치에서 백성들은 그 말씀을 인정하지 아니하며 자기의 행할 대로 자기 뜻대로 살아갔다. 하나님의 나라 백성인 이스라엘 백성들은 자기의 소신과 뜻대로 하나님의 나라의 영토에서 살아갔던 것이다. 그리할 때 어찌 되었는가? 하나님은 하나님의 통치가 그들 안에서 강력하게 역사하시며 살아계심을 인정할 때는 평안한 형통의 삶을 주었다. 그러나 그들이 하나님의 살아계심을 인정하지 아니하며 자신의 뜻대로 세상의 통치대로 움직일 때는 여러 가지 고난과 환경을 통하여 그들을 굴복시켜 나갔다는 것이다. 이방 민족의 침략과 전염병과 기근과 만물을 통해 역사하시는 심판을 통하여, 세상의 통치에서 다시 하나님의 통치로 그들을 이끌었다. 그리할 때 그들이 돌이켜 하나님의 살아계심을 인정하며 나아온다면, 다시 하나님 나라의 백성으로서 그들을 통치하며 군대 대장 되어 싸워 주셨다는 것이다.

광야 40년 생활은 하나님의 살아계심을 인정하지 못한 백성들을 가르치기 위한 시간이었다. 하나님의 영토로 들어갈 수 있는 자격을 가진 자들을 선별하기 위한 시간이었다. 여호수아를 통하여 하나님의 나라의 영토가 확장되었으며, 하나님께서 친히 그 일을 진두지휘하며 군대 대장 되어 싸워나갔다. 그러함에도 하나님의 통치가 아니라 사탄의 통치권 안에 머물던 백성들은, 결국 하나님의 보호하심과 인도하심의 복을 누리지 못하게 되었다는 것이다.

하나님 나라의 백성은 에덴동산처럼 하나님의 통치와 말씀으로 모든 것을 공급하시며, 하나님께서 형통의 삶으로 인도하신다. 그러나 하나님의 살아계심을 인정하지 아니하며 자신의 뜻대로 살아간다면, 설령 하나님의 나라 백성으로 산다고 할지라도 하나님의 통치권 안에서 벗어나므로, 하나님의 역사하심이 약해지게 되는 즉, 바로 이스라엘 백성의 모습이 그러했다는 것이다.

하나님의 백성을 돌이키기 위하여 하나님께서는 신실하게 일하셨으며, 하나님의 나라를 향한 소원을 포기하지 않았다.

11. 고난 시작 : 십자가의 삶

1) 고난과 환란을 통해 사탄이 백성을 공격하는 이유

지금의 시대를 보면 재난의 시작이다.[101] 고난과 환란 가운데 우리가 처해 있다. 우리가 의도하지 않았으나 흑암의 권세들이 우리를 사로잡으며 사망의 길로 끌고 가기 위해서 우는 사자처럼 달려들고 있다. 그러할 때 진정한 믿음을 보이는 자녀들이 하나님의 나라를 더 사랑하고 사모한다. 우리의 영혼과 육체가 분리되어 사망한 후에 가는 천국은 이 땅에서 얼마나 천국을 사모하느냐에 따라 천국에 상급이 정해진다는 것을 기억해야 한다.

주변의 많은 사람을 관찰하여 보자. 천국을 사모하여 천국만을 바라보고 살아가는 자들이 있지 않은가? 그런 사람들의 삶을 보자. 사도바울은 어떠했는가? 천국의 하나님 나라를 본 후에 그는 무엇이라고 고백했는가? 이 땅에 모든 것이 배설물이라고 고백하였다.[102] 천국을 본 자들, 하나님의 나라를 경험한 자들은 이 땅에서 굴복당하지 않는다. 사탄이 뿌려놓은 사탄의 나라에서 그들은 더

---

101 (마 24:6-8, 개정) [6] 난리와 난리 소문을 듣겠으나 너희는 삼가 두려워하지 말라 이런 일이 있어야 하되 아직 끝은 아니니라 [7] 민족이 민족을, 나라가 나라를 대적하여 일어나겠고 곳곳에 기근과 지진이 있으리니 [8] 이 모든 것은 재난의 시작이니라

102 (빌 3:8-9, 개정) [8] 또한 모든 것을 해로 여김은 내 주 그리스도 예수를 아는 지식이 가장 고상하기 때문이라 내가 그를 위하여 모든 것을 잃어버리고 배설물로 여김은 그리스도를 얻고 [9] 그 안에서 발견되려 함이니 내가 가진 의는 율법에서 난 것이 아니요 오직 그리스도를 믿음으로 말미암은 것이니 곧 믿음으로 하나님께로부터 난 의라

이상 그들에게 정복당하지 않는다는 것이다.

하나님은 이 땅에서 하나님의 나라를 만들기를 원하신다. 하나님의 나라가 도래된 자들이 천국에 가는 것인즉, 무엇보다도 성령의 법에 따라 성령의 통치를 받고 있는 하나님의 나라가 도래된 자들을 찾고 있다. 그들을 통하여서 더 많은 하나님의 나라의 백성들을 부르고 있다. 그러할 때, 사탄이 우리를 바라보며 어찌하겠는가? 사탄은 악한 영이다. 하나님의 나라가 이 땅에 도래되는 것을 훼방하며 방해하는 하나님을 향한 대적자이다. 이것은 하나님의 소원과 꿈이 하나님의 나라 확장이며, 하나님의 나라를 익히 아는 하나님의 나라에서 살아가는 자녀들이 성령을 통하여 천국으로 입성할 때, 하나님께서 큰 기쁨을 갖는다는 것을 알기 때문에, 하나님을 대적하는 영은 그 기쁨을 앗아가기 위해 공격한다는 것이다.

사탄은 우리에게 관심이 없다. 사탄은 오로지 하나님처럼 되기 위하여, 하나님을 대적하며, 훼방하며 하나님을 능욕시키는 자이다. 하나님의 소원과 뜻이 오로지 하나님의 나라가 도래된 자들과 함께 영원히 하나님의 천국에서 영생하는 것과 하나님께서 기뻐하신다는 것을 알기에 사탄은 우리를 공격하는 것이다. 성령이 내주함으로 그들 안에 하나님의 나라에 도래했을 때, 그들이 죽어서 가는 나라가 하나님의 왕국이기에 영생의 세계에 들어가지 못하도록 구원을 막고 있다는 것이다. 구원을 잃어버리게 하려고, 믿음을 훼방하며, 환경을 흔들며 죄 된 생각을 넣어, 사탄이 자기 나라의 자식으로 만들기 위하여 우리를 지금껏 흔들고 있다. 그러나 이미 넓은 길로 가며, 사탄이 뿌려놓은 미끼를 물고, 사탄의 나라에서 종속되어 사는 본질상 진노의 자녀들을 사탄은 공격하지 않는다. 마치 잡아놓은 물고기처럼, 이미 사탄의 나라에 종속된 자녀들에게 사탄은 먹이를 주며 양육하고 있다는 것이다.

하나님의 나라가 도래된 자들은 사탄의 더 강력한 공격을 입을 수 있다. 하나님의 나라가 이 땅에 세워지는 것을 하나님께서 기뻐하시기 때문에, 사탄은 이를 알고 하나님의 나라가 도래한 자들에게 환란을 통하여, 질병을 통하여, 고난을 통하여 흔들어댄다는 것이다. 그리할지라도 하나님의 나라, 천국을 더 소망하기에 끝까지 견디며, 이겨내며, 인내하는 자들, 그들 안에 이미 하나님의 나라가 세워지고 있다. 하나님의 나라는 보이게 임하는 것이 아니다. 하나님의 나라는 성령의 시대에 우리의 영 가운데 도래되는 것이니, 진정한 희락과 평강과 의가 그들의 하나님의 나라에서 이뤄지고 있다는 것이다. 그러한 자녀들이 가는 곳이 완전한 하나님의 왕국, 천국이다. 하나님은 지금 이 시대에 하나님의 나라가 도래된 성령이 내주한 자녀들을 불러 천국에 합당한 삶으로 빚어내시고 있다.

2) 마귀의 공격 방법과 대적하는 방법

하나님 아버지께서 이 땅을 향한 사랑을 어떻게 표현하는지 아는가? 하나님은 우리를 사랑하신다. 우리를 사랑으로 빚어내며 훈련하고 연단시켜 그리스도의 합당한 신부까지 이르기를 원하는 것이다. 이제 신부들을 맞을 준비를 시작할 것이다. 영원한 세계는 시간 자체의 개념이 없는 곳이다. 아무런 의미가 없는 곳이다. 땅의 것으로 영향을 받지 않는다. 단지 시간의 개념이 유한하게 적용되는 곳은 바로 이 땅에서의 삶이다. 천국은 무한의 경지 속에서, 영원한 경지 속에서 시간의 개념이 없는 곳이다.

하나님께서 아담을 빚으시어 인간을 창조하시고, 이 땅에 피조물들을 만들어 아담에게 하나님의 대행자로서, 이 땅을 다스리는 권세를 주시어 생육하고 번성하게 하신 것은, 사랑하는 자녀들을 선별하여 하나님의 나라 천국에 데려가기 위함이다. 천국이 에덴동산의 모형이라 하지 않았는가? 천국의 모형에 인간을 만들어 이 땅에서 살게 하시고, 인간의 믿음이 참인지 거짓인지를 판단하고 선별하여 하나님의 영원한 왕국에 데려가시기 위해 인간에게 이 땅의 삶을 허락한 것이다.

이 땅의 삶이 얼마나 배설물인지 이제 알게 되었는가? 이 땅에서 유한한 시간의 개념 속에서 우리가 어떻게 믿음을 보이느냐에 따라, 무한하고 영원한 세계에서 하나님의 자녀로, 신부로, 용사로 영원히 살 수 있는 자격이 주어지기 때문에 이 땅의 삶이 아무것도 아니라는 것이다. 이 땅의 세상적인 삶은 배설물이라는 것이다. 하나님의 시간은 천년이 하루 같다. 우리는 불과 얼마 되지 않은 유한의 시간 속에서 하나님의 왕국에 들어가느냐, 들어가지 못하느냐를 결정하는 삶을 살고 있다. 그러므로 우리가 한순간도 무의미하게 살지 말아야 하는 것은, 이 땅의 삶으로 인하여 영원하고 무한한 세계, 하나님의 왕국에서 우리의 삶이 어떻게 되는지가 판가름 나기 때문이다. 이를 판가름하기 위하여 마귀와 마귀의 공격을 허락한 것인즉, 이 땅의 삶을 배설물로 여긴다면 마귀가 공격할지라도 무너지지 않는다는 것이다.

우리가 높아지려 할 때 마귀가 공격하는 것인즉 우리가 낮아지려는 마음을 가지고 이 땅의 모든 것이 배설물이라고 고백한다면 마귀의 공격이 크게 느껴지지 않는다는 것이다. 단지 마귀는 우리의 믿음이 참인지 거짓인지를 가늠하여 천국에 들어갈 수 있는 자격이 있는지, 없는지를 심사하는 도구일 뿐이다.

마귀의 공격이 어떻게 이뤄지는지 아는가? 다른 사람의 핍박으로 이루어진다. 다른 사람이 우리를 판단하고 정죄하는 것으로 이루어진다. 그러한 과정에서 우리가 믿음을 어떻게 보이느냐에 따라 그것이 상급이 되는 것이며, 무한한 세계에 들어갈 수 있는 자격이 주어지는 것이며, 영원한 세계에 우리의 집이 지어지는 것이다.

특별히 구원받은 자녀에게 마귀의 공격이 더 많은 것은 우리가 행한 그대로 갚아주는 하나님의 속성이 있기 때문이다. 하나님의 속성은 우리가 이 땅 가운데 행한 그대로 갚아주고, 우리의 처소를 준비하신다는 것이다. 우리가 행한 그대로 처소를 준비하실 것이다. 이것이 예수 그리스도의 말씀이다. 말씀 그대로 이루기 위하여, 행한 그대로 하기 위하여, 구원받을 자녀들에게 더 큰 마귀의 공격이 이루어지는 것이다.

마귀의 공격이 어디서 비롯되는가? 바로 믿음에 관한 것부터 시작한다. 구원받은 백성들을 마귀가 공격할 때 믿음을 흔드는 공격을 한다. 교회에 가지 못하게 하며, 판단하며, 정죄하는 것으로 믿음을 떨어뜨리는 것이다. 그러나 그러함에도 불구하고 이겨내며, 견뎌내며, 하나님을 의지하며 나아갈 때, 이제 마귀가 더 단계를 높여 공격하는 것이다. 재물을 흔드는 것이다. 질병을 주는 것이다. 어렵고 힘든 상황을 만들어 믿음으로 굳건히 나아가는지를 가늠할 수 있도록 공격해 나간다. 그러함에도 이겨내고 인내하며 견뎌낼 때, 공의의 하나님께서 이제 공의로써 합당하게 그에게 형통의 삶을 주는 것이다.

주변의 구원받은 하나님의 자녀인 성령이 인도하는 사람들의 삶을 보자. 그때부터 그들의 삶은 고난의 길로 접어든다. 성령의 역사를 사모하여 성령의 능력이 나타나는 사람들을 성령을 훼방하는 죄를 짓고 있다며, 오히려 성령이 행하는 일을 마귀의 일로 치부하면서 공격하고 있다. 그런데도 믿음으로 나아갈 때 이제 또 다른 공격이 임해온다. 더 큰 공격과 더 큰 환란과 어려움이 임하는 것이니, 그 시간을 인내하며, 절제하며 참아낸다면 하나님께서 그 모든 마귀의 공격을 막아주며, 이제 보호하는 단계로 가는 것이다. 형통의 삶으로 가는 것이다.

요셉의 삶을 묵상해 보자. 요셉의 믿음이 참인지 거짓인지 하나님께서 시험하고 연단하며, 마귀의 공격을 허락하였든 즉, 형들이 요셉을 파는 것이 바로 마귀의 공격을 받아 형들이 요셉을 핍박한 것이다. 악한 행동의 근원은 마귀가 역사하는 것인즉 하나님은 선하시며 좋으신 하나님이시다.

하나님의 성품이 아닌 마귀의 성품으로 헐뜯고, 판단하고, 정죄하고, 핍박하며 마치 요셉의 형들과 같이 요셉을 죽이기까지 미워한다면, 그것은 마귀의 속성이 있는 것인즉, 그러함에도 요셉처럼 인내하며 참고 견뎌낸다면, 하나님께서는 종국에 형통의 복을 허락한다는 것이다. 끝까지 보호하시는 것이다. 이미 그의 믿음이 천국에 들어올 믿음이 되었으며, 큰 상급을 받을 믿음이 되었기에 그러한 하나님의 신부들은 더 이상 공격하지 않는다. 공격을 허락하지 않는다는 것이다. 이제 자녀가 온전히 그의 믿음이 성숙하여 신부의 단계까지 간다면, 더 이상 마귀가 공격하는 것을 허락하지 않으며, 하나님께서 보호하신다는 것이다. 또한, 신부에서 용사로 믿음이 성장한다면, 그에게 능력을 주기 위하여 더 큰 하나님의 복이 임하는 것이다. 그들에게는 하나님의 대행자로서, 이 땅에서 하나님의 일들을 펼쳐나가야 하기에, 축복권과 저주권을 주고,[103] 천국열

103 (창 12:3, 개정) 너를 축복하는 자에게는 내가 복을 내리고 너를 저주하는 자에게는 내가 저주하리니 땅의 모든 족속이 너로 말미암아 복을 얻을 것이라 하신지라

쇠를 주며,[104] 그들에게 하나님의 강력한 일들을 행할 수 있도록 기름을 붓는다는 것이다.

베드로가 그러하지 않았는가? 사도바울이 그러하지 않았는가? 베드로가 주장한 말이 무엇인가?

하나님께 순복하라 그리하면 마귀가 우리를 피하리라[105]

용사의 단계에 이른다면 마귀가 우리를 피하는 단계에 가는 것이다. 용사이기에 불을 뿜고 포효하는 사자처럼 마귀를 대적하며 파쇄하기에 마귀가 피하는 것이다. 그런데 이들은 하나님께 순복된 자들이다. 용사는 하나님께 순복된 자들이다. 복종된 자들이다. 그러므로 마귀조차도 피하는 것이다.

사도 바울은 이 땅에 일어나는 씨름은 혈과 육의 씨름이 아니라 오직 하나님의 영적인 씨름이라 말하지 않았는가?[106] 악한 영과의 싸움이라 말하지 않았는가? 이 단계의 진리를 깨달은 만큼 사도 바울은 싸우고, 또 싸우며 마귀가 공격하는 그 모든 것을 배설물이라

---

104 (마 16:19) 내가 천국 열쇠를 네게 주리니 네가 땅에서 무엇이든지 매면 하늘에서도 매일 것이요 네가 땅에서 무엇이든지 풀면 하늘에서도 풀리리라 하시고

105 (약 4:7, 개역) 그런즉 너희는 하나님께 순복할지어다 마귀를 대적하라 그리하면 너희를 피하리라

106 (엡 6:12, 개정) 우리의 씨름은 혈과 육을 상대하는 것이 아니요 통치자들과 권세들과 이 어둠의 세상 주관자들과 하늘에 있는 악의 영들을 상대함이라

고백할 만큼 이 땅에서 씨름을 한 것이다.

이 땅의 삶은 유한하다. 이 땅의 삶을 통하여 천국의 무한한 삶으로 들어가는 것인즉 어찌 하나님의 입장에서는 이 천년의 기간이 하루 같지 않겠는가? 사모하는 신부들을 기다리기에 인간의 천년 기간이 하루처럼 짧게 느껴지기도 하는 것이며, 또한 사랑하는 신부들을 보고 싶고 사모하기에 하루 시간이 천년같이도 느껴지는 것이다. 시간의 개념이 없는 것이다. 사모하기에 기다리며 기다리는 것이다. 하나님께서 얼마나 우리를 기다리는 줄 아는가? 천국의 혼인 잔치에 참여할 만한 믿음을 보이는 자들이 어디 있는가? 신부들이여, 어디에 있는가?

이 땅의 삶이 어렵고 힘이 들며 고통스러운가? 세상의 핍박이 당신을 감싸고 있는가? 당신의 믿음을 보이라. 당신의 믿음을 증거해야 한다. 이 땅의 삶은 잠시 잠깐 지나가는 유한한 삶이다. 이 삶 속에서 어떻게 믿음을 보이겠는가? 신부로서 어떻게 거룩한 삶을 살아나가겠는가? 용사로서 하나님을 위해 포효하는 사자처럼 어둠을 파쇄하겠는가? 이 땅의 삶을 보지 않아야 한다. 이 땅의 환란을 보지 않아야 한다. 이 땅의 어려움을 보지 않아야 한다. 오로지 하나님만 집중해야 한다. 마귀가 죽이고자 달려드는 것이다.

하나님께 순복된 신부들이여, 용사들이여, 일어나 마귀를 대적해야 한다. 이 땅의 씨름은 혈과 육의 씨름이 아니라 어둠의 악한 영들과의 씨름이니 신부들이여, 용사들이여, 싸울 자들이여 일어나 하늘의 전쟁을 준비해야 한다. 이제 주 예수 그리스도가 오실 것이다. "마라나타 주 예수여 오시옵소서!"라고 부르는 자들의 고백을 통하여 주 예수의 오실 길이 예비 되고 있은즉, 환경을 보지 않아야 한다. 두려워하지 않아야 한다. 어떠한 순간에도 하나님께서 신실하게 바라보시며 일한다는 것을 기억해야 한다.

마음이 상하는가? 마귀가 공격하는가? 두려워 말며, 이 환란을 이겨내야 한다. 하나님의 자녀들이여, 두려워 않아야 한다. 그 누구도 우리가 당하는 시험 외에는 당하는 것이 없나니, 하나님의 마음이 우리에게 있은즉 그 어떤 순간에도 좌절하지 않아야 한다. 피할 길을 주실 것이다.

하나님의 믿음의 시험에서 통과해야 한다. 다음 단계로 넘어가야 한다. 마귀가 공격할지라도 우리가 하나님께 순복했다면 그들이 피할 것이니 대적해야 한다. 어떻게 대적하겠는가? 하나님의 백성들이여, 하나님의 자녀들이여, 우리를 핍박하며 공격하는 세력들 앞에서 우리가 어떻게 대적하겠는가?

예수 그리스도의 이름으로 대적하라!
예수 그리스도의 능력으로 대적하라!
십자가의 보혈의 능력으로 대적하라!

"나사렛 예수의 이름으로 명하노니, 이 더러운 어둠의 권세야 떠나갈지어다! 나사렛 예수 그리스도의 이름으로 명하노니, 나를 핍박하는 어둠의 권세들은 떠나갈지어다! 나사렛 예수의 이름으로 명하노니, 환경을 막고 있는 어둠의 권세야 떠나갈지어다!"라고 기도해야 한다. 우리가 순복되었다면 마귀가 피할 것이니 이제 실상에서 평안한 삶이 올 것이다. 평강이 임할 것이다. 환경이 바뀔 것이다.

이것이 바로 능력이다. 예수 그리스도의 이름의 능력이니 하나님께 순복된 자녀들이여, 신부들이여, 용사들이여 일어나 빛을 발해야 한다. 하나님께서 함께하시며 유한한 시간 속에서 무한한 우리의 삶을 예비해 놓을 것이다.

천국을 바라보자. 하나님의 왕국 소망을 보자. 우리를 통해 에덴동산에서 이루고자 하는 아담과의 사랑을 회복하기 원하노니, 이 땅의 삶을 바라보지 말며 집착하지 말아야 한다. 지나가는 시간, 반드시 지나가야만 하는 시간, 이 시간이 지나가지 않는다면 하나님의 왕국에 올 수 없는 것인즉 지나가는 나그네의 길로 생각해야 한다. 그리할 때 저 영원한 하나님의 왕국에 함께 갈 것이므로, 고아처럼 홀로 내버려 둔 채 홀로 가게 하는 것이 아니고, 성령이 우리 안에서 함께 인도하며 손을 잡고 동행하며 천국으로 이끌고 가는 것인즉 외롭지 않을 것이다.

하나님의 아들과 딸들은 외롭지 않을 것이다. 이 땅의 삶이 외롭지 않을 것이다. 성령님께서 하나님의 자녀, 신부, 용사인 우리를 인도하시기 때문에 외롭지 않을 것이다.

3) 마귀가 백성을 공격하는 명분은 무엇인가?

우리는 하나님의 성품에 대해서 잘 모른다. 하나님의 속성과 하나님의 인격을 알지 못한다. 온 우주 만물의 주인이 누구인가? 하나님이시다. 그러할진대 한순간 한순간이 어찌 하나님께서 허락하지 않는 순간이 있겠는가? 그러함에도 불구하고 온 우주 만물의 주권자이며 절대자이신 하나님을 인정하지 않으며 하나님의 말씀에 순복되지 않는다면, 우리를 소유할 수 있는 권세를 마귀가 갖게 되므로 마귀가 우리의 삶을 만신창이로 만들어 간다는 것이다.

하나님을 원망하고 있는가? 하나님께 불평하지 않아야 한다. 그 불평과 원망이 마귀가 합법적인 명분으로 공격할 수 있는 이유가 되는 것이다. 그 어떠한 순간도 하나님께서 허락하지 않는 순간이 없다. 그러나 그 은혜의 시간을 찾지 못하여 은혜를 잊어버리고, 하나님의 말씀을 받아들이지 않고 불신한다면, 하나님을 믿지 않는다면, 하나님의 주권 안에서 온 우주가 움직일지라도, 우리가 그 영역 안에서 벗어나게 되는 것이다. 그리하여 사탄의 영역 속에 흡수되고, 사탄이 밀 까부르듯이 공격하며, 할퀴며 상하게 할 수 있는 권세를 가지고 계속 공격해 나간다는 것이다.

우리가 하나님의 성령 안에, 하나님의 임재 안에, 하나님의 강권적인 주권 아래에 있을 때, 비로소 온 우주 만물에서 역사하는 하나님의 영이 우리를 보호하며, 성령이 충만하게 함으로 모든 상황과 환경과 시간 속에서 합법적으로 보호할 명분을 하나님께서 갖게 되는 것이다. 그리함으로 그 어떤 순간도 하나님께서 허락하지 않는 순간이 없다는 것을 기억해야 한다. 설령 마귀가 밀 까부르듯이 까부르며 연단과 훈련과 시험 속에 밀어 넣을지라도, 그 순간조차도 하나님께서 허락한 순간이며, 그 허락된 시간 속에 우리가 마귀에게 합법적인 명분을 주어 괴롭힐 수 있도록 틈을 주지 않아야 한다. 이 땅에 살아가는 하나님의 자녀들은 어떠한 순간에도 마귀가 우리의 삶에 틈타지 않도록 보혈로 덮어야 한다.

예수 그리스도의 보혈은 사탄이 합법적인 명분으로 공격할 때 방어할 수 있는 능력이 된다. 사탄을 공격할 수 있는 권세가 된다. 예수 그리스도의 보혈을 진정으로 의지하고 선포하며 대적한다는 것은 그 안에 우리가 믿음이 있으며 하나님의 영역 안에서 살아가고 있다는 증거일 것이다.

우리가 예수 그리스도의 보혈을 부르짖는다. 예수 그리스도 이름으로 부르짖는다. 예수 그리스도의 피를 외친다. 그러나 우리의 영과 혼과 육이 온전히 하나님의 영향력 안에서 주권자 되신 하나님께서 우리의 삶을 주관하지 않는다면, 어찌 그 외치는 예수 그리스도의 보혈이 영향력이 있겠는가? 어찌 합법적인 명분을 가지고 마귀의 올무를 끊을 수 있겠는가? 마귀의 공격을 파쇄 할 수 있겠는가?

우리가 믿음대로 예수 그리스도의 이름을 선포하고 대적하며 예수의 피를 외칠 때, 우리의 믿음이 얼마만큼 충만 하느냐에 따라 마귀의 합법적인 권리를 파쇄 시킬 수 있다는 것이다. 그러지 않는다면, 믿음의 분량만큼 역사하는 힘이 크거나 작게 되는 것이니, 설령 우리가 입술로 부르짖고 대적한다고 할지라도 그 역사하는 힘이 적어진다. 그리할 때 하나님께서 주권자 되어 합당한 명분으로 만질 수 있기도 하겠으나, 믿음이 떨어지는 만큼 그 영역 속에서 사탄도 우리를 공격할 수 있는 권세가 있다는 것이다. 이것이 바로 영적인 싸움이며, 이 영적인 싸움 가운데 우리가 오직 하나님의 통치에 복종한다면 마귀가 흔들 수 없는 것이다.

하나님 자녀의 권세가 커짐으로, 하나님의 능력과 권능이 충만하게 되므로, 우리가 믿음으로 선포할 때, 감히 어찌 하나님의 자녀를 괴롭힐 수 있겠는가? 그러나 마귀의 공격조차도 때로는 연단과 훈련과 시험을 통하여 우리를 성화하기 위하여 하나님께서 허락하신다는 것이다. 마치 예수 그리스도가 밀 까부르듯이 베드로를 까부를 것을 요청한 것처럼, 하나님의 목적으로 마귀의 공격을 허락하기도 한다.[107] 고난과 환란을 통하여 마귀가 공격함으로 만신창

107 (눅 22:31-34, 개정) [31] 시몬아, 시몬아, 보라 사탄이 너희를 밀 까부르듯 하려고 요구하였으나 [32] 그러나 내가 너를 위하여 네 믿음이 떨어지지 않기를 기도하였노니 너는 돌이킨 후에 네 형제를 굳게 하라 [33] 그가 말하되 주여 내가 주와 함께 옥에도, 죽는 데에도 가기를 각오하였나이다 [34] 이르시되 베드로야 내가 네게 말하노니 오늘 닭 울기 전에 네가 세 번 나를 모른다고 부인하리라 하시니라

이가 될지라도, 그것이 우리를 성화시키는 도구이기에 때로는 주권 안에서 허락하기도 한다는 것이다. 그러하기에 어떤 순간에도 하나님의 주권 안에서 움직이지 않는 법이 없다는 것이다. 이것을 믿고 고난과 연단과 환란과 핍박 속에서도 인내의 열매를 맺도록 해야 한다. 인내는 하나님의 성품을 배우도록 이끌어가는 성화의 과정에서 맺어지는 열매이니, 그 어떤 순간에도 무너지지 않는 믿음으로 승화된다.

인내와 오래 참음은 성화 과정에서 가장 필요한 성품인즉, 하나님의 합당한 성품으로 빚기 위하여, 진정으로 하나님의 상속자가 되기 위하여 고난을 허락한 것이다. 고난과 환란, 핍박과 정죄와 어려움 속에서도 하나님을 의지할 때, 하나님의 성품과 속성이 우리 안에 열매 맺게 되므로, 반드시 하나님께서 성화의 과정 속에서 연단을 허락하는 것이다. 고난과 시험과 유혹을 허락함으로, 마귀가 공격하는 것을 허용함으로, 주권자 되신 하나님께서 우리의 삶에 역사하시어, 그리스도를 닮은 성품으로 성화시켜 나아간다는 것이다. 그리함으로 하나도 버릴 것이 없으니 만물 안에서 역사하시는 하나님을 찬양해야 한다. 한순간도 하나님께서 허락하시지 않는다면 일어나지 않는다. 마귀의 공격조차도 하나님의 허락 안에서 우리를 연단하여 성화시키기 위한 과정에서 하나님께서 용납하는 것이므로 감사해야 한다.

하나님의 자녀들은 그 어떠한 순간에도 하나님의 주권을 인정하고. 어떠한 환경 속에서도 아버지의 일하심을 믿어야 한다. 하나님의 절대 주권을 인정할 때, 우리 안에서 성령이 충만하게 되어, 진정으로 예수 그리스도가 행한 일을 우리도 행할 수 있는 하나님의 능력을 받게 되는 것이다.

4) 마귀의 공격을 이겨내는 방법 : 회개

주님의 영으로 충만해야 한다. 하나님의 영으로 충만해야 한다. 성령으로 충만해야 한다. 하나님의 영은 성령이며, 예수님의 영이다.[108] 하나님의 영이 있을 때, 성령이 우리 안에 계실 때에 하늘 아버지가 느껴진다. 하늘 아버지의 사랑과 위로와 성품과 속성이 어떠한지를 느낄 수 있다. 하늘 아버지의 온전하시고 신실한 것들이 무엇인지를 깨달을 수 있다. 오직 성령을 통하여 하나님을 알 수 있으며, 하나님을 볼 수 있다. 성령을 따라서 하나님을 경험해 나갈 수 있는 것이다. 우리 육의 눈으로는 결코 하나님을 경험할 수 없다. 성령에 의하여 영적인 세계가 하나씩 열어질 때, 영안이 열려 그 영안으로 하나님을 느끼며, 만지며, 보며 하나님의 세계를 경험해 나가는 것이다. 오직 하나님의 세계는 성령에 의하여 경험될 수 있다는 것이다. 그러나 마귀의 세계는 성령을 통하지 아니하고서도 우리가 체험할 수 있다. 성령에 의하여 삶을 살아가는 자들에게는

108 (행 16:7) 무시아 앞에 이르러 비두니아로 가고자 애쓰되 예수의 영(성령)이 허락하지 아니하시는지라

마귀의 세계보다 하나님의 성품과 속성에 더 가깝게 경험되어질 수 있는 것이나, 마귀가 잠식하여 우리를 인도하며 나갈 때는 마귀의 영을 더 접속해 나갈 수 있다는 것이다.

우리 안에 주인이 성령인가? 마귀인가? 누가 주인이냐에 따라서 하나님의 세계를 더 많이 경험할 수도 있으며, 마귀가 주인이라면 마귀에게 잠식당해서 마귀가 보여주는 것들을 볼 수 있다는 것이다. 마귀가 주인이며, 마귀가 우리를 통치하며 인도해 나간다면, 마귀의 세계가 열리는 것이 합당한 것이 아닌가? 마귀가 보여주는 것이 무엇이겠는가? 하나님의 나라이겠는가? 하나님의 세계이겠는가? 마귀는 마귀의 세계를 열어주고 보여주며, 마귀의 세계가 더 확장될 수 있도록 우리를 마귀 쪽으로 이끌고 간다는 것이다. 마귀의 눈을 열어 마귀의 세계가 어떠한지를 보여주기에, 그 세계 안에서 더욱 정욕적이며, 탐욕적이며, 재물에 눈이 멀어 마귀가 시키는 대로 일을 할 수 있다는 것이다.

마귀에 이끌려 마귀가 열어주는 영안을 통하여 마귀적인 세계를 본 자들에 삶을 보면, 그들은 재물을 섬긴다. 재물과 하나님을 겸하여 섬길 수 없다고 말하였는 즉, 그들이 하나님을 섬기지 않기에 재물을 섬기는 것이다. 재물을 섬기어 재물 이외에는 더 중요한 것이 없도록 끌고 간다는 것이다.

"재물, 재물, 재물" 하면서 재물을 벌기 위하여 모든 수단과 방법을 가리지 않고 자신의 영혼까지 팔아가며 재물을 탐닉하고 있다.

마귀가 영안을 열어 재물을 벌 수 있는 지혜도 붓는다. 마귀적인 지혜를 부어서, 그러한 통로로 열린 생각과 지식을 받아 다른 영혼까지도 죽이는 통로가 열리게 되므로, 그들을 통해서 영혼을 죽이는 일을 행하게 된다는 것이다.

그러한 마귀의 통치로 영안을 닫고 육안을 열어 육의 눈으로 보게 하는 것이다. 마귀가 우리 안에 잠식되어 있다면 영안이 닫히게 되는 것이다. 영적인 세계가 더욱 마귀 적으로 열리게 되므로, 성령이 우리 안에 있다고 할지라도 성령을 통해서 보는 것보다 마귀를 통해서 보는 것들이 더 크게 작용할 수 있다는 것이다. 양신 역사의 경우, 마귀가 주도권을 잡고 있다면 어느새 성령이 열어주는 영안의 세계는 닫히게 된다는 것이다. 그러나 성령이 긍휼히 여기사 성령이 시시때때로 우리에게 말씀하시며, 우리의 구원을 잃어버리지 않게 하기 위해 역사하신다. 그러나 마귀가 통치하므로, 마귀의 주인권이 더욱 강해짐으로, 성령이 말씀하시는 것이 왜곡되고, 영안이 더욱 닫히게 되면, 성령이 말할지라도 분별하지 못하게 되어, 마귀의 말과 성령의 말을 혼재하며 마음과 생각에 담아두게 되는 것이다. 결국 마귀의 통치권이 더 커지게 된다면, 그는 혼미한 상태에서 성령이 말씀하신 것과 마귀가 말하는 것을 분별하지 못하는 상태가 되고, 더욱 그 영이 마귀에 의하여 짓밟히게 되는 것이다.

마귀는 하나님께서 통치하시는 영에 침범할 수 없다. 우리의 영은 오직 성령이 임재하시는 공간이며, 하나님의 통치 공간이기에 마귀가 결단코 그 공간을 건들 수 없다. 그러나 마귀는 성령이 말씀하지 못하도록, 통치하지 못하도록, 영안을 닫기 위하여, 마귀적인 영안을 연다는 것이다. 영적인 세계를 마귀의 것으로 열어주는 것이니, 결국 마귀는 우리를 혼탁하며 혼미한 상태에서 분별하지 못하도록 인도해 나간다는 것이다. 그런 과정에서 설령 성령이 말한다고 할지라도, 마귀가 두려움을 주어 음성을 듣는 것조차도 두려운 마음을 가지게 된다. 두려움의 영을 넣어 성령이 말씀하실 때, 더 이상 하나님의 말씀을 듣기 두려운 단계까지 이끌어 가서 하나님의 음성의 통로를 닫아버리게 되는 것이다. 성령이 말씀한다고 할지라도 마귀가 성령이 말씀하실 때, 두려움의 영을 넣어 두렵게 한다는 것이다.

이 세상 가운데 양신역사가 일어나는 것들이 너무나 많다는 것을 기억해야 한다. 설령 우리 안에 성령이 계신다고 할지라도 우리가 죄를 회개하지 아니하고, 하나님 앞에 자아를 쳐서 복종시키지 아니한다면, 마귀적인 성품은 언제나 내재하여 있기에 마귀적인 속성과 성품과 본능에 잠식되게 될 때 성령이 근심하게 된다는 것이다. 지금 이 싸움을 하는 자들이 얼마나 많은지 아는가? 이 싸움을 통하여 무너져 내리고 있는 자녀들이 얼마나 많은지 아는가? 성령이 말씀하시나 성령이 말씀하시는 것을 분별조차도 하지 못한 채, 마귀의 본성에 이끌려 두려움의 영의 종속으로 음성 듣는 것조차도 듣지 못하도록 이끌어 나아간다는 것이다. 많은 그리스도인에게서 양신역사가 일어나고 있다는 것을 기억해야 한다.

성령이 있을 때, 어떻게 마귀가 통치하며 흔들 수 있느냐고 반문하는 그리스도인들이 있다. 그러나 우리의 아비는 마귀이다.[109] 우리는 마귀에 속한 자들이며, 우리 아비가 뿌려주는 죄 된 속성과 죄악의 상태에서 이 땅을 살아가고 있다. 그러한 죄와 본성을 버려 나가지 않는다면 점점 더 마귀의 통치권이 커지게 된다. 결국 성령의 인도하심을 받지 못한 채 근심하며 성령이 소멸되기도 할 수 있다는 것이다. 양신역사를 통하여 속사람을 근심시켜 결국 마귀가 승리하게 하는 사람들이 얼마나 많은 줄 아는가? 그들이 하나님의 마음을 아프게 하는 것이다. 불신자가 하나님을 아프게 하는 것이 아니다. 그들이 더욱 하나님을 아프게 한다는 것이다. 불신자는 그 영이 죽어있기에, 그 안에 성령이 없기에 하나님의 세계가 열리지 않는다. 마귀에 속하여, 마귀에 이끌려, 마귀에 따라 지옥으로 떨어지는 영혼들이다. 하나님께서는 그들의 영혼을 구원하기 위하여 쉬지도, 졸지도, 먹지도, 자지도 아니하며 일하시고 있다. 하나님의 영을 그들에게 붓기 위하여 하나님께서 쉼 없이 일하신다는 것이다.

그들의 영혼이 구원될 때, 천국에서 잔치가 열리는 것이다. 그만큼 하나님의 기쁨이 된다는 것이다. 하나님의 기쁨이 되기 위해 많은 사람들이 영혼을 구원하기 위하여 하나님의 발이 되어 뛰고 있지 않은가? 하나님의 열심으로 한 영혼이 구원받았을 때, 하나님은

109 (요 8:44, 개정) 우리는 우리 아비 마귀에게서 났으니 우리 아비의 욕심대로 우리도 행하고자 하느니라 그는 처음부터 살인한 자요 진리가 그 속에 없으므로 진리에 서지 못하고 거짓을 말할 때마다 제 것으로 말하나니 이는 그가 거짓말쟁이요 거짓의 아비가 되었음이다

얼마나 기뻐 춤추는지 아는가? 한 자녀를 품에 안고 얼마나 하나님께서 기뻐하시는 줄 아는가? 그렇게 얻은 자녀가 마귀에 본성과 죄된 속성과 회개하지 않는 완고함으로 말미암아, 양신의 역사를 통하여 마귀에게 이끌려갈 때, 그 자녀의 영 안에 있는 성령이 얼마나 말할 수 없는 탄식으로 울고 있는 줄 아는가? 얼마나 슬퍼하는 줄 아는가? 양신역사에 고통당하는 자녀를 찾기 위하여 얼마나 하나님께서 그 자녀안에서 열심을 내고 있는 줄 아는가?

이것이 아버지의 마음이다. 우는 사자와 같이 삼킬 자들을 찾아 헤매는 마귀가 가장 강력하게 물어뜯는 존재는 성령이 내주한 자녀이다. 온전히 성령 앞에 통치되지 못하며, 온전히 성령 앞에 굴복되지 못하여, 하나님의 마음도, 하나님의 뜻도, 생각도, 분별하지 못하는 자녀를 삼킬 듯이 물어뜯는 것이다.

이러한 사람에게 양신역사가 일어난 것인즉, 그가 만약 완고함, 완악함, 강퍅함을 버리지 못한다면, 마귀에 이끌려 성령을 근심시키며[110] 심지어 소멸되기까지[111] 마귀가 끌고 간다는 것이다. 잘 분별하도록 해야 한다. 우리 안에 양신이 역사할 수 있다는 것을 기억해야 한다. 성령이 우리 안에 주인 될 수 있도록 회개해야 한다. 회개하지 않는다면 죄 사함을 받을 수 없는 것인즉 회개해야 한다. 우

110 (엡 4:30) 하나님의 성령을 근심하게 하지 말라 그 안에서 우리가 구원의 날까지 인치심을 받았느니라

111 (살전 5:19, 개정) 성령을 소멸하지 말며

리가 회개할 때 하나님의 영의 통치가 더욱 강해지므로 날마다 보혈로 덮으며 회개해야 한다. 날마다 보혈로 우리 자신을 덮어야 한다. 예수 그리스도의 보혈만이 우리가 살길이니 보혈로 덮으며 회개해야 한다.

하나님을 인정해야 한다. 하나님을 신뢰해야 한다. 하나님을 찾아야 한다. 그리할 때 성령이 우리를 더욱 통치할 수 있게 되는 것이다. 그리할 때 성령의 통치와 인도하심이 우리의 삶을 주도하게 되며, 마귀가 뿌려놓은 인간의 더러운 본능적인 생각들의 영역이 줄어감으로써 성령의 인도하심을 입을 수 있다는 것이다.

우리 안에 성령이 더욱더 강하게 통치할 수 있도록 회개해야 한다. 회개만이 살길이다. 회개만이 성령의 통치를 일으킬 수 있기 때문에 날마다 회개의 삶을 살 때 하나님의 세계가 열리는 것이다. 하나님의 영광을 보는 것이다. 하나님의 영역 안에서 마귀의 두려움의 영으로부터 자유롭게 되므로 하나님의 빛의 자녀가 될 수 있다는 것이다. 두려움의 영이 떠나갈 때 하나님의 빛의 자녀로서 영광을 누릴 수 있는 것인즉 회개하도록 해야 한다.

12. 영적 전쟁

1) 속사람과 겉사람의 영적 전쟁

우리 안에 속사람이신 성령의 통치가 임하여, 우리가 승리할 수 있도록 이끌어갈 때 나타나는 반응에 대해서 알아본다. 우리의 영은 하나님의 형상을 닮았다. 창세기 1장 26절에 "우리가 우리의 형상대로 사람을 만들자." 이 말씀에서 '우리'는 삼위일체 하나님을 의미하며, 형상은 하나님의 영을 의미하는 것이다. 하나님은 영이다. 쉬지도, 먹지도, 졸지도, 자지도 않는 영으로서 존재하는 하나님이시다. 그 영에 우리의 혼과 육을 덧입혀 지금의 사람 모습으로 하나님께서 창조하셨다. 만물을 지으시고, 모든 만물과 피조물 가운데 만물의 영장인 우리에게 다스리는 권세를 주시어, 하나님의 나라를 확장하기 위하여 인간을 창조한 것이다. 보이지 않는 영의 영역에서 보이는 세계를 창조하시고, 그 창조된 세계를 다스릴 수 있도록, 혼과 육을 덧입혀 이 땅에 인간을 창조하셨다.

우리 영 안에 하나님의 형상이 남아 있다. 하나님의 형상이 우리 영 안에 내재된 것이다. 그 영에 혼과 육을 덧입혀 하나님의 왕국을 다스리라는 사명을 가지고 이 땅에 태어난 것이다. 그 영이 깨어나 영의 갈망을 채워가며 하나님을 알아갈 때, 조금씩, 조금씩 하나님의 형상으로 빚어진다. 하나님의 형상 안에 능력과 신성과 인성이 다 내포되어 있다. 비록 우리의 영에 혼과 육을 덧입혀 사람의 모습으로 창조되었으나, 성령이 우리 안에 내주하시어 영을 흔들어 깨울 때, 그 영이 하나님의 형상을 닮아 하나님을 갈망하므로 하나님을 더 찾게 된다.

이러한 단계 속에서 우리의 혼과 육으로 살아왔던 그 시간 속에서 잠재되어 있는 마귀의 본성이 드러나기 시작한다. 우리는 본질상 진노의 자녀이며 마귀의 자식이라고 말씀하셨다. 우리의 아비는 마귀이다. 거짓말하며, 속이며, 죽이는 마귀가 우리의 아버지이다. 육의 아버지를 닮은 기질과 성품이 우리의 겉사람 깊숙이 내재되어 있는 것인즉, 영이신 하나님 아버지의 다스림 속에 우리가 깨어날 때 육의 아비 된 사탄이 우리를 흔드는 것이다. 이것이 속사람과 겉사람의 전쟁인 것이다. 한 자녀를 두고 내 것이냐, 네 것이냐 싸우는 전쟁이다.

성령이 내주하시기 전이라면 우리는 이미 마귀의 자식으로 우리의 아비인 마귀의 습성대로 살아왔다. 전쟁이 없었다. 마귀의 자식되어 우리의 아비 마귀의 손에 이끌려 지옥으로 가는 것이 우리의 운명이었다. 그러나 하나님께서 우리를 사랑하셔서 구원과 구속 사역을 이루심으로 우리 안에 성령이 내주하게 되면, 이제 영적인 아버지가 자녀를 찾기 위한 전쟁을 시작하는 것이다.

우리의 본질상 아비인 마귀가 그대로 바라보고만 있겠는가? 마치 자기의 살을 도려내는 것과 같은 고통이 있을 것이다. 자기 자식을 빼앗긴 억울함이 있을 것이다. 원통함이 있을 것이다. 우리가 눈앞에서 자녀가 납치되어 누군가에게 빼앗긴다면, 우리는 물불을 가리지 않을 것이다. 마치 우는 사자와 같이 달려들어 죽이고자 할 것이다. 자기 자식을 빼앗기지 않기 위하여 몸부림치는 것인즉, 그것이 마귀가 우리를 놓치지 않기 위하여 우리를 무는 것이다. "너는 내 것이야! 내 자식이야!"라고 아귀다툼으로 달려드는 것인즉, 그 싸움이 성령이 내주한 그때부터 시작된다는 것이다.

그러나 우리의 영이 하나님의 형상이며 하나님의 통치 기관이다. 우리가 본질상 마귀의 자녀라 할지라도 창조의 섭리 하에 우리는 하나님의 자녀이다. 영이 깨어난 순간부터 하나님의 자녀로서 살아가는 것이다. 영이 깨어난 그 순간부터 하나님께서 자녀로서의 정체성을 심어주고, 갈망을 넣어주며 하나님의 자녀로서 다시 살아나갈 수 있도록 다시 태어나는 과정을 거치는 것이다. 이것이 거듭남이다. 어떻게 다시 태어날 수 있겠느냐고 물었지 않았는가? 우리가 육신으로 살았을 때는 마귀의 자식으로 그렇게 살아갔다. 그러나 우리 안에 성령이 내주하시는 순간부터 영혼을 흔들어 깨운다. 죽은 영을 깨우는 것이므로 다시 태어나는 것과 마찬가지이다. 이러한 해산의 고통, 산고의 진통 속에서 하나님께서 우리를 다시 잉태하시는 것이다. 그러한 과정에서 실족하고 무너지는 자녀도 있을 것이며, 하나님의 손을 붙잡고 하나님 자녀의 정체성으로 다시 거듭나 살아가는 자녀가 있을 것이다.

우리의 영은 이미 하나님의 형상이므로, 하나님의 통치 안에서 우리가 하나님을 의지하고, 하나님께서 하나님 되심을 인정하고 나아갈 때, 더 강력하게 하나님에게 주권을 이양하는 것이다. 거듭남의 과정을 통하여 온전히 우리가 하나님의 주권을 인정하고, 하나님께서 아버지 되시는 것을 선포하며, 마음으로 믿고 입으로 시인할 때부터 육의 아비에게 속한 신분을 빼앗아 오는 것인즉, 빼앗기지 않기 위하여 마귀가 죽일 듯이 달려드는 것이다. 이것이 속사람과 우리의 육적인 아비로서 겉사람을 통치하고 있는 마귀와 싸움이다. 이것을 잘 이해해야 한다. 어렵지만 반드시 알아야 할 내용이며 중요한 내용이다. 그러한 과정 가운데, 우리가 하나님의 자녀로서 인정하며 마음으로 믿고 입으로 시인할 때부터 하나님께서 아버지로서 아들을 찾기 위하여 강력하게 역사하시는 것이다. 우리 안에서 성령이 강력하게 보혜사로 임하여 우리를 보호해 나간다는 것이다. 우리의 주권이 마귀에서 하나님께로 이양되었으니 우리의 소유권을 이제 하나님께서 가지고 계신 것이다. 그러한 순간마다 우리가 "하나님! 도와주십시오! 하나님, 지켜 주십시오! 하나님, 이 일 가운데 개입하여 주십시오!"라고 기도해야 한다.

우리의 겉사람의 주인이었던 마귀의 생각대로 끌려갔던, 우리의 이성과 지식과 생각을 기도를 통하여 하나님께 이양할 때, 그때부터 하나님께서 우리들을 통치해 나가는 것이다. 우리는 마음으로 믿고 입으로 시인할 때, 성령의 내주가 열려 성령이 우리 안에 통치자로 임하시는 것이다. 기도 또한 마찬가지이다. 우리가 마음으로 믿고 입으로 시인하며, "하나님, 도와주십시오. 이 일 가운데 개입하여 주십시오. 이 일은 하나님께서 해결하셔야 합니다. 모든 문제를 하나님께 올립니다."라고 기도해야 한다. 기도를 통하여 하나님에게 그 문제를 이양해야 한다.

마귀가 행사했던 그 주권을 이제 하나님으로부터 해결 받기 위하여 주권을 이양하는 것이니, 그것이 바로 기도이다. 기도는 우리가 할 수 없음을 시인하며 하나님 아버지께 의탁하는 것으로 주권을 이양하는 것이나 마찬가지이다. 그러한 기도를 통하여 하나님께서 우리를 통치해가며 더욱 강력하게 역사하실 수 있는 통로가 열린다. 그리하기에 기도는 성령의 역사를 불일 듯 일어나게 하는 단초 역할을 한다.

"말씀과 기도로 거룩하여 짐이라!"라고 기록되어 있다. 여기서 기도는 우리의 주권, 마귀에게 빼앗긴 주권을 하나님께 이양하는 것이다. 그리할 때 하나님께서 더욱 강력하게 역사하시어 우리를 통치해 나가며, 온전히 하나님께서 주인 되시어, 우리를 자녀 삼아 다시 빚는 그 과정을 거치는 것이다. 그러한 과정에서 하나님을 더 깊이 경험하게 되며, 하나님께서 통치가 일어나게 되므로, 우리 육신의 아비 마귀가 아무리 흔들어댈지라도, 이제 요동치지 않는 믿음으로 성장해 나갈 수 있다는 것이다.

2) 속사람과 겉사람의 싸움에서 나타나는 반응

속사람과 겉사람의 싸움에서 나타나는 반응과 사탄이 이 단계에서 우리를 어떻게 공격하는지에 대해 알아보자. 우리는 하나님의 은혜를 경험하였다. 하나님의 살아계심을 경험하였다. 그러할 때, 우리 안에 기쁨이 일어난다. 마치 죽어 있었던 영이 기지개를 켜고 일어나는 것처럼 생동감이 일어나며, 감동과 감격이 일어나는 것이다. 우리가 본향에 돌아온 것처럼 평안함을 느끼는 것이다. 그러나 우리의 혼과 육의 아비였던 마귀가 더 강력하게 공격해 온다.

"속사람과 겉사람의 싸움은 우리의 주권을 어디로 이양하느냐의 싸움"과 마찬가지이다. 예를 들면, 우리의 혼과 육의 아비였던 마귀가 우리들의 소유권을 가지고 있었다. 그동안 향락도 주었으며, 재물도 주었으며, 능력도 주었으며, 세상 속에서 살아갈 때 명예도 주었다. 우리 육신의 아비가 우리를 빼앗기지 않기 위하여 세상 속에서의 유익을 선물로 주었던 것이다. 그러한 과정에서 우리가 이제 하나님을 만나 육신의 아비와의 관계를 단절하고자 할 때, 육신의 아비인 마귀가 그대로 놓아두지 않는다. 자신의 소유권을 주장할 것이다. 자기가 준 것들을 빼앗으려 할 것이다. 우리에게 명예를 주었다면 준 명예를 빼앗아 가기 위하여 우리를 흔들어 댈 것이다. 재물을 주었다면 마귀로부터 받은 그 재물을 빼앗으려 마귀는 자기의 소유권을 주장하며 흔들어 댈 것이다. 마귀가 이렇게 말할 것이다. "내가 너에게 주었으니, 네가 다른 신을 찾아간다면 내가 빼앗아

오리라!" 이것이 마귀의 근원적인 마음이다. 그렇기 때문에 우리들이 하나님을 만나 영이 깨어나는 순간부터, 우리가 하나님 앞에 귀의하는 그 순간부터 어려움이 일어나게 되는 것이다. 만약 우리가 육신의 아비로부터 받은 크나큰 세상의 복이 있다면 마귀가 그 복을 흔들어 댈 것이다.

주변을 둘러보면, 예수 그리스도를 믿지 않는 상태로 세상 속에서 호의호식하며 살며 재물과 명예와 성공이 있었던 사람이 하나님을 믿으며 하나님께 나아갈 때마다 더 큰 어려움에 봉착하는 일이 많이 있을 것이다. 우리 육신의 아비인 마귀가 자기 것이라고 주장하며, 주었던 모든 선물과 유익을 거두어 가기 위하여 흔들어대는 것이다. 우리에게 명예를 주었고, 영광을 주었으며, 재물을 주었던 그 통로가 어디였는가? 우리 육신의 아비인 마귀로부터 비롯된 것일 수 있다. 그렇다면 우리가 하나님께 귀의하며 우리의 소유권을 이제 하나님께 이양한다면, 마귀가 자신의 것을 돌려 달라고 울부짖지 않겠는가? 그러한 과정에서 합당한 권리를 가지고 자기가 주었던 모든 명예, 성공, 재물, 세상의 신으로부터 받았던 유익들을 빼앗아 가는 것이다. 그러한 방법으로 우리를 공격해 나간다.

또한 성경에 "나는 너희(세상)에게 화평을 주러 간 것이 아니며 검을 주러 왔다."[112]고 말씀했던 것처럼, 우리가 예수 그리스도를

112 (마 10:34, 개정) 내가 세상에 화평을 주러 온 줄로 생각하지 말라 화평이 아니요 검을 주러 왔노라

믿는 그 순간부터 가족이 우리의 적이 된다. 이미 오래전부터 구원받은 가정이었으며 믿음의 유산이 있는 가정이었다면, 우리가 거듭났을 때의 반응은 그렇게 격하지 않았을 것이다. 그러나 마귀의 소속되었던 가정이 누군가로 인하여 구원받았을 때, 구원자를 바라보는 나머지 가족들은 그때부터 전쟁을 일으킨다. 불신자 가정의 한 사람에게 구원이 일어났을 때 얼마나 큰 싸움이 일어나겠는가? 다툼이 일어난다. 분쟁이 일어난다. 아버지가, 어머니가, 형제가, 이웃이, 동료가 구원받은 그 사람을 공격하며 "다시 돌아오라! 마귀의 품으로 돌아오라!" 공격하는 것이다. 이 전쟁이 너무나 큰 전쟁이다.

하나님은 우리에게 화평을 주러 온 것이 아니라 검을 주러 왔다. 그 검은 마귀가 공격하는 불화살을 견딜 수 있도록 싸우라고 준 검이다. 예수 그리스도를 믿는다고 할 때, 겉사람의 기질들이 올라올 때, 공격해 오는 마귀의 세력을 무찌르기 위해서 검을 주는 것이다. 이러한 과정을 지날 때 우리가 영적으로 더욱 성장해지며 하나님 안에 더 깊숙이 임재하게 되므로 의인의 단계로 접어들 수 있다.

또한 속사람과 겉사람의 싸움은 주권의 이양에 관한 문제이다. 그렇기 때문에 마귀에게 귀속된 자들이 하나님 앞에 나아와 주권을 올릴 때, 마귀가 자신의 소유권을 주장하며 그의 인생을 흔들 수 있다는 것이다. 이 단계에서 연단하고 인내하며 견뎌낸다면 온전한 믿음으로 사는 의인의 단계로 들어갈 수 있다는 것이다. 그러나 이 과정이 너무나 쉽지 않다. 그러하기에 마귀로부터 받은 것들이 있다면 그것을 토해내는 아픔의 과정이 있는 것이다. 산고의 진통이다. 해산의 진통을 겪은 후에 우리가 다시 거듭날 수 있다는 것이다. 다시 태어나는 것이다. 거듭나는 것이다. 그러나 해산의 진통을 이겨내지 못하면 무너져 내리며 다 실족하여 다시 육체의 아비인 마귀로부터 받은 것들을 토해내지 못한 채 다시 돌아갈 수 있다.

3) 속사람이 겉사람을 이길 때 나타나는 현상

하나님께서 우리를 사랑하므로 함께 동행하며, 우리들의 행동 하나하나까지도 하나님께서 친히 보호하며 개입하기를 원하는 것이다. 마치 아버지가 자녀를 바라보는 것처럼 하나님의 자녀들을 바라보기를 원하신다. 그러나 하나님은 영이시기에 하나님의 마음은 그러할지라도, 우리가 그것을 인정하지 아니하며 알지 못한다면, 하나님께서 우리 안에서 통치자로 일어나는 것이 제한되며 어려울 수 있다. 그러하기에 어떻게 하나님의 통치가 일어나며, 하나님께서 우리 안에서 동행할 수 있도록 그 길을 어떻게 여는지를 설명한다.

이미 설명하였던 대로 하나님께서 우리 안에서 내주하시어 우리의 죽은 영을 깨워 영의 갈망을 심어 하나님께로 나아가도록 길을 연다. 그러나 그러한 과정에서 겉사람의 기질들이 그 길을 막고 있다. 또한, 사탄이 이를 알고 강하게 대적하며 방해하고 있어서 마른 장작과 같이 우리들의 신앙이 꺼져가는 것이다. 마른 장작이 무엇인가? 건조한 것이다. 촉촉하지 아니하며, 마른 장작과 같이 거칠 때, 어찌 우리를 통해서 그리스도의 향기가 드러날 수 있겠는가? 향기가 드러나고자 한다면 흡수력이 있어야 한다. 흡입력이 있어야 한다. 향기를 담을 그릇들이 준비되어야 할 것이나, 마른 장작과 같이 거친 땅이라면 우리에게서 어찌 하나님의 향기가 드러나며 하나님이 증언될 수 있겠는가?

속사람이신 성령이 우리 안에 내주하여 영의 갈망을 일으킬 때 예배를 통하여, 기도를 통하여, 찬양을 통하여, 말씀을 통하여 우리 안에 하나님의 생수의 기운들이 흡수된다. 마른 장작이 습기를 흡수하는 것처럼 거친 땅이 생수를 흡수해 나가는 것이다. 좋은 땅으로 경작되는 것이다. 거친 땅, 기경되지 않은 땅, 돌멩이가 있는 땅, 가시넝쿨이 있는 땅, 그 땅이 성령이 내주하시며 영을 깨워 영의 갈망이 일어날 때, 그로 인하여 생수의 물줄기들이 쏟아지며 좋은 땅으로 경작되는 것이다. 만약 이 상태에서 겉사람의 기질이나 사탄의 공격을 속사람인 성령이 강하게 통치하여 막는다면, 이제 생수의 물줄기가 더 강력하게 끌어올려져 좋은 땅으로 경작되기 시작한다. 마른 장작과 같은 그 메마름에서 이제 생수를 흡수하여 경작되고 기경된 촉촉한 땅이 되며, 마른 장작에 생수가 들어가 다시 싹이 움트게 되는 것이다. 마른 장작과 같이 죽어가는 나무일지라도 그 안에 물과 양분이 들어간다면 죽은 것과 같은 그 나무가 다시 소생되어 싹이 움트지 않겠는가?

겉사람과 속사람의 싸움이 일어나는 시점에서 성령께 더 의지하고 의탁하며 하나님을 바라본다면, 성령이 더 강력하게 생수를 부어 마른 장작과 같이 죽은 나무에 물과 양분을 주기 시작한다. 거친 땅에 생수를 쏟아 부어 좋은 땅으로 땅을 경작해 나가신다. 그러나 물과 양분을 주며 좋은 땅으로 경작하기 위해서는 우리의 혼과 육의 동의가 있어야 한다. 마치 시소의 중앙에서 우리가 성령 쪽으로 기울어진다면, 그때부터 하나님께서는 우리 안에서 더 강력하게 역사하여 통치하시며 은혜로서 우리를 이끌어 가신다. 우리는 마치 시소에서 가운데 앉아있는 것과 같은 모양일 것이다. 속사람과 겉사람 기질의 영적 전쟁에서 시소 가운데 앉아있는 우리의 몸이 치우치는 대로 성령이 인도하시느냐, 사탄이 끌고 가느냐의 상황이 벌어진다는 것이다.

우리가 성령의 은혜로 말미암아 성령 쪽으로 기울어졌을 때, 하나님께서 더 강력하게 우리에게 임재하시며 내주하시어 좋은 땅으로 경작해 나가신다. 좋은 땅으로 경작되기 위해서는 무엇이 필요하겠는가? 생수의 물줄기가 있어야 거친 땅에서 좋은 땅으로 바뀌지 않겠는가? 생수가 들어가야 하지 않겠는가? 생수를 끌어들이기 위해서는 무엇이 필요한가? 예배의 공간으로 더 들어가야 한다. 기도의 깊이가 생기고, 기도했을 때 응답이 일어나며, 말씀을 읽을 때 그 말씀이 꿀 송이처럼 달게 느껴지도록 성령이 생수를 쏟아 붓는 것이다. 성령이 조명해 주시지 아니하고, 성령이 도와주시지 않는다면 어찌 말씀이 꿀 송이처럼 달겠는가? 어찌 기도를 기뻐함으로 할 수 있으며, 그 응답이 일어나겠는가? 예배를 사모하게 되겠는가?

우리가 시소의 가운데에서 성령 쪽으로 기울어진다면, 성령이 강하게 역사하므로 예배가 더욱더 기뻐지며, 기도와 말씀이 꿀 송이처럼 우리의 영에 침투되므로 영이 강건하고 튼튼해지는 것이다. 그러할 때 육체가 영의 갈망을 차단해 나간다고 할지라도, 이미 은혜가 흡수되고 생수가 흡수되기 때문에 쉽사리 혼과 육 쪽으로 우리가 기울어지지 않는 것이다. 처음 시작은 동일한 선상에서 시작된다. 그러나 우리가 혼과 육의 동의로서 성령 쪽으로 기울어져 성령을 따라간다면, 그때부터는 겉사람의 기질들을 쳐서 복종시키는 것이 그리 어렵지 않다는 것이다. 생수의 능력을 경험한 자가 어찌 그 생수의 갈급함이 없겠는가? 한 번, 두 번이 아니라 여러 번에 걸쳐 하나님의 은혜를 경험한다면 그 은혜를 찾아 순례의 길을 가는 것이다. 좁은 길을 걸어가는 것이다.

이 단계는 겉사람의 기질들이 공격할 때, 우리의 의지로서 하나님을 따라가면 하나님께서 생수를 부어 좋은 땅으로 경작하여, 혼과 육이 우리를 제한하지 않도록 끌고 간다는 것이다. 이 단계로 도약하는 자들이 많지 않다. 겉사람의 기질이 공격하는 첫 번째 단계이다. 성령의 인도함을 따라 우리의 혼과 육을 쳐서 복종시키는 초기 단계로 접어든 것이므로 성령이 우리 안에서 역사하는 힘이 크다. 그러할 때 성령의 통치가 점진적으로 더욱더 강하게 일어나며 우리의 영이 성장하기 시작한다. 어떠한 환경과 조건과 상황 가운데에서도 하나님을 버리지 않는 단계로 도약할 수 있다는 것이다. 겉사람의 기질 가운데 첫 번째 공격에서 이긴 자들이 누리는 단계이다.

속사람과 겉사람의 싸움은 우리가 태어나는 순간부터 죽을 때까지 끊이지 않는 싸움이다. 왜냐면 우리에게는 이미 선과 악이 함께 존재하기 때문이다. 믿음으로 죄 사함을 받고 중생자가 되었지만, 이 땅에서의 삶은 아직 완전하지 못하다. 아직 불완전한 이곳에서의 삶 속에 선악이 끊임없이 교차하면서 날마다 성화를 이루려는 노력이 필요하다.

4) 겉사람이 속사람을 이길 때 나타나는 현상

성령은 육체의 소욕이 일어날 때 근심할 수 있다. 성령과 육체의 소욕은 함께 갈 수 없는 것이다. 육체의 소욕이 성령을 거스르며, 또한 성령이 강력하게 나타났을 때 육체의 소욕은 잠잠해질 수 있는 것이다. 마치 시소와 같다. 한쪽이 기울어지면 한쪽이 왕성하게 되며, 한쪽이 왕성해지면 또 한쪽이 근심하며 기울어지는 것과 마찬가지이다.

우리 안에 살리는 영과 죽이는 영이 함께 있으니, 성령은 살리는 영으로서 우리를 살리기 위해 우리를 깨우는 것이며, 겉사람의 기질과 사탄은 죽이는 영으로서 우리를 사망으로 이끌어간다. 생명과 사망의 능력이 우리 안에 같이 있는 것이므로 전쟁이 일어나는 것이다. 생명의 영이신 성령은 소망, 기쁨, 환희와 희락을 주신다. 환희, 기쁨, 희락과 생명이 있으므로 우리의 영이 깨어난다면 우리의 영혼과 육도 성령께서 이끌어갈 수 있다. 성령이 우리를 강제적으로 이끄는 것이 아니며, 성령의 능력 자체가 희락과 생명과 소망과 사랑이며 기쁨이기에 우리도 알지 못하는 사이에 성령 안으로 흡수되며 하나님 쪽으로 기울어지는 것이다. 그러할 때 사탄의 성품이 내재하여 있는 우리의 겉사람의 기질들이 그 소망과 기쁨과 사랑과 생명 가운데 방해자로 나타난다.

가장 먼저 사탄이 우리 안에 침투하기 전에 겉사람의 기질을 통해 공격해 나간다. 겉사람의 기질들은 무엇으로부터 기인한 것인가? 이미 우리가 살아오면서 사탄의 영향력을 받아 축적된 악한 성품이며 악한 기질이다. 분노하는 것, 오래 참지 못하는 것, 사랑하지 못하는 것, 완고한 것, 완악한 것, 이러한 겉사람의 기질들이 우리 안에 축적되어 있다. 물론 그 겉사람의 기질들 안에 사탄에게 틈을 주어 사탄이 우리 안에 공존할 수 있으나, 그렇지 아니할지라도 우리의 기질과 성품 안에 내재하여 있던 겉사람의 기질들이 성령의 일들을 훼방하기 시작한다.

예를 들어, 영이 깨어나 예배를 사모하며, 기도를 사모하며, 찬양을 사모하며, 하나님으로부터 기인된 모든 선한 것들을 사모해 나갈 때, 우리의 겉사람의 기질들이 방해하기 시작한다.

더 좀 자고 싶다. 쉬고 싶다. 힘들다.

우리의 영은 깨어 생명과 기쁨과 소망이 흘러넘치나 우리 안의 겉사람의 기질들이 방해하기 시작하는 것이다. 쉬고 싶고, 편안해지고 싶고, 누리고 싶고, 향락을 즐기고 싶고, 게을러지고 싶고, 나태하고 싶은 그 겉사람의 기질들이 깨어난 영을 누르는 것이다.

성령의 활동을 제한시키기 위하여 겉사람의 기질들이 방해자로 나타나는 것이다. 이러한 상황 속에서 겉사람의 기질들이 성령의 활동, 즉 영을 깨우며 영의 갈망을 심어 주는 그 일을 방해하기 시작한다면, 이미 시소는 겉사람의 기질 쪽으로 기울어지기 시작한다. 성령의 활동, 성령의 통치, 이 모든 것들은 우리의 혼과 육의 동의를 얻어야 되므로 우리의 겉사람의 기질이 방해하기 시작한다면 성령이 활동하는 것이 제한되기 시작한다는 것이다.

겉사람의 기질들이 방해하기 시작할 때, 그 힘을 실어주는 것은 사탄의 세력이다. 이 세상에 사탄의 활동 가운데 가장 강하게 역사하는 것은 성령을 대적하는 것이다. 우리 안에 성령이 활성화되어 활동적으로 역사하실 때 나타나는 것은 구원이 일어나는 것이며, 구속 사역이 일어나는 것인즉, 사탄은 이를 대적하기 위해 존재하는 악한 영이므로 성령의 활동을 제한하기 시작한다.

가장 먼저 겉사람의 기질 등을 통하여 성령의 사역을 거스르며, 두 번째로는 그 속에 역사하는 사탄이 외부적으로 생각을 넣어주며 충동적인 활동을 하도록방해하기 시작한다는 것이다. 이러한 단계 속에서 성령은 근심하시기 시작한다. 여전히 우리의 영을 깨우며 영의 갈망을 통해 계속 능력 있게 통치하여 나가나, 이미 우리의 혼과 육이 겉사람의 기질에 의하여 성령을 거스르기에 어느 순간 시소는 사망 쪽으로 기울어진다. 아무리 성령이 우리 안에서 영을 깨우며 "예배의 처소로 나가라! 기도하라! 찬양하라! 하나님을 경배하라!"라고 말한다고 할지라도, 겉사람의 기질이 이미 축적된 세상의 문화, 즉 TV, 인터넷, 중독, 음란한 것들에 더 표출되므로, 어느 순간 우리의 혼과 육도 영으로부터 나오는 하나님의 음성에 귀를 기울이는 것이 아니라, 사탄으로부터 쏟아져 나오는 그 영향력에 귀를 기울이다. 몸이 반응하는 것이다. 그리할 때 어느 순간 영을 깨우는 영의 갈망들이 감소되며, 어느 순간 성령의 음성들이 차단되어 이전의 상태로 되돌아가는 것이다.

그러나 육체에 영이 깨어나 영의 갈망을 흡수했던 기억과 추억이 있으므로, 비록 현재 영의 갈망을 채우는 자리로 나아가지 않을지라도, 잠재의식 내면에 하나님을 뜨겁게 사랑했던 기억이 남아있다. 이것이 바로 첫사랑을 가진 흔적이다. 10년 전의 첫사랑의 흔적을 아직도 여전히 붙들고 "그때는 그랬었지! 내가 그렇게 뜨겁게 하나님을 찬양했었지! 하나님을 사랑했었지! 하나님께서 나에게 이렇게 말씀하셨었지!" 이 기억을 붙들고 신앙생활을 할 수 있는 것이다.

하나님을 강하게 만난 기억이 있기에, 하나님께서 살아 계신다는 것을 영이 깨어나 영의 갈망을 채우는 과정에서 경험했기에, 비록 겉사람의 기질 속에 무너져 내렸을지라도, 성령이 근심하며 혹은 성령이 소멸되었을지라도 그 첫사랑의 기억을 붙들고 20년, 30년을 종교 생활을 할 수 있다는 것이다. 많은 사람이 이러한 신앙생활을 하고 있다. 이러한 종교의 영으로 이전 첫사랑을 경험한 그 사랑을 붙들고 성령이 없는 상태에서도 여전히 종교 활동을 할 수 있다는 것이다.

겉사람의 기질과 사탄이 성령의 사역을 훼방하며, 죄를 짓게 하며, 음란하게 하며, 그로 말미암아 성령이 소멸되었을지라도, 여전히 종교 활동을 할 수 있었던 것은 그 첫사랑의 흔적이 남아있기에 떠날 수 없도록 이끄는 것이다. 이를 통하여 완고한 종교인으로 만드는 것이며, 완악한 종교인으로 만드는 것이다. 오히려 복음이 전파되는 것을 방해하는 사탄의 도구로서 그들이 사용되며, 교회를 흔들며 무너뜨리는 도구들로 그들이 이용되고 있다.

아나니아와 삽비라를 보자. 그들은 하나님을 만났다. 예루살렘에 큰 부흥이 일어났을 때 그 현장을 목도하고 경험하였다. 아나니야와 삽비라는 하나님께 헌신할 사람들로 준비되었다. 예루살렘의 상황을 보면, 예수 그리스도가 십자가에서 처참하게 죽임을 당한 후 다 뿔뿔이 흩어졌으나, 성령강림의 사건 이후에 그들이 다시 함께 모이지 않았는가? 그러나 여전히 핍박과 판단과 정죄가 예루살렘에 전반적으로 있었던 분위기이다. 믿음이 없었다면, 성령이 내주하지 않은 상태라면, 그 핍박의 현장 속에서 예루살렘에 모여 한 공동체를 이루며 복음을 전하지 못했을 것이다. 아나니아와 삽비라가 그 공동체 안에 머물며 자신의 것을 드릴 수 있었던 것은 이미 그들 안에 성령이 내주하시므로 성령의 인도함을 받았다. 예루살렘의 공동체 핍박을 견딜 수 있었던 것은 성령의 능력을 체험했기 때문이다. 성령의 능력을 경험하였다. 첫사랑의 경험이 있었다. 그러나 아나니아와 삽비라에게 이제 겉사람의 기질들이 그들을 공격하기 시작하였다. 교만한 마음이다. 자기 영광을 받고 싶은 마음이다. 인정받고 싶은 마음이다, 그리하여 그들의 재산 일부를 숨기며, 자신이 전 재산을 내었다고 교만하게 자기 영광을 받고 있지 않은가? 그들이 첫사랑의 경험이 없는가? 성령의 내주를 경험하지 아니하였는가? 그렇지 않다. 그들은 분명히 성령이 내주하셨으며, 성령이 통치하므로 그 핍박의 현장 속에서도 복음을 전하고 있었다. 그러나 그들의 겉사람의 기질들, 자기 영광과 자기 의를 드러내고자 하는 마음들이 이제 행동으로 나타나게 되므로 성령이 근심한다. 그러할 때 사탄이 그들의 마음에 악독한 마음을 주고, 영광을 받고자 하는 마음을 더 강하게 주어, 결국 사탄이 그들을 통치하게 되므로 하나님의 일을 방해하는 강력한 도구로 사용되었다.

가룟 유다는 어떻게 했는가? 가룟 유다는 그 안에 성령이 내주하시기 전일지라도 예수 그리스도의 사역을 함께 하며 하나님의 능력을 경험하였다. 성령강림의 사건 이전일지라도, 하나님의 영이 제자들 속에 두루 편재하시며 그들을 이끌어 갔다. 죽은 자를 살리며, 강력하게 역사하는 하나님의 능력이 예수 그리스도를 통하여 표출되므로 하나님의 놀라운 일들을 경험하였다. 성령강림의 사건 이전이라 할지라도, 그들 가운데 기적과 표적과 이적이 나타나면서 성령이 그들을 통치하며 복음 전파를 이루기 위하여 그들을 사용했다. 예수 그리스도가 있었을 때 그들이 전도도 하며, 능력도 나타내지 않았는가? 하나님의 영이신 성령이 그들을 도와주므로 그러한 능력들이 표출될 수 있었다. 그런데 여기서, 가룟 유다의 겉사람의 기질에 무엇이 있었는가? 탐심과 탐욕이 있었다. 도둑의 마음이 있었던 것이니, 그 겉사람의 기질을 충동질하여 성령의 사역을 방해했다.

하나님의 일을 하는 데 있어 가장 강력한 방해자는 겉사람의 기질이다. 이미 말했던 대로 겉사람의 기질은 이미 사탄의 영향력 아래에서 살아오면서 내재되었던 악한 성품, 즉 사탄의 기운들이 축적된 것이기 때문에, 겉사람의 기질, 사망의 늪이 우리를 끌어당긴다는 것이다. 그리할 때 내부적으로, 외부적으로, 사탄이 우리 안에서, 우리 밖에서 공격하여 하나님의 일을 대적하며 하나님의 나라를 확장하는 것을 방해한다는 것이다. 가룟 유다가 그러하였다. 겉사람의 기질이 공격하기 시작하였으며, 또한 그로 말미암아 사탄이 그의 마음에 가득 차게 되어 예수 그리스도를 파는 도구로 그가 사용되었다.

우리 안에 성령이 내주하시며, 영의 갈망을 통하여 하나님의 방법대로 양육하고 계시나, 겉사람의 기질들이 그 일을 방해하며, 완고하고 완악한 영으로 전락시켜, 결국 사탄의 통치를 통하여 성령의 사역을 방해하며, 결국에는 소멸시켜 떠나가게 한다는 것이다.

13. 성령의 열매

1) 성령의 열매 : 하나님의 인격

성령의 열매는 하나님 인격의 일부이다.[113] 하나님의 사람인지, 사탄의 종인지 눈에 보이는 것으로 분별하지 말며, 그들이 맺고 있는 성령의 열매가 참인지, 거짓인지를 분별하여 거짓 선지자와 참 선지자를 분별해야 한다.

성령의 열매는 누구를 통해 맺을 수 있는 것인가? 우리 안에 양심이 있으므로 선한 열매를 맺어 나갈 수 있다. 믿지 않는 불신자들도 구제할 수 있으며, 하나님을 알지 못하는 사람들도 선을 행할 수 있다. 양심에 근거하여 또한 선한 것을 사모하고 갈망하여, 인내하고 절제할 수 있으며, 사람의 기질을 복종시켜 삶에서 성령의 열매를 맺어 나갈 수 있는 것이다. 그러나 본질적으로 성경에서 말하고 있는 성령의 열매는 우리 안에 성령이 내주하심으로 성령을 통해 다듬어지며, 빗어지며, 채워져 나갈 때 맺어질 수 있는 열매이다.

우리는 본질상 진노의 자녀이며, 우리 안에 참사랑이 없다고 기록되어 있다. 자신의 기질과 혈과 육을 복종시켜 마귀의 본질을 버

113 (갈 5:22-23, 개정) [22] 오직 성령의 열매는 사랑과 희락과 화평과 오래 참음과 자비와 양선과 충성과 [23] 온유와 절제니 이같은 것을 금지할 법이 없느니라

리고 선하게 살아갈 수 있는 것은 하나님께서 우리에게 준 양심의 결과물이다. 그러나 성령이 내주함으로 맺어지는 성령의 열매는 반드시 우리 안에 성령이 내주하실 때 맺어지는 열매이다. 성령이 우리 안에 내주하시어, 그때부터 좋은 땅으로 경작하기 위하여 우리 안에서 일들을 행해 나가시는 것이다. 우리 안에 있는 자갈과 같은 땅을 좋은 땅으로 경작해 나가는 분이 바로 성령 하나님이시다. 우리 스스로 우리 안의 땅을 좋은 땅으로 경작할 수 없다. 성령이 우리 안에 좋은 땅을 경작해 나가는 것이다.

하나님께서 스승 되어 가르치시고 깨닫게 하시며, 무엇이 참인지 거짓인지, 무엇을 하나님께서 기뻐하시는지, 기뻐하시지 않는지를 우리 영 안에 계신 성령이 말씀해주심으로, 그것을 우리가 순종할 때, 하나하나 좋은 땅으로 경작해 나갈 수 있다. 그리할 때 성령이 우리 안에 깊숙이 뿌리를 내리실 수 있다. 때로는 성령이 근심하며 소멸되기도 하실 것이나, 우리의 믿음이 흔들리지 않고 작은 보폭이나 한발 한발 나아갈 때마다 성령이 우리 안에서 깊게 내주하시며 뿌리를 내릴 수 있는 것이다. 뿌리 깊은 나무가 장성해져서 열매를 맺을 수 있는 것은 성령이 우리를 가르치며, 조명해주며, 죄의 회개를 통해 이끌어 나아갈 때, 우리가 순종한다면 성령이 뿌리를 깊이 내리며 내주하심이 강해지는 것이다. 그러할 때 성령이 열매를 맺어 나갈 수 있는 것이다. 성령이 우리 안에 내주할 때 하나님의 인격이 우리 안에 깊게 뿌리를 내리도록 하나님께서 인도하신다.

성경에서 하나님은 사랑이라고 말씀하셨다. 성령이 우리 안에서 사랑을 조명하며, "네 몸을 사랑하는 것처럼 이웃을 사랑하라!" 말씀하실 때, 그것을 우리가 육으로 순종해 나간다면, 그 열매들이 기질화 되고 인격화되어서, 우리 안에 기질이 잠재적으로 남게 된다. 하나님께 순종해 나갈 때마다, 그 순종의 열매가 우리의 기질이 되고 성품이 되도록 하나님께서 좋은 땅으로 경작해 나가는 것이다.

우리는 누구라고 하였는가? 하나님의 형상을 닮은 하나님의 자녀라고 하였다. 성령이 "성령 안에서 서로 사랑하라! 인내하라! 절제하라! 오래 참으라!"라고 말씀하실 때, 혼과 육이 복종해 나가면서, 우리 안에 인격과 기질로 고착되어 나가는 과정을 거쳐야 한다. 우리 안에 있는 성령의 열매가 한순간에 우리 안에 나타날 수 없다. 그 열매를 가진 하나님의 인격이 우리에게 조명되도록 "사랑하라! 화평하라! 평안하라!" 성령이 계속 말씀하실 때, 그것을 받아들이므로 우리의 인격과 기질에 고착되어 나가는 과정을 거치는 것이다. 그리하여 서서히 정화되며 순종함의 결과로서, 하나님의 인격이 우리의 인격과 기질로서 고착되어 나간다. 그러나 그 근원은 어디인가? 성령이 성령의 열매를 맺기 위하여 우리에게 계속 말씀하시면서 순종을 요구한다. 우리가 그 하나님의 말씀에 순종함으로 우리의 기질과 인격으로 고착되어 가는 것이니 그 근원은 하나님이시다.

하나님께서 말씀하였던 대로 성경 가운데 성령의 열매들을 나타내는 하나님의 인격이 녹아 있다. "하나님은 사랑이라. 하나님은 인내하시는 하나님이라. 질서의 하나님이라. 공의의 하나님이라." 이 모든 하나님의 인격이 성령의 열매이다. 성령의 열매 가운데 하나님의 인격이 드러나 있는 것이다. 성령이 우리 안에서 말씀하실 때, 그것을 우리가 순종해 나간다면 이 성령의 열매들이 우리의 삶 가운데 맺어지게 된다.

우리가 성령의 열매를 자신의 삶 가운데 맺는다면, 이미 성령의 음성(감동)을 듣고 순종하는 단계에 이른 것이므로, 우리 안에서 하나님의 음성이 더 강하게 울려 퍼질 수 있다. 그러므로 성령의 열매가 맺어진 하나님의 백성들은 하나님의 음성을 듣는 것이 더욱 확장된다. 우리가 하나님의 음성을 듣기 위해서는 하나님의 인격과 하나님과의 관계를 회복하여 그 음성의 통로를 확장시켜 나가야 한다. 하나님의 인격은 희로애락과 성령의 열매로서 나타나는 성품이다.

2) 성령의 열매와 구원과의 연관관계

성령의 열매가 우리의 구원과는 직접적인 연관은 없다. 그러나 구원을 이루기 위하여 우리들이 어떻게 하라고 기록되어 있는가? 피 흘리기까지 싸우라 하였다. 결단코 이 세상에서 구원을 이루기 위하여 우리가 피 흘리기까지 싸우는 것이 쉽지 않다. 이미 우리 안에 잠재된 사탄의 본성이 있으므로 사탄이 뿌려놓은 산물들 가운데 편안하고자 하는 욕망이 있다. 육체의 정욕이 있는 것이다. 그러나 사탄이 뿌려놓은 그 더러운 꿀들을 먹고, 마시며, 만지며, 느낀다면 결단코 구원을 이루어 갈 수 없다. 성령의 열매인 인내, 절제, 사랑과 화평의 열매들이 맺혀 기질과 성품으로 고착되어 있지 않다면, 결단코 이 땅에서 피 흘리기까지 구원을 이루어 나갈 수 없게 되는 것이다. 성령의 열매가 맺어지는 것은 직접적으로 구원과 연관된 것은 아니지만, 구원을 이루어 나가기 위해서는 반드시 성령의 열매들이 우리의 삶 가운데 맺어져야 한다.

이 땅의 삶이 우리가 생각하는 것보다 호락호락하지 않다. 우는 사자와 같이 달려드는 마귀의 강력한 공격 앞에서 우리들이 어떻게 견뎌낼 것인가? 보이지 않는 세계의 이러한 영적인 공격을 어찌 감당해 내겠는가? 보이지 않는 세계에서 마귀의 공격을 우리가 감당할 수 없으므로 쓰러지고, 구원을 잃어버리며, 하나님을 원망하고, 넘어져 다시 일어서지 못하는 것이다.

성령의 열매가 우리의 인격과 성품 가운데 고착되어 있지 않다면, 사탄이 뿌려놓은 음란의 덫 앞에서 절제하지 못하고 음란한 행동을 할 것이다. 중독 앞에서 우리가 끊고자 인내하지 않는다면 그 중독을 끊어 나갈 수 없다. 또한, 물질에 대한 탐욕 앞에서 불법을 저지르며 죄를 지을 때 회개치 않음으로 구원을 잃어갈 것이다. 성령의 열매가 인격과 성품에 고착되어, 성령의 음성을 듣고, 중독과 음란과 탐욕과 불법과 불의 앞에서 성령의 열매들로 이겨 나간다면, 구원을 이루어 나갈 수 있으니, 간접적으로는 성령의 열매를 맺는 자들이 구원에 이룰 수 있게 되는 것이다.

구원은 우리들이 예수 그리스도를 입으로 시인하며 마음으로 믿을 때 구원을 받을 수 있다고 기록되어 있다.[114] 그러나 우리들의 삶이 바로 구원받은 이후에 바로 이 세상을 마치는 것이 아니다. 부끄러운 구원을 받은 예수 그리스도의 십자가 우편의 강도와 같이, 구원을 이룬 후 바로 육체와 영혼이 분리되어 사망에 이르는 것이 아니다. 그 나머지 사는 기간 동안에 어떻게 구원을 이루어 나갈 수 있겠는가? 성령께 내주하시므로 맺어지는 성령의 열매가 맺어지지 않는다면, 결단코 사탄의 덫 앞에서 다 무너져 내리는 것이다.

성령의 열매가 구원과는 직접적으로 관련은 없으나, 이 구원을 이루어 나가는데 필요한 우리들의 성품이며 인격이다. 그러므로 성령이 내주하신 이후에 계속 우리에게 "성령의 열매를 맺어라! 사랑하라! 화평하라! 인내하라!" 말씀하신다. 성령이 우리 안에서 말씀하시는 이유가, 그 성품과 기질로 우리의 혼과 육을 쳐서 복종시켜, 사탄이 쳐 놓은 덫 앞에서 무너지지 않도록 하기 위하여 주시는 하나님의 음성인 것이다.

---

114 (롬 10:9-10, 개정) [9] 네가 만일 네 입으로 예수를 주로 시인하며 또 하나님께서 그를 죽은 자 가운데서 살리신 것을 네 마음에 믿으면 구원을 받으리라 [10] 사람이 마음으로 믿어 의에 이르고 입으로 시인하여 구원에 이르느니라

하나님은 거룩하시다. 우리들의 영혼과 육체가 분리되어 천국에 올 때 그 거룩하신 하나님을 어찌 면전에서 대면할 수 있겠는가? 우리가 이 땅 가운데 성령의 열매를 맺을 때 거룩하신 하나님을 면전에서 보게 된다. 우리 안에 여전히 불법과 불의와 거룩하지 못한 더러운 기질과 인격들로 인하여 더러워질 때, 천국에서 어찌 하나님을 면전에 두고 대면할 수 있겠는가? 우리들이 이 땅 가운데 성령의 열매가 맺어져, 하나님의 온전한 형상과 성품을 이 땅에서도 경작해 나갔다면, 천국에서 결단코 먼발치에서 하나님을 보는 것이 아니라 우리가 성화 되었으므로 우리의 면전에서 하나님을 보게 된다.

이것이 무엇인가? 바로 천국의 상급이다. 천국은 하나님의 나라이다. 하나님께서 통치하시는 나라에 가더라도 우리들이 거룩하지 않다면, 먼발치에서 하나님을 그저 영광의 빛으로만 바라보게 되는 것이다. 우리가 이 땅에서 수고하여 맺은 좋은 땅, 성령의 열매가 맺어진 사람들은 천국에 가서도 그 영이 거룩해졌으므로, 하나님을 바라보며 대화하고 소통할 수 있는 상급을 받는 것이다. 그러므로 성령의 열매가 이 땅에서 맺어지는 것은 천국의 상급과도 결단코 무관하지 않다.

14. 희락과 평강

1) 성령의 열매와 전신갑주로서 희락과 평강

하나님의 성품 가운데 인격적인 하나님을 우리가 경험하기를 하나님은 원하신다. 인격적인 하나님과 비인격적인 사탄의 속성은 천국과 지옥처럼 우리 안에서 그 속성이 움직일 때 다르게 느껴진다. 하나님의 속성과 인격이 우리 안에 역동적으로 움직일 때 강력한 희락을 받게 된다. 하나님에게서 오는 평강 속에서 길이요, 진리요, 생명 되신 예수 그리스도를 통하여 능력을 받게 되는 것이다.

하나님의 자녀들에게 하나님으로부터 온 희락과 평강도 큰 능력이다. 무릇 지킬 것 가운데 마음을 지켜야 한다.[115] 생명의 근원이 여기서 나옴이니 우리의 마음을 지킬 때, 얻을 수 있는 선물이 희락이며 평강인 것이다. 이는 성령의 열매로서 고난과 환란과 폭풍과 어려움 속에서도 하나님 때문에 인내하며 견뎌낼 때 맺어지는 열매가 평강이다. 어떠한 상황일지라도 폭풍우가 몰아친다고 할지라도 그 안에서 기쁨을 유지하는 것이 희락의 열매이다. 고난 가운데 맺어지는 성령의 열매로써 희락과 평강이 있다.[116]

---

115 (잠 4:23, 개정) 모든 지킬 만한 것 중에 더욱 네 마음을 지키라 생명의 근원이 이에서 남이니라

116 (갈 5:22-23, 개정) [22] 오직 성령의 열매는 사랑과 희락과 화평과 오래 참음과 자비와 양선과 충성과 [23] 온유와 절제니 이같은 것을 금지할 법이 없느니라

그러나 하나님의 나라를 사는 자녀들에게는 성령의 열매로서의 희락과 평강보다 더 강력한 희락의 영과 평강의 영을 붓는 것이다.[117] 하나님의 나라 자녀로서의 삶을 살기 위한 조건 가운데 성령의 충만함이 있다. 하나님의 통치 안에 채워져 있기에 평강의 왕이며 희락의 영이신 하나님의 통치가 강하게 임하는 것이다. 그리하여 고난과 연단과 고통의 삶 속에서 맺어지는 성령의 열매뿐만 아니라, 성령이 충만함으로 성령의 통치에 의해서 부어지는 희락의 영과 평강의 영이 있다.

성령의 열매는 고난 속에서도 하나님으로 인하여 인내하며 그 삶을 살아갈 때 맺어지는 열매이다. 또한 그 열매와 더불어 성령이 충만하여 하나님의 나라 자녀로서 살아간다면, 희락과 평강을 부어 하나님의 나라를 유지할 수 있도록 하나님께서 능력을 부으신다는 것이다. 그리할 때 이 희락과 평강을 유지하는 것은 우리의 능력과 노력이 아니며, 성령을 통해서 희락과 평강이 지켜지기에, 우리 안에서 이루어지는 것보다 외부에서 부어진 하나님의 복인 것이다. 강권적인 하나님의 희락의 영과 평강의 영이 우리를 마치 전신갑주처럼 둘러싸므로, 외부적인 공격과 사탄의 불화살조차도 그 평강과 희락의 전신갑주를 뚫지 못함으로, 그것이 능력이 되어 하나님의 나라 자녀의 삶을 유지할 수 있는 것이다.

117 (롬 14:17, 개정) 하나님의 나라는 먹는 것과 마시는 것이 아니요 오직 성령 안에 있는 의와 평강과 희락이라

그리할지라도 성령의 충만함이 사라지고 하나님의 통치가 연약해진다면, 어느새 그 희락과 평강의 전신갑주가 연약해짐으로, 사탄이 그 평강을 흩트려 버릴 수 있는 것이다. 상황과 환경과 조건이 그 평강을 앗아갈 수 있는 것이므로, 그때부터 사탄은 집중적으로 공격하기 시작한다. 그리하여 무기력에 빠지게 하며 평강을 잃어버린 채 영적으로 갈급함의 상태까지 이르게 되는 것이다.

평강과 희락, 성령의 열매로서의 속성보다 하나님의 강권적인 능력으로 부어주시는 희락과 평강은 전신갑주로서 외부적인 것들을 차단하는 능력이 있다. 그러나 이 평강과 희락의 능력을 부은 자녀들을 마귀가 더 강력하게 공격한다. 이들을 통해서 하나님의 나라를 완성하고 하나님의 놀라운 역사가 일어나므로, 마귀는 쉬지 않고 공격한다. 환경과 사람, 연약한 부분을 통하여 하나님의 능력으로 부어준 평강과 희락의 전신갑주를 파쇄하기 위해, 우는 사자처럼 공격하여 들어온다.

그리할 때 무릇 지킬 것 가운데 마음을 놓쳐 버리면, 희락과 평강의 전신갑주가 뚫어지게 되고, 이전보다 더 강력한 공격을 통하여 우리를 사로잡아 나아간다는 것이다. 그러하기에 하나님의 강권적인 전신갑주로 부어준 희락과 평강의 능력과 우리의 성품으로 기질화 된 성령의 열매가 함께 병행하여 희락과 평강을 유지하는 삶을 살아야 한다. 이 말이 풀어질 때 우리를 더 희락과 평강의 삶으로 인도할 것이다.

하나님은 지금 평강과 희락을 가지고 있는 자녀들을 통하여 능력의 기름부음을 붓기를 원하신다. 하나님의 시간표 속에 하나님의 능력을 부어 사용할 하나님의 군대를 일으키는 아버지의 소원이 있기에, 하나님의 전신갑주로서 희락과 평강을 부어 그들을 통하여 영적 전쟁을 수행하길 원하신다. 희락과 평강의 전신갑주를 입은 자녀들은 영적 전쟁터에서 불화살을 맞을지라도, 그것이 그를 흩트려 놓을 수 없는 강력한 능력의 평강이 있기에 요동치지 않는다는 것이다.

영적 전쟁을 수행하기 위해서는 평강의 전신갑주가 입혀질 때 치열한 영적 전쟁의 중심에서 용사가 될 수 있다. 따라서 지금은 하나님께서 하나님의 능력으로 희락과 평강을 부어 하나님의 나라를 도래시킬 자녀들을 축복하며 준비하고 있는 시간표 안에 있다. 바알 신에게 무릎 꿇지 않는 7,000명의 숨겨진 용사들에게 평강과 희락을 부어 하나님의 나라의 군대로서 이끌어 나가길 원하시기 때문에 지금 하나님께서 일하시고 있는 시간표 안에 있다는 것이다.

2) 하늘로부터 온 평안의 축복

하나님의 축복은 우리가 감당할 수 없으며, 하나님의 축복은 우리가 이 세상에서 경험하지 못한 것이다. 하나님이 주시는 축복 중에 세상이 줄 수 없는 평안이 있다. 폭풍 속에서도, 사자 굴속에서도, 풀무불 속에서도 하나님께서 주시는 축복과 평안이 있다면 결코 무너지지 않는다. 이것이 가장 큰 축복이다.

이 땅에서 얼마나 많은 이들이 믿음을 잃어 가고 있는가? 평강을 잃어 가는가? 하나님의 신실하심을 잊어버리고 살고 있는가? 하나님께서 우리에게 이 땅에서 줄 수 있는 가장 큰 축복은 평안의 축복이다. 하나님께서 함께하시며, 하나님께서 도우시며, 하나님께서 역사하시며, 인도하시며, 동행하시는 것을 믿는 평안의 축복이다.

하나님께서 인도하시며 동행하신다는 것을 믿음으로 받을 때 우리의 마음이 평안하지 않겠는가? 다니엘이 고백한 것처럼 설령 사자 굴에 있을지라도, 풀무 불에 불타오르는 화염 속에 있을지라도, 세 친구들이 고백한 것처럼 "설령 그리하지 아니하지 않을지라도 나는 하나님을 의지한다." 이 믿음이 평안의 믿음이다. 이는 세상이 줄 수 없는 것이다. 세상이 감당 못하는 것이다.[118]

세상의 평안은 우리가 많은 것들을 가지고 있으며, 누릴 수 있는 충분한 조건이 있을 때, 평안을 느끼며 누린다. 그것이 평안이라고 생각한다. 그러나 이 세상이 주는 평안은 한순간에 무너질 수 있는 모래 위에 세운 평안이다. 그러나 하나님께서 주시는 평안은 세상이 주는 평안이 감당하지 못한다.

---

118 (요 14:27, 개정) 평안을 너희에게 끼치노니 곧 나의 평안을 너희에게 주노라 내가 너희에게 주는 것은 세상이 주는 것 같지 아니하니라 너희는 마음에 근심도 말고 두려워하지도 말라

사망의 음침한 골짜기에서도 내가 해를 두려워하지 않는 것은 여호와의 막대기가 나를 안위함이라.[119]

맹수가 달려들 때 여호와의 막대기로 보호해 주실 것을 아는 것, 그것을 믿는 것, 이로 인하여 지옥 속에서도, 음침한 사망의 골짜기에서도 하나님께서 주시는 평안을 찾을 수 있는 것, 이것이 평안의 믿음이다. 많은 이들이 스스로 믿음이 있다고 한다. 그러나 세상이 주는 평안의 믿음을 붙잡고 그것을 믿음이라 한다. 이것이 바로 땅으로부터 받는 평안의 믿음이다. 하늘로부터 온 평안의 믿음은 "그리하지 아니하실지라도 여호와가 나를 안위함이며, 여호와의 막대기가 나를 보호하실 것이라!" 이것을 선포하며 두려워하지 않는 그 믿음이 하늘로부터 온 평안의 믿음인 것을 기억해야 한다.

우리에게 하늘로부터 온 평안의 믿음이 있다면 우리를 흔드는 세력이 있을지라도, 설령 하나님께서 우리를 징계할지라도, 고난을 허락할지라도, 환란 중에 있을지라도, 다시 평정심을 찾을 수 있는 것은 바로 우리에게 하늘로부터 온 평안의 믿음을 축복으로 주셨기 때문이다. 이 평안의 믿음은 우리의 결단과 순종으로 받을 수 있는 것이 아니라 하나님께서 부어주시는 축복이다.

---

119 (시 23:4, 개정) 내가 사망의 음침한 골짜기로 다닐지라도 해를 두려워하지 않을 것은 주께서 나와 함께 하심이라 주의 지팡이와 막대기가 나를 안위하시나이다

하나님의 자녀들은 평안의 축복을 받아야 한다. 이 평안의 축복은 하늘로부터 온 믿음이니 하나님께 구하라! 찾으라! 두드리라! 믿음은 구하고, 찾고, 두드릴 때 성장하며 성숙하는 것이니, 이 평안의 믿음은 하늘로부터 온 믿음이며, 이것은 하나님의 축복인 것을 잘 기억하도록 하자.

땅으로부터 받는 믿음은 세상이 주는 안락과 환경과 조건 속에서 누리는 평안의 믿음이다. 이는 한순간 무너질 수 있는 믿음이니, 하늘로부터 온 믿음과 땅으로부터 받는 믿음의 차이는 환란과 고난과 연단 속에서 그 믿음이 살아 있느냐, 더욱 여호와를 신뢰하느냐의 열매를 보고 알 수 있다. 땅으로부터 받은 평안의 믿음이라면 상황과 환경과 조건이 사라질 때, 그 믿음을 그대로 실족하는 것이니, 이것이 땅으로부터 받은 믿음의 결과이다. 그러나 하늘로부터 온 믿음은 다니엘과 세 친구처럼 "설령 그리하지 않으실지라도, 여호와가 나를 버린다고 하실지라도, 나는 여호와를 신뢰한다. 어떠한 상황 속에서도 나는 평안하다."라고 고백하는 것, 이것이 축복이다. 그 축복을 받기 원해야 한다.

하나님의 자녀들은 축복의 통로가 열려, 평안의 믿음의 축복을 받기를 원해야 하는 것이니 구하고, 찾으며, 두드리며, 부르짖으라. 특히, 부르짖을 때 하늘로부터 온 평안의 믿음이 축복이 되어 통로로 흘러내릴 것이다. 하늘로부터 온 축복의 통로가 열릴 때, 평안의 믿음이 우리 안에 생기게 되므로, 그 이후부터 더욱 축복이 임할 수 있는 그릇이 만들어지는 것이다. 평안의 믿음이 있을 때 그릇이 만들어진다. 여호와를 온전히 신뢰하고 여호와를 바라보는 믿음이 생겼기에, 하나님의 축복을 받는 통로가 더 열리게 되므로, 하나님의 축복이 강권적으로 부어질 수 있다는 것이다. 이 축복이 언제 부어지는 줄 아는가? 먼저 하나님의 나라와 의를 구하는 믿음으로 성장 되었을 때 하나님께서 축복을 붓는다.[120] "먼저 그의 나라와 의를 구하라 그리하면 이 모든 것을 더하시리라" 하셨을 때 그 덤의 축복이 평안의 축복이다. 그리할 때 우리가 그릇이 준비되었으므로 하늘의 문이 열려 축복이 내려오기 시작한다. 성령의 열매들이 맺혀지기 시작한다.[121]

사랑과 희락과 화평과 성령의 9가지 열매들이 하나님의 나라와 의를 구하는 믿음으로 성장한 자녀들에게 축복의 통로가 열려 축복의 열매로서 맺혀지는 것이다. 그리할 때 하나님과 친밀함의 단계로, 일대일의 관계로, 하나님과 얼굴과 얼굴을 대면하여 아는 단계까지로 도약할 수 있다. 지금 평안의 축복을 주시라고 구해야 한다. 이 축복을 붓기 위하여 고난을 허락하는 것이며, 환란을 허락하는 것이며, 자신의 잘못이 아닐지라도 비방과 정죄와 판단을 허락함으

120 (마 6:33, 개정) 그런즉 너희는 먼저 그의 나라와 그의 의를 구하라 그리하면 이 모든 것을 너희에게 더하시리라(마 6:33, 쉬운) 먼저 아버지의 나라와 아버지의 의를 구하여라. 그러면 이 모든 것들이 너희에게 덤으로 주어질 것이다.

121 (갈 5:22-23, 개정) [22] 오직 성령의 열매는 사랑과 희락과 화평과 오래 참음과 자비와 양선과 충성과 [23] 온유와 절제니 이같은 것을 금지할 법이 없느니라

로써 그 안에서 감사를 고백할 수 있도록 그릇을 준비하는 것이다. 이 단계에서 반드시 고난을 주시고 허락하신다.

하늘로부터 온 평안과 믿음의 축복을 붓기 위하여 환란을 통해 하나님께서 신실하게 일하시는 것이다. 이것이 바로 하나님의 나라와 의를 구하는 믿음의 단계에서 하나님께서 부어주시는 축복이며, 이 축복이 열릴 때 축복의 통로가 확장되고 성령의 열매가 맺어져 하나님과 친밀한 단계로까지 이를 수 있다. 하나님의 자녀들은 두려워하지 말아야 한다. 고난 중에 있는가? 기뻐하고, 즐거워하며 하늘로부터 온 평안의 축복을 구하라. 그리할 때 하나님과 친밀한 지성소의 교제가 열리게 된다.

3) 평강을 유지할 수 있는 방법

머리부터 발끝까지 온전히 하나님의 임재로 들어가고, 안식하며, 평안해야 한다. 이 평안은 우리의 의지로 평강을 받을 수 있는 것이 아니다. 하나님께서 주시는 강권적인 평안[122]은 상황과 환경과 조건을 초월하여 하나님의 능력 안에서 부어지는 평안이다. 이 능력 안에서 부어진 평강은 사탄이 공격할 수 없다.

환경을 통해 평강을 찾는다면 우리의 감정이 움직일 때마다, 이성적인 작동이 일어날 때마다 그 평강과 평안이 깨어질 수 있다. 환

122 (요 14:27, 개정) 평안을 너희에게 끼치노니 곧 나의 평안을 너희에게 주노라 내가 너희에게 주는 것은 세상이 주는 것과 같지 아니하니라 너희는 마음에 근심하지도 말고 두려워하지도 말라

경과 상황 속에서 평강을 찾는다면 우리 이성의 무너짐과 감정의 변동으로 인하여 평강이 깨질 수 있다. 또한 혼의 영역에서 평강의 훈련을 했다면, 혼의 영역을 사탄이 종속할 수 있으므로 언제든지 그 평강은 사탄의 공격에 의해 깨질 수 있다. 우리가 세상적인 방법으로 평강을 유지하는 훈련을 했다면, 우리 혼의 영역의 주권자가 사탄이 될 수 있으므로 언제나 그 평강을 유지할 수가 없다. 그러나 하나님께서 주시는 무한한 희락 속에서 느끼는 평강과 평안이 있을 때는 폭풍 속에서도, 비바람 속에서도, 환란 속에서도 그 평강을 쉽게 잃어버리지 않는다. 그러하기에 평강의 왕이신 하나님께서 강권적으로 평강을 붓는다면, 그 평강에 전신갑주를 입혀주심으로 사탄이 흔들 수 없다. 사탄이 생각을 가지고 우리의 혼의 지성을 자극할 수 없다. 우리의 감정을 격동시킬 수 없다. 하나님의 평강의 기름부음이 부어진다면, 마치 전신갑주가 입혀진 것처럼 외부로부터 오는 공격을 막아주는 것인즉, 하나님의 보호하심 속에서 평강을 유지할 수 있다.

상황과 환경과 조건이 평안할 때 평강을 가지고 있다면, 그 평강은 상황과 환경과 조건이 변화될 때 쉽게 무너질 수 있다. 사탄이 생각을 통해 공격하므로 평강이 깨질 수 있다. 그러나 하나님께서 강권적으로 부어주시는 평강은 하나님께서 주권자 되어 평강을 붓기에, 우리가 하나님 앞에 머물고 있다면 그 평강이 계속 유지될 수 있다. 하나님께서 부어주신 평강을 유지할 수 있는 방법이 무엇이겠는가? 말씀 안에 거하는 것이다. 말씀을 붙잡고, 말씀대로 살아갈 때 성령이 충만해질 수밖에 없다. 말씀대로 살아간다면 그것을 순종으로 여기사, 하나님께서 성령의 충만함을 붓는 것이며, 성령이 충만한 상태에서 마귀가 공격할지라도 쉽게 잠식되지 않기 때문에 하나님의 영향력 아래에서 평강을 유지할 수 있다. 그리함으로 하나님께서는 세상이 감당치 못할 평강을 우리에게 부어주는 것이며, 이 평강은 하나님으로부터 온 것이기에 하나님의 선물이다.

하나님의 자녀들은 어떠한 상황과 환경 속에서도 하나님께서 부어주시는 평강을 구해야 한다. 이 평강은 성령의 충만한 상태에서 부어질 수 있으며, 상황과 환경과 조건을 초월하여 견뎌낼 힘을 성령으로부터 받으며, 전신갑주가 입혀져 사탄의 공격을 차단하며 막아주는 보호막이 쳐지는 것이다. 그 평강은 성령의 충만을 유지할 수 있는 그릇으로 준비되는 환경을 만들 수 있다. 하나님으로부터 온 평강이 지속해서 유지될 때 성령이 충만해짐으로, 사탄이 공격할 수 있는 틈새가 막히는 것이다. 이를 통해서 지속적인 평강을 유지할 수 있다. 이 평강은 하나님의 선물이며, 이 평강을 유지하기 위해서는 성령충만함의 삶을 선택하며 살아야 한다.

성령충만함을 어떻게 받을 수 있겠는가? 말씀 안에 거해야 한다. 말씀대로 살아가고자 하는 그 순종을 의로 여기사, 하나님께서 강권하심으로 우리를 지켜주시는 것인즉 사탄의 공격들이 차단된다. 사탄의 공격들이 차단될 때 성령의 충만함을 더욱더 강하게 유지할 수 있기에, 하나님께서 부어주신 평강이 강력하게 유지될 수 있다. 상호 선순환의 작용으로 움직이고 있다. 우리가 하나님의 주신 평강을 경험했다면 이 말이 무슨 말인지 알 것이다. 그러나 이 평강이 사탄의 공격에 의해서, 우리의 혼 영역의 작용에 의해서, 성령의 충만함이 유지되지 못하여 하나님의 평강이 임하지 못할 때는, 한순간에 그 평강이 사라지며, 사탄으로부터의 공격이 열려 다시 상황과 환경과 조건을 통해서 우리가 공격받는 것이다. 그리할 때 희락과 평강과 하나님에 대한 의가 사라지며, 평안을 유지할 수 없을 만큼 염려와 근심과 걱정이 우리를 사로잡혀 나아간다.

평강은 무엇을 먹을까, 마실까, 입을까 염려로부터 자유롭게 되며, 믿음을 통하여 하나님의 일하심을 경험할 수 있는 강력한 통로를 여는 것이다. 믿음을 유지하는 것은 평강의 상태에 있을 때 더욱 더 강력해진다. "우리가 구한 대로, 믿음대로 되리라."라는 하나님의 말씀을 기억해야 한다. 평강이 있을 때 그 믿음을 받는 것이 더욱 강력해지며, 평강을 유지할 때 믿음을 유지할 수 있기에, 사탄의 공격을 차단할 수 있으며, 이로 인하여 우리가 믿음을 유지할 수 있는 것이다. 또한 이 믿음대로 우리가 구할 때 놀라운 하나님의 기도 응답까지 이루어질 수 있는 것이므로 구할 것 가운데 평강을 구하도록 해야 한다. 이는 하나님의 선물이며 성령충만을 유지할 수 있는 강력한 하나님의 능력이다. 하나님께서 부어주신 평강은 능력이다. 평강의 능력을 더욱 구하고, 찾으며, 두드려야 한다.

하나님의 자녀들은 무엇보다도 하나님께 평강을 구해야 한다, 하나님의 희락을 구해야 한다. 그리할 때 값없이 주시는 하나님께서 평강의 선물을 부어 주신다.

15. 경건한 삶과 거룩한 삶

하나님은 우리를 사랑하신다. 하나님의 사랑을 느끼고 있는가? 하나님께서 말씀하시는 것을 듣고 있는가? 하나님께서 무엇을 바라보며 울고 계시는지 하나님의 마음이 읽어지는가? 하나님과 우리는 하나이다. 하나님께서 우리 안에 연합의 단계로 함께 하고 있다. 동행의 삶이다. 그러할 때 보이는 현상들이 무엇인가? 이 땅의 보이는 세계가 이제 하나님의 관점으로 투영되어 보이는가? 이전에 사람들을 볼 때 어떻게 보았는가? 가난하고, 소외되고, 병들고, 아픈 자들을 바라볼 때 그저 불쌍한 마음으로 바라보았다. 우리가 강퍅한 마음이 있었을 때는 그들이 눈에 보이지도 않았다. 우리가 완고한 생각으로 있었을 때는 행여 그들이 우리에게 다가와 도움을 요청할까 봐 전전긍긍한 적도 있었다.

그러나 지금은 어떠한가? 하나님의 마음을 알며, 하나님의 생각이 읽어지며, 하나님의 눈물이 우리에게 투영될 때, 가난한 자가 이전의 모습과 같은 모습으로 인식되는가? 그들을 위해 울 수 있는 마음이 생겼다. 그들을 향한 사랑이 생겼다. 긍휼함이 생겼다. 선한 사마리아인과 같은 심령이 우리에게 투영되었다. 이것은 무엇 때문인가? 똑같은 환경, 똑같은 조건, 이전과 같은 상황일지라도 우리의 바라보는 시선이 달라졌다. 그것은 바로 우리 안에 계신 성령으로부터 받은 영향력이다. 성령으로부터 흘러나오는 사랑이다. 성령으로부터 흘러나오는 성품이다. 성령으로부터 열매 맺게 된 성령의 열매이다.

이전 우리의 모습과 지금 우리의 모습은 바로 성령이 내주하느냐에 따라 변화된 성화의 모습인 것이다. 성령이 우리와 함께하신다면 이전의 삶과 동일한 삶을 살 수 없다. 성령의 강한 통치가 있다면, 완악함과 완고함과 강퍅함이 이제 사랑으로, 화평으로, 희락으로, 기쁨으로 승화될 수 있다는 것이다. 같은 환경, 조건, 상황일지라도 우리 안에 성령이 운행하시게 된다면 그 순간 변화될 수 있다는 것이다. 이것이 하나님의 능력이다.

우리 안에 성령이 내주하고 계시는가? 그 첫 번째 변화는 삶의 전환이다. 그러나 성령이 내주했을지라도 성령의 영향력이 미미하다면 이전과 같은 모습으로 살아갈 수도 있을 것이다. 그러나 성령이 우리의 양심 가운데 작용하여 이전의 삶을 조명하기 시작한다. 강퍅하고, 완악하고, 완고한 삶을 조명하여 그 삶에서 전환하도록 이끌어 간다. 하나하나, 한 발짝, 한 발짝 성령이 삶을 조명해 나가며 우리의 삶을 변화시켜 나간다. 성령이 계심에도 불구하고 여전히 이전의 모습, 강퍅하고 완고하며, 완악한 모습을 지니고 있다면, 성령이 내주하실지라도 그 안에서 역사하는 힘이 작은 것이다.

그러나 성령이 내주하시면서 그의 삶을 조명하여 변화시켜 나가며 하나님의 방법대로 그의 삶을 흔들어 나가는 것이다. 작은 파도를 일으키며 한 발짝, 한 발짝 그의 삶을 변화시켜 나가는 것이다.

성령의 조명과 영향력으로 인하여 삶이 전환되며, 이전의 완고함을 벗어버리며, 완악함이 벗겨져 나갈 때, 이제 경건의 삶으로 접어들 수 있다는 것이다.

성령이 우리 안에서 통치의 단계를 밟아 나갈 때 나타나는 것이 바로 경건의 삶으로 변화이다. 이전에 누렸던 죄의 습성들, 이전에 누렸던 죄의 본성들이 어느 순간 성령의 조명과 계시함으로 그것이 죄임을 깨닫게 된다. 세상과 연합하여 흡수되어 살아갈 때 어떠한 가책도, 죄책감도 느끼지 못했던 것이, 성령이 함께하심으로 삶을 조명해 나가며 영향력을 발휘해 나갈 때 이제 그것이 죄임을 깨닫게 된다. 음란의 생각을 품으며, 불법의 생각을 지니며, 옳지 못한 생각을 하고 있었을 때 성령이 조명해 주시므로 그것이 죄인 것을 깨닫게 된다. 그러나 이전에 성령이 내주하시기 전일지라도, 양심의 작용이 있기에 불법과 불의 앞에서 그것이 죄임을 깨닫는다. 그러나 성령이 영향력을 발휘한다면 양심의 작용을 행동으로 전환해 나갈 수 있다.

성령의 영향력이 강하게 역사하신다면 양심의 작용을 행동으로 끌어갈 수 있는 원동력이 생긴다. 우리의 마음에 소원을 일으켜 행동해 나갈 수 있는 원동력이 성령으로부터 흘러나온다. 성령이 내주하지 않는 불신자일지라도 양심의 작용이 있다. 그러나 우리가 양심의 작용으로 인하여 가책을 받는 것과 성령의 영향력으로 인하여 그것이 죄임을 느끼며, 그 죄를 끊어나가는 것과는 근본적으로 차이가 있다.

우리는 죄의 본성을 지니고 있다. 아무리 겉으로 보기에 양심적인 사람이라 할지라도, 그 안에 성령에 의하여 계시되고 조명된 양심의 작용으로 인한 죄의 끊음과 불신자의 죄의 끊음과는 본질적으로 차이가 있다. 성령이 죄를 조명하여 그 죄를 끊어나갈 때는 죄의 근원까지도 뿌리를 뽑는 강력한 영향력이 있다. 그러나 불신자가 양심의 작용으로 인하여 죄를 끊어 나갈 때는 그 근본적인 죄의 뿌리까지는 뽑아낼 수 없다. 겉으로 보기에 선한 것과 성령의 능력으로 죄의 근원을 뿌리째 뽑는 것과는 차이가 있다는 것이다. 성령이 우리의 삶을 조명해 나가며, 양심의 작용과 함께 죄를 끊어나가는 결단의 삶을 살아갈 때, 그것이 경건의 삶이다. 성령이 우리 안에 강한 통치자로 임하기 위하여 경건의 삶을 시작한다. 양심의 작용과 함께 경건의 삶으로 이끌어가며 우리를 통치해 나간다.

때로는 이 단계에서 다시 과거의 습성으로 돌아가고자 하는 죄의 근원이 우리를 흔든다. 이 단계에서도 다시 과거로 돌아가는 사람이 많다. 그러나 인내하며, 죄와 싸움을 해 나가며, 경건의 삶으로 접어들 때, 하나님께서 우리의 혼과 육을 통치하며, 영에서 나오는 하나님의 권능과 능력으로 거룩성을 입혀 나가는 것이다.

경건의 삶을 지나서 성령의 통치함을 받는 사람들은 하나님께서 거룩의 삶으로 그들의 삶을 인도하신다. 경건과 거룩은 차이가 있다. 거룩한 자는 하나님의 벗으로서 그의 거룩한 영의 통로를 통하여 하나님은 말씀하시기 시작한다. 그에게 많은 것들을 더욱 조명하며, 계시하며, 하나님의 벗으로서 그 거룩한 영의 통로를 통하여 하나님은 말씀하신다.

성령의 통치를 받고 경건의 삶을 사는 자들은 많다. 그러나 경건의 삶을 지나 거룩성을 입히는 단계에 있는 자들은 많지 않다. 그 사람을 하나님은 벗이라 한다. "하나님은 거룩하니 너희도 거룩하여라" 말씀하신 것처럼 우리에게 거룩함을 요구하며 하나님께서 더 많은 것들을 그의 영의 통로를 통하여 투영한다. 하나님의 마음을 투영하며, 생각을 투영하며, 뜻을 투영하므로, 그 사람을 종이라 하지 아니하고 이제 친구라 하며, 하나님께 들은 많은 것들을 성령이 부어주신다. 온전한 그의 영 가운데 성령의 충만함으로 하나님의 나라를 계시하며 조명해 나간다. 거룩한 삶의 단계에 있고, 거룩한 영을 소유한 자를 친구라 하며, 하나님으로부터 들은 모든 것을 함께 나누며, 그를 연합의 단계로 이끌어 간다. 이것이 바로 하나님과 합한 단계이다. 하나님의 생각이 그의 생각이 되며, 하나님의 마음이 그의 마음이 되며, 하나님과 하나 되어 합한 마음으로 그가 빚어지는 것이다.

성령이 우리에게 내주하셨을 때, 그 시점부터 하나님은 우리의 삶을 전환해 나간다. 하나님의 내주하심에 의하여 우리의 삶이 성화의 단계로 빚어져 간다. 경건의 삶을 지나, 거룩의 삶을 지나, 이제 하나님의 친구로서의 연합의 단계, 합한 마음으로 그들을 빚어 간다는 것이다. 하나님은 우리를 이러한 단계까지 이끌어 올리기를 원한다. 성경의 인물 속에 이러한 단계를 거쳐 하나님의 마음을 시원케 한 사람들이 많다. 하나님의 합한 단계로서 종이라 칭하며, 벗이라 칭하며, 그의 기도를 외면치 아니하며, 그의 기도를 흠향한 믿음의 선진 들이 많다. 믿음이 있다고 할지라도 이러한 단계까지 이르렀던 사람들은 많지 않다.

도마는 어떠한가? 베드로는 어떠한가? 사도 바울은 어떠한가? 엘리야는 어떠한가? 믿음의 선진들이 이러한 단계를 거쳐 하나님께서 그들을 다 벗이라 칭하였는가? 그들을 다 종이라 하지 않고 친구라 하며, 하나님께 들은 모든 것을 그에게 나누었는가? 성경에 기록된 믿음의 선진들도 때로는 경건의 삶을 이룬 사람도 있을 것이며, 또한 거룩의 단계를 지나 하나님과 마음이 합한 단계로서 하나님의 종이 아니라 친구라 칭한 자도 있다는 것이다. 이 모든 것은 성령이 그들을 얼마나 통치하며, 그들의 영혼 육의 통치하는 단계에 따라서 나타나는 모습이 될 것이다.

오순절 마가 다락방에서 베드로만 성령의 충만함을 입었는가? 사도 요한만 성령의 충만함을 입었던 것인가? 도마는 어떠한가? 빌립은 어떠한가? 빌립은 어떠하기에 그가 전도 여행 시에 성령의 내주를 일으키지 못했던 것인가? 같은 공간에서 성령의 내주하심을 입은 베드로와 빌립은 어떠한 부분에서 차이가 나는 것인가? 빌립 또한 기적과 표적과 이적과 능력을 행하였다. 그러나 베드로를 불러 성령 세례를 요청하고 있지 않은가? 똑같은 장소에서 하나님의 임재하심과 내주하심을 경험하였다. 그러나 그에 따라 나타나는 반응이 다른 것이며, 나타나는 현상이 다른 것이며, 그의 열매가 다르다는 것이다. 도마는 어떠한가? 그들에게 성령이 얼마나 통치하느냐에 따라 그들에게 나타나는 열매와 능력과 권능과 이적과 표적도 다를 수 있다는 것이다. 하나님은 우리들이 이러한 단계를 거쳐 종이라 하지 아니하며 하나님의 친구로서 합한 단계로 이르기를 원하신다.

16. 자녀의 권세 회복 : 입술의 권세

1) 삶의 모습과 입술의 권세 변화

하나님은 우리에게 지금 어떠한 통로를 통하여 말하고 있는가? 하나님의 말씀이 어떠한 통로를 통해 전해지고 있는가? 하나님의 말씀을 어떻게 듣고 있는가? 누구의 입으로 말하고 있는가? 하나님의 말씀이 우리의 입술을 통하여 흘러가고 있지 않은가? 하나님은 보이지 않는다. 우리 안에서 성령이 함께하시므로 성령의 통치에 따라 입술을 주장하므로, 하나님의 마음이 우리의 입술을 통하여 전달될 수 있는 것이다. 하나님의 통치가 실상에서 능력으로 나타나기 위해서는 입술의 권세가 하나님께 속해 있어야 한다. 입술의 주권이 하나님께 있어야 한다. 입술의 소유권이 하나님께 귀속되어야 우리의 입술을 통하여 하나님께서 말씀하시고 통치하시며 인도하신다.

우리의 입술에서 나오는 그 말이 다 우리의 생각이 아니다. 우리의 입술에서 흘러나오는 말들이 다 하나님의 말이 아니다. 우리의 입술에서 말하고 있는 모든 것들이 다 사탄의 것도 아니다. 우리의 심령과 마음 안에, 우리의 육체 안에 담겨 있는 생각과 가치관과 기질과 쌓여 있었던 축적된 지식에 의하여 말들이 나오는 것이다. 그러할 때 그 말의 주인이 누구인가? 우리 안을 들여다보자. 우리의 삶을 들여다보자. 우리의 행동을 보자. 우리에게 나타나는 반응을 보자. 악 한가? 때로는 죄악이 우리를 휩싸고 있는가? 때로는 악한 마음이 드는가? 시기 질투의 마음이 일어나는가? 분노가 일어나는가? 그러할 때 우리의 입술에 주권은 사탄에게 속해 있을 것이다. 그러나 우리의 삶 가운데 한 치의 부끄러움 없이 사랑과 희락이 나타나며, 절제하며, 양선을 가지고 사람을 대하고 있으며, 오래 참고 인내하며, 자비를 베풀고 있으며, 충성하고 있다면 우리의 입술에서 나오는 말도 하나님의 말일 가능성이 크다는 것이다.

결단코 삶의 모습과 말의 권세가 다르지 않다. 삶과 말이 함께 가는 것인즉 아무리 감언이설로 능력이 있는 말을 쏟아내는 것처럼 보일지라도, 그의 삶에서 성령의 열매들이 나타나지 않는다면 그것은 거짓이다. 오히려 능력 있는 말처럼 하나님의 말들을 쏟아 붓는다고 할지라도, 그의 삶에 성령의 열매가 나타나지 않는다면, 마귀가 그의 입술을 강력하게 잡고, 더 능력 있는 말들을 쏟아 붓는 것처럼 보이게 할 것이다. 즉 그의 삶은 사탄이 주는 열매들[123]을 맺고 있으나, 강단에서 사탄이 그 입술을 잡아 강력하게 사탄의 말을 쏟아 붓는 것이다. 사탄도 권세와 능력 있는 말처럼 보이게 하기 위하여 우리에게 기적과 표적을 들어낼 수 있다. 하나님께 쓰임 받는 종처럼 보이게 하기 위하여, 더 강력하게 능력들을 쏟아 부음으로

123 (갈 5:19-21, 개정) [19] 육체의 일은 분명하니 곧 음행과 더러운 것과 호색과 [20] 우상 숭배와 주술과 원수 맺는 것과 분쟁과 시기와 분냄과 당 짓는 것과 분열함과 이단과 [21] 투기와 술 취함과 방탕함과 또 그와 같은 것들이라 전에 너희에게 경계한 것 같이 경계하노니 이런 일을 하는 자들은 하나님의 나라를 유업으로 받지 못할 것이요

써 그 입술의 능력이 담겨 있는 것처럼 위장한다. 그 원천이 누구인가? 바로 사탄이다. 사탄이 주는 삶의 열매가 맺혀지고 있는 종들의 입술을 잡고 사탄이 말하는 것이니 그 입술의 권세가 사탄에게 있는 것이다. 그 입술의 권세가 이미 사탄에게 속해 있는 것인즉, 뱀의 말을 하는 것이다. 용의 말을 하는 것이다. 불을 뿜는 용으로써 거짓 예언자가 되는 것이다.

우리가 마음을 받고 입술까지도 하나님께 통치되기 위해서는 가장 먼저 삶이 바뀌어야 한다. 성령의 열매가 맺혀져야 한다. 그러므로 성령의 삶의 열매가 맺혀지지 않을 때, 하나님께서 그 종을 사랑한다면 영권을 부어주시지 않는다. 삶이 아직 정화되지 않은 상태로 영권을 부어주게 된다면, 자칫 불법의 거짓 선지자가 될 수 있는 확률이 높으므로 강단에 세웠을 때 능력을 부어주지 않는 것이다. 그것이 그 종을 향한 사랑이다. 그릇이 되지 않을 때 부어진다면 그에게서 흘러가는 영향력이 어디로 가겠는가? 하나님께서 통치할 때는 하나님의 선한 영향력이 흘러간다. 그러나 사탄이 잡고 있으며, 아직도 여전히 삶에서 열매들이 맺혀지지 못했을 때 능력이 부어진다면, 사탄의 영향력조차도 흘러가게 되므로영권을 부어주지 않는 것이다. 사탄과 하나님의 사이에서 갈등하며, 그의 삶들이 성령의 열매가 맺혀지지 않을 때는 하나님께서 그대로 둔다. 그것이 그를 향한 사랑이다. 그러므로 때로는 선한 영향력이 나타나는 하나님의 말씀을 선포하다가도 하나님께서 도와주지 않는다는 것을 경험하게 되는 것이다. 그릇이 되지 않기에, 성령의 열매들이 맺혀지지 않기에, 삶으로 나타내지 않기에 하나님께서 그대로 두는 것인즉 그것이 그에게 복이다.

그러나 하나님께 쓰임을 받고자 하는 일꾼들이 성령의 열매를 삶 속에 맺기 위하여 몸부림치며 쳐서 복종시킬 때는 하나님께서 도와주신다. 하나님의 능력과 지혜와 지식을 붓는다. 온전하고 깨끗한 그릇에 부어질 때 그 잔이 차고 넘쳐 능력이 어디로 가겠는가? 누구를 통해서 나오겠는가? 선한 영향력이 흘러넘쳐 하나님께서 원하는 곳에 부어지는 것인즉 하나님께서 차고 넘치게 보내 주신다.

다윗을 보면, 다윗이 골리앗을 쳐서 죽였을 때 강력한 기름 부음이 흘러나갔다. 하나님께서 부어주었다. 하나님께서 강력하게 그에게 기름을 부어 그를 선택하였다. 능력이 부어졌다. 그러나 그가 사울에 대하여 어떻게 반응하느냐에 따라서 그를 고난의 자리에 두었다는 것이다. 사울을 통하여 다윗을 훈련한 것이다. 다윗을 훈련하기 위하여 사울을 그대로 방치했는가? 그렇게 하지 않았다. 사울에게조차도 하나님께서 말씀하시며 하나님의 뜻을 전하였다. 그러나 이미 사울은 사탄에게 강하게 쓰임을 받고 있었기에 하나님의 사람들이 말한다고 할지라도 듣지 않았다. 어느 순간에 말을 듣지 않을 때는 하나님은 그대로 둔다. 하나님은 인격적이기 때문이다.

우리는 자유의지를 통하여 하나님을 선택하는 것이다. 하나님께서 기회를 주었음에도 불구하고 자신의 뜻대로 행하며 교만이 충만하게 된다면, 하나님께서 말씀하신다고 할지라도 듣지 않기에 그대로 두는 것이다. 다윗의 훈련 도구가 되기 위하여 사울에게 사탄을 허락한 것이 아니다. 사울이 자신의 자유의지를 통해 선택하며 나아갈 때, 하나님께서 그대로 두는 것인즉 그 악이 더해지는 것이다. 그러할 때 다윗은 성령의 열매를 가지고 반응하였다. 그가 삶에서 하나님의 인격과 성품을 드러냄으로, 그때부터는 그 누구도 감당하지 못하는 하나님의 능력을 보여주었다. 하나님의 통치와 지혜, 복이 임하는 것이다. 다윗에게 성령의 열매가 맺혀지기 시작할 때부터 그는 형통의 삶을 살아가게 된 것이다.

많은 믿음의 선진들이 삶으로 살아내었다. 성령의 열매가 그들의 삶 속에 나타났다. 모세는 어떠한가? 바울은 어떠한가? 그들에게 성령의 열매가 삶에서 나타나기까지 얼마나 큰 고난과 역경이 있었는가? 고난 속에서 빚어진 정금같이 되어진 그들의 삶을 통하여, 물 붓듯이 하나님의 능력과 지혜와 지식이 부어지며, 하나님의 선한 영향력이 부어져 하나님의 선한 도구로써 사용될 수 있었다.

우리의 입술은 어떠한가? 우리의 입술에서 나오는 말들이 하나님의 말인가? 사탄의 말인가? 우리의 생각을 담은 말들인가? 이제 더 강력하게 하나님의 말들을 쏟아 부어 주실 것이다. 그러할 때 우리의 삶이 어떠한지를 점검해야 한다. 시기 질투가 날 때마다 쳐서 복종시켜야 한다. 서운한 생각이 들 때마다 내려놓아야 한다. 분노의 마음이 드러날 때마다 하나님 앞에서 회개해야 한다. 순간순간 드리는 순종으로 말미암아 하나님께서 입술을 더 통치하여, 우리에게서 나오는 말들이 하나님의 말로서 강단에 설 때조차도, 그것이 하나님의 말임을 드러나게 하실 것이다. 입술의 주권이 하나님께 있다. 하나님께 입술의 소유권이 있은즉 삶 속에서 성령의 열매들이 맺혀질 때, 비로소 입술까지도 하나님께서 통치하여 온전히 하나님의 도구, 영광의 도구로 사용된다. 하나님께서 더 강력하게 입술을 통치하여, 우리의 입에서 나오는 말이 하나님의 말인 것을 세상 사람들이 알게 하실 것이다.

우리가 해야 할 일은 삶을 늘 점검하며, 하나님 앞에 나아가 우리를 바꿔 달라고 기도하는 것이다. 기도하고 순종하며 결단할 때, 하나님께서 우리의 입술을 잡고 더 강력히 말할 것이니, 그 말이 하나님께서 한 말인 것을 세상 사람들도 알게 된다.

첫 번째, 삶으로 하나님의 선하심을 보이라는 것이다. 성령의 열매들이 우리의 삶 속에서 나타나야 한다는 것이다.

두 번째, 입술의 권세를 찾기 위해서는 기도하는 삶을 살아야 한다. 한 시간 두 시간 기도하는 것이 아니라, 삶이 기도가 되어야 한다. 늘 하나님께 묻고, 하나님께 모든 것을 맞추며, 하나님의 통치를 받고자 늘 간구해야 할 것이다. 기도하는 자의 간구를 외면하지 않으신다. 하나님은 그 기도를 들어 역사하시는 것이므로 우리의 입술의 주권을 하나님께 드려야 한다. 늘 통치해 달라고 늘 기도해야 한다. 순간순간마다 하나님께서 우리의 입술을 잡고 말하는 것이니 점진적으로 입술의 주인권이 하나님께 이양되는 것이다. 하나님은 자유의지를 통해서 통치하며 인도에 나가는 것이니 우리가 기도할 때마다 조금씩 점진적으로 하나님의 통치가 임하게 된다. 우리는 날마다 입술의 주권이 하나님께 있음을 선포하며 고백해야 한다. 그리할 때, 입술의 주권을 하나님께서 더 강력하게 통치하여 우리의 입에서 나오는 말들이 하나님의 말이 될 것이다. 더 강력하게 하나님께서 통치하실 것이다.

세 번째, 하나님께 입술을 통치당하기 위해서는 영적인 기도를 해야 한다. 우리의 삶으로, 간구함으로 기도할 때 성령이 우리의 입술을 잡고 말할 수 있다. 그러나 강력하게 입술의 주권을 하나님께 올리기 위해서는 영의 기도를 해야 한다. 우리의 생각과 사탄의 생각이 말로 나오지 않도록 영의 기도를 통하여 입술의 주권을 하나님께 올려야 한다. 영의 기도를 통하여 하나님께 입술의 통치권을 드리는 것이 중요하다.

우리는 날마다 방언[124]을 통하여 입술의 주권을 하나님께 드려야 한다. 간구만으로는 입술의 통치권이 완전히 하나님께 넘길 수 없다. 이미 육체의 정욕과 소욕과 우리들의 의지로 입술을 사용했던 그 흔적이 남아 있는 것인즉, 그것마저도 제거하여 하나님께 드리

124 (고전 14:2, 개정) 방언을 말하는 자는 사람에게 하지 아니하고 하나님께 하나니 이는 알아 듣는 자가 없고 영으로 비밀을 말함이라

기 위해서는 혼의 기도가 아닌 영의 기도, 즉 방언을 통하여 입술의 주권을 하나님께 날마다 올리는 것이다. 방언으로 기도하며 또 기도하여, 우리의 생각이 투영되지 않도록 날마다 기도해 나갈 때, 어느덧 하나님께서 우리의 입술의 주인이 되어서 언제든지 하나님께서 필요한 순간마다 말을 흘려보낼 수 있다는 것이다. 삶으로 또한 간구함으로 하나님께 주권을 이양해야 한다. 그리할 때 우리들이 해야 할 순종과 결단은 방언으로 기도하며 입술의 점진적인 통치를 성령님께 올려야 한다는 것이다.

방언은 성령이 말하게 하심을 따라 말할 수 있는 영의 기도이니, 입을 열어 말하는 순간마다 방언으로 기도하면 하나님께서 우리의 입술을 통치하므로, 언제든지 하나님의 말씀들이 우리를 통해서 흘러나갈 수 있는 것이다. 우리의 입술에서 나오는 그 말이 능력이 있는 말이 되며, 변화시키는 말이 되며, 강력한 영권을 가진 말이 되는 것이다. 그리할 때 그 종이 한 말이 하나님의 말인 것을 세상 사람들도 알게 되는 것이다. 그리할 때 하나님께서 영광을 받으며 하나님의 선한 영향력과 생각과 마음들이 흘러나가는 것이니 하나님께서 얼마나 기뻐하시겠는가?

삶을 돌아보고 기도하며 간구해 나가야 한다. 또한 기도하고 간구한 것들이 실상에서 일어날 수 있도록, 시시때때로 영으로 기도할 수 있도록 우리를 복종시켜야 한다. 그리할 때 우리를 통하여 하나님께서 강력하게 일하시며 영광을 받으신다. 입술의 주권을 하나님께 올려야 한다. 입술의 통치권을 하나님께 이양해야 한다. 입술의 소유권은 이미 하나님께 있으니 결단하며 순종함으로 우리의 입술을 하나님께 드려야 한다.

2) 혀의 권세를 강화시키는 방법

우리에게 혀의 권세는 과연 있는가? 또한 그 혀의 권세를 어디서 받아야 하는가? 그 혀의 권세를 어떻게 강화하는가에 대해 설명한다. 우리들은 누군가와 대화할 수 있다. 누군가와 상담할 수 있다. 목회적인 관점에서 대화를 나누며, 하나님의 복음을 전달할 수 있다. 그러할 때 어떠한 도구를 통하여 그들에게 하나님의 말씀을 증거하고 있는가? 바로 우리의 혀에서 나오는 말로서 그들에게 하나님의 사랑과 복음을 증거 한다.

주변을 둘러보면, 똑같은 말을 할지라도 어떤 이가 말할 때는 통곡을 하며, 눈물을 흘리며, 복음이 전해질 때가 있으나, 어떠한 사람이 동일한 말로 동일한 복음을 전할지라도 무시되며, 영향력이 없으며, 한 영혼이 변화되지 못할 때가 있음을 볼 수 있다. 무엇 때문인가? 혀의 권세 때문이다. 우리에게는 혀의 권세가 있다. 우리는 모르나 우리의 혀에서 나오는 그 말이 하나님의 권세를 가지느냐, 그렇지 않으냐에 따라서, 때로는 복음이 강력히 전해지며, 한 영혼이 거듭나며, 한 영혼을 깨어나게 할 수 있는 능력을 나타낼 수 있다는 것이다.

어떻게 혀의 권세를 가지게 되는가? 우리는 하나님 능력의 말씀들이 혀로부터 쏟아져 나오기를 원한다. 혀의 권세를 가지고 강단에 서서 설교하기를 원한다. 혀의 권세를 가지고 죽어가는 영혼을 구원하며, 혀의 권세를 가지고 아픈 자를 기도할 때, 그 말을 통해 병든 자가 치유되며 귀신이 떠나기를 원한다. 그러나 우리가 명령하며, 아픈 자를 향하여 "어둠의 영들은 질병을 가지고 떠날지어다."라고 선포할 때 과연 그 명령에 복종하는가? 우리의 혀에서 나오는 그 말에 복종하여 어둠의 질병의 영이 떠나며, 질병이 치유되며, 귀신이 떠나가는가? 그렇지 않다. 때로는 그러할 때도 있었을 것이다. 그러나 우리들의 생각처럼, 우리들의 소망과 소원처럼 그렇게 되지 않는다는 것이다.

무엇이 문제인가? 우리 안에 권세가 있다. 이미 우리 안에 예수 그리스도의 권세가 있다. 이미 우리 안에서 흘러나오는 성령의 능력이 예수 그리스도의 권세를 내재하고 있으므로, 우리가 입으로 "예수 그리스도 이름으로 명령하노니!"라고 선포한다면 귀신이 떠나가며, 병든 자가 치유되며, 영혼이 구원되어야 한다. 이것이 성경적 원리이다.

우리 안에 성령이 거하는가? 성령이 내주하고 계시는가? 그러하다면 성령이 예수 그리스도의 영으로 내재하여 있으므로, 그 안에 예수 그리스도의 보혈과 권세와 능력이 내재하여 있다는 것이다. 우리 안에 성령이 주인 되어 계신다면, 그 영으로부터 흘러나오는 성령의 말이 우리의 혀를 통하여 선포될 때, 귀신이 떠나가며, 질병이 치유되며, 영혼이 구원되어야 하는 것이 성경적인 원리이다. 그러나 주변을 둘러보자. 그렇게 하고 있는가? 그렇지 않다. 무엇이 문제인가? 우리 안에 내주해 계신 성령이 문제인가? 우리 안에 내주해 계신 성령이 예수 그리스도의 영으로, 능력으로 내주해 있다. 이미 성령이 우리 안에 내주해 계신다면 그 안에 예수 그리스도의 능력과 보혈과 권능이 내재하여 있는 것인즉, 영으로부터 흘러나오는 그 말이 우리의 혀를 통하여 선포될 때, 당연히 귀신이 떠나가며, 질병이 치유되는 역사적인 일이 일어나야 하는 것이 하나님의 원리이다.

우리의 혀의 주인이 지금 누구인가? 우리 안에 성령이 계신다면 우리의 혀를 통하여 흘러나오는 말이 권세로서 역사를 일으켜야 된다는 것이다. 이것은 당연한 것이다. 그러면 무엇이 문제인가? 우리의 혀의 주인이 누구이냐에 따라 영으로부터 쏟아져 흘러나오는 그 말에 권세가 있기도 하며, 소멸될 수도 있다는 것이다.

우리의 말의 상태를 살펴보자. 하나님의 종들은 혀에서 나오는 말이 지금 어떠한 말이 쏟아져 나오는 것인가를 살펴보아야 한다.

사랑의 말이 흘러나오고 있는가?
희락의 말이 흘러나오고 있는가?
양선의 말이 흘러나오고 있는가?

자비의 말이 흘러나오고 있는가?
인내하는 말이 흘러나오고 있는가?
온유의 말이 흘러나오고 있는가?
절제의 말이 흘러나오고 있는가?
기쁨의 말이 흘러나오고 있는가?
감사의 말이 흘러나오고 있는가?

우리의 입을 열어, 우리의 혀에서 만들어지는 그 말이 지금 성령의 열매가 드러난다면, 그 혀는 권세가 있는 말이다.

그러나 우리의 혀에서 만들어지는 말이

불평인가?
불만인가?
저주인가?
원망인가?
짜증인가?
이간질인가?
불법의 말인가?
불의의 말인가?
육체의 소욕을 소망하는 말들인가?
정욕적인 말인가?
음란의 말인가?
중독의 말들인가?

스스로가 돌아보자. 지금 우리에게서 쏟아져 나오는 말들이 어떠한 말들인가에 따라서 그 혀에서 만들어지는 말에 따라 귀신이 굴복하기도 하는 것이며, 병이 치유되기도 하는 것이며, 한 영혼이 거듭나 통곡하며 하나님께 열매로 드려질 수도 있다는 것이다.

하나님의 종들은 혀의 말을 살펴보아야 한다. 혀에서 만들어지는 말들이 어떠한 말들이 쏟아지는지를 살펴보면, 그 말이 어떠한 것인가에 따라 혀에서 나오는 그 말이 영혼을 살릴 수 있는 도구로 사용되는지, 아니면 그저 사람의 말로 사라져 가는지, 사탄의 말을 투영하므로 한 영혼을 멸망의 길로 인도하는지를 판단해 볼 수 있다는 것이다.

우리 혀의 주인이 누구인가?
우리 혀의 주권자가 누구인가?
누구를 통하여 우리 혀의 권세가 이루어지는 것인가?

우리 안에 성령이 충만하다면 우리의 혀까지도 하나님께서 통치하실 수 있다. 사도행전 2장에서 오순절 마가 다락방의 120 문도가 성령이 충만하여 방언을 통하여 무엇을 말하였는가?[125] 하나님의 큰일을 말하였다.[126] 그들이 성령이 충만하므로 방언을 통하여

---

125 (행 2:4, 개역) “저희가 다 성령의 충만함을 받고 성령이 말하게 하심을 따라 다른 방언으로 말하기를 시작하니라”

126 (행 2:11, 개역) “그레데인과 아라비아인들이라 우리가 다 우리의 각 방언으로 하나님의 큰 일을 말함을 듣는도다 하고”

하나님의 큰일을 말하였은즉 이것이 바로 하나님의 권능 있는 말이다. 예수 그리스도의 권능 있는 말이다.

하나님의 큰일이 무엇이겠는가? 하나님의 나라를 확장하는 일인 것이다. 성령이 충만하여 그들이 방언을 통하여 세상 사람들에게 선포했던 것이 하나님의 큰일인즉, 그것이 바로 기쁜 소식인 복음의 말일 것이며, 그것이 바로 병든 자를 치유하는 말이며, 그것이 바로 이 땅에서 하나님의 나라와 왕국이 도래되는 그 일을 말하는 것이다.

어찌 된 일인가?
저들은 갈릴리 사람이 아니냐?
저들은 나사렛 사람이 아니냐?
저들은 한낱 시골 어부가 아니냐?
그런데 그 일이 어찌 된 일인가?
그들이 하나님의 큰일을 말하고 있도다.[127]

세상 사람들이 그렇게 말하고 있다. 그들의 혀에서 나오는 말들이 무엇인가? 하나님의 큰일, 하나님의 나라 확장을 위한 말이다. 그들이 그 말로 병든 자에게 손을 얹은즉 낫는 것이다. 그들이 그 말로 귀신들린 자에게 "예수 그리스도의 이름으로" 손을 얹은즉 귀

127 (행 2:12, 개역) "다 놀라며 의혹하여 서로 가로되 이 어찐 일이냐 하며"

신이 떠나가는 것이다. 그들의 말로 새 방언을 말하고 있는 것이다. 그들이 그 혀의 권세로 뱀을 집어 올릴 수 있다는 것이다. 그들이 그 입으로 어떠한 독을 마실지라도 다시는 분노의 말들을 쏟아 붓지 않는다는 것이다.[128]

어떠한 독을 마실지라도 해를 입지 아니한다. 그 뜻이 무엇인가?

그들이 다른 사람으로부터 저주의 말을 들을지라도, 원망의 말을 들을지라도, 죽이고자 달려드는 사탄의 음성을 들을지라도, 그들 안에 독이 품어지지 않는다는 것이다. 그들의 혀에서 나오는 말은 여전히 성령의 음성이라는 것이다. 믿는 자들에게는 그러한 표적이 따라야 하지 않겠는가? 믿는 자들에게는 하나님의 권세 있는 말이 쏟아져야 하지 않겠는가?

"무슨 독을 마실지라도" 여기서 이 독이 무엇인가? 사탄으로부터 쏟아져 나오는 독이다. 사탄으로부터 흘러 들어가는 기운이다. 믿는 자들에게는 아무리 사탄으로부터 흘러 들어가는 악한 독, 죽이고자 하는 독, 멸망시키는 독, 죽이는 영의 기운들이 흘러갈지라도 그 안에서 그를 죽이지 못한다는 것이다. 아무리 사탄의 말들이 그를 사로잡으며, 흘러 들어갈지라도 다시 뱉어지는 그 혀의 말은

128 (막 16:17-18, 개정) "[17] 믿는 자들에게는 이런 표적이 따르리니 곧 그들이 내 이름으로 귀신을 쫓아내며 새 방언을 말하며 [18] 뱀을 집어올리며 무슨 독을 마실지라도 해를 받지 아니하며 병든 사람에게 손을 얹은즉 나으리라 하시더라"

그를 상하게 하지 않는다는 것이다. 이것이 바로 "어떠한 독을 마실지라도 해를 입지 않는다."라는 것이다.

주변을 보면, 사탄으로부터 흘러 들어가는 저주와 원망과 불평과 불법과 불의가 사람들 속에 들어갈 때, 그들은 독을 품고 죽어간다. 사탄이 뿌려놓은 그 악한 독을 가지고 그들은 점진적으로 분노를 내며, 이간질하며, 불법과 불의를 저지르며, 음란을 하며 죽어간다는 것이다. 그러나 "믿는 자들에게는 그러한 표적이 따르리니" 아무리 사탄으로부터 흘러 들어가는 그 더러운 독이 그 안에 들어갈지라도, 어떠한 독을 마실지라도 해를 입지 않으며, 다시금 성령으로부터 흘러나오는 예수 그리스도의 능력 있는 말로 죽지 않는다는 말이다. 이러한 혀의 권세를 가진 자가 어떠한 질병을 못 고치겠는가? 이것이 혀의 권세이다. 혀의 권세는 능력 있다. 이 혀의 권세를 가진 자가 신유 사역을 할 때 그 말에 복종하여 병을 치유할 수 있다는 것이다.

우리가 믿음을 가지고
병든 자에게 손을 얹고 선포하며 질병을 쫓아내는가?
우리 혀의 주인이 누구인가?
우리 혀의 권세자가 누구인가?
우리 혀의 주권자가 누구인가?

성령이 내주한 자라면, 예수 그리스도의 권능을 믿는 자라면, 하나님의 신실한 자녀라면 그 어떠한 질병도 고칠 수 있다. 그러나 우리의 혀의 주인이 여전히 우리 자신이며, 사탄에 속한 말들을 쏟아붓는 자라면 우리가 믿음을 가지고 병든 자에게, 앉은뱅이에게, 소경에게 명령을 했을지라도 그 역사하는 힘이 적다.

병든 자를 치유하기 전에 먼저 우리의 혀의 권세가 누구로부터 기인한 것인가를 살펴보자. 혀의 주권자가 누구인지를 살펴보라는 것이다. 하나님으로부터 흘러나오는 권세 있는 음성이라면 소경이 눈을 뜰 것이다. 앉은뱅이가 일어날 것이다. 문둥병이 치유될 것이다. 듣지 못하는 청각장애우의 귀가 뚫어지고 소리를 듣게 될 것이다. 말 못 하는 자가 그 혀의 권세로 말하게 되는 것이다. 무엇이 먼저인가? 우리의 혀에서 흘러나오는 말이 어디서 기인한 것인가를 먼저 살펴보아야 한다. 그렇다면 어떻게 해야 하는가? 이 혀의 권세를 하나님께 드리고자 하는데 어떻게 해야 하는가? 이미 이 혀로부터 만들어지는 말이 어디서 기인한 것인가에 따라서 능력 있는, 권세 있는 말로 사람을 회복시킬 수 있다고 말하였다.

우리의 영으로부터 성령이 말할 수 있도록 우리 영의 통로를 거룩히 하였는가? 우리의 영으로부터 흘러나오는 통로가 더러운가? 거룩한가? 세상의 생각에, 혼적인 생각에, 사탄으로부터 쏟아져 나오는 그 음성에 반응하며 그 통로가 더러워지고 있는가? 그렇다면 역사하는 힘이 적다. 그러나 영으로부터 흘러나오는 그 말의 통로를 거룩하게 하여 말한다면 그것이 능력의 말이며 권능의 말이다.

거룩하신 하나님께서 우리의 성전 안에 거할 수 있도록 우리의 통로를 거룩하게 하고 있는가? 어떻게 하면 거룩히 할 것인가? 말씀과 기도로 거룩하여진다.[129] 하나님의 말씀을 읽고 순종하며, 그 말씀에 따라 우리의 삶을 쳐서 복종시키고 있는가? 하나님의 말씀이 우리에게 떨어질 때 그 말씀을 붙잡고 순종하기 위하여 몸부림치며 혈과 육을 쳐서 복종시켜 나가고 있는가? 하나님의 말씀과 음성에 순복하고 있는가? 하나님께 순복하고 있는가? 그렇다면 마귀를 대적해야 한다. 마귀가 떠나갈 것이다.[130]

또한 기도로 영의 통로를 거룩히 하고 있는가? 하나님은 영이시다. 어찌 혼적인 생각의 기도가, 육적인 생각의 기도가[131] 하나님의 영의 통로를 거룩히 하며 확장시킬 수 있는가? 주변에 하나님의 선한 신유 사역자들을 보자. 그들이 그들의 거룩한 영의 통로를 어찌 활성화시키며 유지해 나가는가? 바로 영의 기도를 통하여 하나님의 거룩한 통로를 유지하며, 확장시켜 나가며, 활성화시켜 나가는 것이다.

영으로부터 흘러나오는 권세 있는 말들을 어찌 우리의 혀를 통하여 만들어낼 수 있겠는가? 영의 통로를 어찌 거룩히 하겠는가?

---

129 (딤전 4:5, 개정) "하나님의 말씀과 기도로 거룩하여짐이라"

130 (약 4:7, 개정) "그런즉 너희는 하나님께 복종할지어다 마귀를 대적하라 그리하면 너희를 피하리라"

131 방언기도가 아닌 육성의 기도, 즉 우리의 이성과 생각에 따라 간구하는 기도를 의미한다.

영의 통로를 거룩히 하기 위해서는 하나님께서 주신 선물, 영의 기도, 성령의 언어인 방언을 통하여 영의 통로를 거룩히 해야 한다는 것이다.[132] 영의 통로를 통하여 권세 있는 말이 흘러나가는 것이다.

영의 통로를 어찌 육으로 거룩히 할 수 있는가? 영은 쉬지도, 졸지도, 먹지도, 자지도 않으나 영적인 그 통로를 어찌 육으로 활성화할 수 있겠는가? 우리는 영적인 존재이다. 우리는 영적인 존재로서 쉬지도, 졸지도, 먹지도, 자지도 않는 존재라는 것이다. 그러한 영적인 통로를 거룩히 하고자 할 때 육적으로 어찌 거룩히 할 수 있겠는가? 우리는 피곤하면 자야 한다. 우리는 쉬지 않고 일할 수 없다. 우리는 먹지 않고 생명을 유지할 수 없다.

우리의 영적인 통로를 거룩히 하기 위해서는 기도해야 한다. 그것이 무엇인가? 우리의 영에서부터 나오는 방언을 통하여 그 통로를 정화하며, 거룩히 하여 성령으로부터 흘러나오는 영적인 권세 있는 말이 영의 통로를 통하여 우리의 혀의 말로서 만들어져 선포

---

132 즉, 방언은 사람에게 하지 아니하고 하나님께 하는 것으로 성령이 말하게 하심에 따라 그들의 영으로 하나님께 비밀을 말하는 것이다. 그러하기에 영의 기도인 방언을 통하여 하나님의 음성을 듣는 영의 통로가 확장되어 하나님의 음성이 투영되게 된다. 그리할 때 점진적으로 우리의 영의 통로 역시도 거룩해지게 되는 것이다. 방언은 우리의 영을 거룩히하며 영적인 상태를 정화하는 순기능을 지니고 있다.
(고전 14:2, 개정) "방언을 말하는 자는 사람에게 하지 아니하고 하나님께 하나니 이는 알아듣는 자가 없고 영으로 비밀을 말함이라"
(행 2:4, 개역) "저희가 다 성령의 충만함을 받고 성령이 말하게 하심을 따라 다른 방언으로 말하기를 시작하니라"

할 때, 그 말이 역사하는 힘이 크다는 것이다. 이 말을 잘 기억해야 한다. 우리들이 그저 말한다고 해서 그것이 모두 권세 있는 말이 아니다. 그 통로가 영으로부터 흘러나오는 성령의 음성인가? 우리의 생각인가? 우리의 혼적인 생각에서 나오는 사탄의 음성이냐에 따라 역사하는 힘이 다르다는 것이다.

어떻게 해야 하는가? 우리의 영적인 통로, 영으로부터 흘러나오는 성령의 음성을 투영하기 위해서는 어떻게 해야 하는가? 영의 통로를 거룩히 해야 한다는 것이다. 하나님의 말씀과 기도로 거룩하여 짐이니, 하나님의 말씀과 기도를 붙잡고 나아갈 때 비로소 믿는 자들에게 나타나는 표적, 곧 예수님 그리스도의 이름으로 귀신을 쫓아낼 수 있으며, 병든 자에게 손을 얹은즉 나을 수 있다는 것이다. 이것이 바로 하나님의 나라 확장의 길이다.

예수 그리스도는 이 땅의 공생애 사역 가운데 무엇을 하였는가? 가르쳤다. 귀신을 쫓아내었다. 병든 자를 치유하였다.[133] 이 3가지 사역을 3년의 기간 동안 보여주지 않았는가? 모델로서 예수 그리스도가 "하나님의 나라 확장은 이렇게 하는 것이다. 제자들아! 내가 어떻게 가르치는지, 내가 어떻게 귀신을 쫓는지, 내가 어떻게 병든 자를 치유하는지를 보라! 그리고 이 능력 사역과 함께 복음을 전하라! 기쁜 소식을 전하라!"라고 말한 것이다.

---

133 (마 4:23, 개정) "예수께서 온 갈릴리에 두루 다니사 그들의 회당에서 가르치시며 천국 복음을 전파하시며 백성 중의 모든 병과 모든 약한 것을 고치시니"

예수 그리스도는 하나님이시기에 능력 그 자체이다.[134] 그러나 3년의 공생애 기간 동안 어찌 하나님의 나라를 확장해야 하는지를 그 모델로서 보여준 것인즉, 예수 그리스도의 공생애 사역 가운데 병든 자를 치유했으며, 귀신을 쫓아냈으며 또한 가르치는 사역을 했다. 병든 자를 다시 살펴보면, 그 병든 자 가운데 얼마나 많은 자들이 귀신에 들렸었는가? 귀신으로 인하여 병이 생긴 것이 아닌가? 귀신을 쫓아냄으로 그 병이 자연 치유되며 회복되는 것들이 얼마나 많이 기록되어 있는가?

우리의 영으로부터 흘러나오는 성령의 권세 있는 말이 우리의 혀를 통하여 만들어져 선포할 때, 귀신이 떠나가며, 귀신이 잡고 있었던 그 병들이 치유될 수 있다는 것이다. 어떻게 해야 하는가? 혀의 권세를 먼저 찾는 것이 믿는 자의 표적을 나타내는 가장 첫걸음이라는 것이다. 혀의 권세를 하나님께 올려야 한다.

이미 말하였던 대로 방언을 통하여 영적인 통로를 정화하며 거룩하게 할 때, 그 영으로부터 흘러나오는 성령의 능력 있는 말들이 거침없이 쏟아져 나오는 것이니 방언과 능력과의 연관 관계는 밀접하다는 것이다.

혀의 권세를 찾아야 한다. 우리의 혀에서 만들어지는 말들을 살

134 (히 1:3, 개정) "이는 하나님의 영광의 광채시요 그 본체의 형상이시라 그의 능력의 말씀으로 만물을 붙드시며 죄를 정결하게 하는 일을 하시고 높은 곳에 계신 지극히 크신 이의 우편에 앉으셨느니라"

펴보고, 분노의 말이 나오지 않도록, 저주의 말이 나오지 않도록, 원망의 말이 나오지 않도록, 불법의 말들이 나오지 않도록, 불의와 음란과 정욕적인 말들이 나오지 않도록 혀에 족쇄를 채워야 한다.

어찌 한 입에서 찬송과 저주가 나올 수 있는가?[135] 어찌 한 입에서 병든 자를 치유하는 선포의 말과 원망과 분노의 말이 함께 나올 수 있는가? 그렇게 할 때 권세 있는 말로 역사하는 힘이 크지 않겠는가? 이 저주의 말이 우리의 혀에서 만들어지는 한 어찌 권세 있는 말들이 역사할 수 있겠는가? 한 입에서 찬송과 저주가 어찌 나올 수 있는가? 한 우물에서 쓴물과 단물이 어떻게 나올 수 있는가?[136] 우리는 그 우물을 어디로부터 끌어댈 것인가? 그 우물에서 쓴물이 나오지 않도록 단물의 생수의 물줄기를 뚫어야 하지 않겠는가? 우물이 어떠한 통로를 통하여 뚫어지느냐에 따라 쓴물이 나오기도 하며 단물이 나오기도 하는 것이다.

우리에게 단물이 나오기 위해서는 생수의 강에서 물줄기를 끌어대야 하는 것인즉, 그 생수의 물줄기를 끌어올리기 위하여 마중물을 붓는 것이 바로 우리 혀의 족쇄를 채우는 것이 될 것이다. 그것이 바로 생수의 물줄기를 끌어올리기 위한 마중물을 붓는 것이니, 혀의 족쇄를 채워 나가며, 혀를 단속해야 한다. 우리의 말에서 분노

135 (약 3:10, 개정) "한 입에서 찬송과 저주가 나오는도다 내 형제들아 이것이 마땅하지 아니하니라"

136 (약 3:11, 개정) "샘이 한 구멍으로 어찌 단 물과 쓴 물을 내겠느냐"

와 저주와 원망과 불법의 말이 나오지 않도록 혀에 족쇄를 채워 나가야 한다. 그리할 때 생수의 물줄기가 쏟아져 나오며, 그것이 바로 병든 자에게 선포할 때 소경이 눈을 뜨게 되는 것이며, 앉은뱅이가 일어나게 되는 것이며, 문둥병이 치유되는 것이다. 이것이 바로 믿는 자들에게 나타나는 표적, 그 첫 번째 원리인 혀의 권세를 누구로부터 받는가에 따라서 나타나는 현상의 결과라는 것이다.

명심해야 한다. 우리의 혀에서 만들어지는 말이 어디로부터 기인된 것인가? 누구로부터 받는 권세인가? 그 근원에 따라 생수의 물줄기를 끌어올리는 성령의 말이 될 수도 있으며, 또한 혼에서부터 흘러나오는 원죄를 품은 사탄의 음성일 수도 있다는 것이다. 우리의 혀에서 만들어지는 그 말로 인하여 사람을 살리기도 하며 죽이기도 한다. 우리 혀의 권세가 어디로부터 기인된 것인가를 묵상해야 한다.

17. 하나님의 나라 삶의 열매

하나님의 나라는 보이는 것으로 임하는 것이 아니기에 맛보아 아는 자들이 갈망한다. 하나님의 나라 자녀로 사는 자들만이 그 나라에서 누리는 평강과 희락을 알게 되므로 하나님 안에서의 안식을 느끼게 된다. 설령 폭풍과 환란과 비바람과 여러 가지 문제로 인하여 환경이 막혀있을지라도, 그 안에서 평강을 누릴 수 있는 것은 바로 자신의 나라에서 사는 것이 아니라, 하나님의 나라에서 통치를 받고 살고 있음을 알고 있기 때문이다.

자신의 나라에서 자기 뜻대로 자신의 의지대로 살아온 자들을 보면 자기 능력의 한계에 부딪힐 때마다 좌절한다. 자신이 최선을 다하여 최상의 결과를 낼 때 만족한다. 그러나 세상이 어찌 그리 호락호락하게 돌아가는가? 그렇게 되지 않는다. 자기 생각과 뜻과 의지로는 이 세상의 신을 이겨낼 수 없다는 것이다.

사탄은 이 세상의 신[137]으로 우리를 흔들며, 무너뜨리며, 낙망하며, 좌절하여 모든 것을 포기하도록 이끌어 가는 영이다. 사탄이 낙망과 염려와 근심과 걱정으로 공격할 때, 자신의 뜻과 의지와 생각

137 (고전 2:12) 우리가 세상의 영을 받지 아니하고 오직 하나님으로부터 온 영을 받았으니 이는 우리로 하여금 하나님께서 우리에게 은혜로 주신 것들을 알게 하려 하심이라
(고후 4:4) 그 중에 이 세상의 신이 믿지 아니하는 자들의 마음을 혼미하게 하여 그리스도의 영광의 복음의 광채가 비치지 못하게 함이니 그리스도는 하나님의 형상이니라

으로 삶을 살아왔다면 모래 위에 지은 집처럼 무너져 내릴 수 있다는 것이다. 그러나 하나님의 나라에서 하나님의 뜻과 의지와 생각으로 통치되고 순종하며 살아온 사람들은 자신이 할 수 없다는 것을 앎으로 오직 하나님을 의지한다. 막힌 담이 있을 때, 환란이 올 때, 고난과 핍박과 정죄를 통하여 우리 삶 가운데 큰 회오리바람이 불어올 때, 피난처 되시는 하나님의 그늘 밑에 숨어 하나님의 통치받는 것을 알기에 안식할 수 있다. 자유 할 수 있다. 자신의 의지와 뜻과 생각으로 막힌 담을 뚫을 수 없다는 것을 아는 자녀들은 하나님을 의지함으로 뚫고 나갈 수 있다는 것이다.

사탄의 나라에서 마귀의 종속을 입는 마귀의 자식들은 자신의 뜻에 따라 살아간다. 자신의 의지로 자신이 왕인 것처럼 자신의 나라에서 뜻대로 살아간다는 것이다. 자신의 나라에서 자신의 왕국에서 살아가는 자들은 이 세상이 전부인 것처럼 살아간다. 또한 이 세상에 끝이 있음을 인식하지 못한 채, 자신의 나라에서 오로지 눈앞의 것에 연연하며 살아간다는 것이다. 그러나 누구든지 반드시 죽는다.[138] 한번 죽는 것은 사람에게 정해져 있은즉, 자신의 나라에서 자신의 뜻과 의지대로 사는 자들은 자신의 나라의 종말 속에서 생명이 멈춰질 때 사탄의 손에 이끌려 지옥에 떨어진다는 것이다. 사탄의 나라 통치를 받으며 본질상 진노의 자녀[139]로서 살아갔다면,

138 (히 9:27, 개정) 한번 죽는 것은 사람에게 정해진 것이요 그 후에는 심판이 있으리니
139 (엡 2:3) 전에는 우리도 다 그 가운데서 우리 육체의 욕심을 따라 지내며 육체와 마음의 원하는 것을 하여 다른 이들과 같이 본질상 진노의 자녀이었더니

그 끝은 사탄의 손에 이끌려 사탄의 종속이 있는 나라인 지옥으로 떨어진다는 것이다. 그러나 환란과 고난과 어려움 속에서도 하나님의 통치를 받으며, 자신의 뜻을 내려놓고, 자신의 의지와 생각으로 삶을 산 것이 아니라, 하나님의 통치와 성령의 법 안에서 하나님의 뜻에 맞도록 순종해 살아갔다면, 마지막 삶의 끝에 성령의 통치를 입은 자들은 완전한 하나님의 나라인 천국으로 이끌어 간다는 것이다.

성령의 통치는 성령이 임하여 하나님의 자녀 되는 권세를 입은 자들을 통치할 수 있으므로 성령의 내주한 자녀들이 바로 하나님의 통치를 받는다는 것이다. 자녀의 영 안에 성령이 내주함으로 하나님의 통치를 받는다면, 모든 책임은 하나님께서 지신다는 것이다. 우리의 뜻과 생각과 의지가 아니라, 하나님의 뜻과 생각과 의지로 순종하며 하나님의 통치권 안에서 살아갔다면, 마지막 그 순간도 하나님께서 통치권 안에서 우리를 책임지는 것이니, 하나님의 손에 이끌려 아버지의 나라 천국에 입성할 수 있다는 것이다.

우리는 지금 누구의 통치를 받고 있는가? 사탄의 통치를 받아 마귀의 자식으로 본질상 진노의 자녀로 여전히 살아가고 있는가? 사탄의 나라에서 그의 소유된 백성으로 살고 있는가? 그렇다면 우리가 갈 곳은 지옥이다. 그러나 성령이 내주하심으로 성령의 통치에 의하여, 우리의 뜻과 생각과 의지를 내려놓고 하나님의 뜻에 합당한 삶을 살고 있다면, 아바 아버지의 손에 이끌려 천국에 입성할 수 있다는 것이다. 누구의 통치를 받느냐에 따라서 우리가 영생의 가는 길이 다르다는 것이다.

성령의 통치는 성령의 내주로부터 시작한다. 성령의 법이 우리를 통치하는 것은 우리가 예수 그리스도를 영접하므로 죄인이었으나, 의인으로 칭함 받음으로 성령이 내주할 때, 우리의 영 안에 하나님의 나라가 도래하는 것이며, 성령이 친히 성화의 과정을 통하여 거룩한 하나님의 나라에 합당하도록 우리에게 거룩과 경건을 요구하며 양육해 나간다.

하나님께서 거룩하니 우리도 거룩하라고 말하지 않았는가? 에덴동산에서 아담과 하와가 쫓겨난 것은 거룩성을 잃었기 때문이다. 사탄의 통치를 받았기 때문이다. 사탄의 통치를 받고 우리 안에 교만이라는 죄성이 투입되므로 거룩성을 잃어버렸기 때문이다. 거룩성을 잃어버렸다면 삶은 경건해질 수 없으며, 그로 인하여 죄를 짓게 된다는 것이다. 죄를 지을 때, 그 합법적인 죄의 명분으로 사탄이 종노릇 하도록 우리를 통치해 나가기 시작한다. 거룩과 경건을 잃어버릴 때, 사탄이 합당한 명분을 가지고 사탄의 나라에 우리를 백성으로 삼기 위하여 물어뜯듯 달려든다. 결국 사탄의 공격으로 말미암아, 우리는 사탄의 소유, 사탄의 나라에서 백성 된 삶을 살아간다.

그러나 사탄의 나라 종속을 끊고, 사냥꾼의 올무에서 풀린 새처럼, 우리가 하나님의 나라 자녀의 삶을 선택해 나아간다면 성령의 통치가 강력해지므로, 하나님의 나라 평강과 의와 희락을 느낄 수 있도록 인도한다는 것이다.

앞에서 설명한 것처럼, 하나님의 나라는 눈에 보이는 것이 아니다.[140] 하나님의 나라는 성령의 내주로 인하여, 성령의 통치로 인하여, 하나님의 성품이 우리 안에 열매 맺게 되므로 나타나는 열매가 있다는 것이다. 그것이 바로 성령의 열매[141]가 될 것이다. 성령의 통치가 얼마나 강력 하느냐에 따라 성령의 열매가 맺힌다. 우리는 하나님의 형상으로 빚은 하나님의 자녀이다. 하나님의 형상을 찾는 첫걸음 가운데 성령의 내주가 있으며, 성령의 내주로 인하여 성령의 통치가 강력해진다면, 그 통치권 안에서 성령의 열매가 맺어진다는 것이다. 성령의 9가지 열매가 맺혀지므로 우리는 사랑할 수 없는 사람을 사랑할 수 있다. 죽기까지 사랑하는 단계까지 우리가 이를 수 있다는 것이다. 희락이 있다. 평안이 있다. 오래 참으며, 자비를 가지고, 이웃들을 바라볼 수 있다. 온유함과 절제함과 양선을 가지고 하나님께서 말씀하신 계명을 지켜나갈 수 있다는 것이다.

성령의 통치가 임할 때, 하나님의 법은 우리를 경건과 거룩하도

---

140 (눅 17:20-21, 개정) [20] 바리새인들이 하나님의 나라가 어느 때에 임하나이까 묻거늘 예수께서 대답하여 이르시되 하나님의 나라는 볼 수 있게 임하는 것이 아니요 [21] 또 여기 있다 저기 있다고도 못하리니 하나님의 나라는 너희 안에 있느니라

141 (갈 5:22-23, 개정) [22] 오직 성령의 열매는 사랑과 희락과 화평과 오래 참음과 자비와 양선과 충성과 [23] 온유와 절제니 이같은 것을 금지할 법이 없느니라

록 하기 위하여 통치를 시작한다. 그것이 무엇이겠는가? 분노하지 않아야 한다, 미워하지 않아야 한다, 시기하지 않아야 한다, 혈기를 부리지 않아야 한다. 사탄의 나라에서 사탄의 종속으로 인하여 맺혀진 열매[142]들을 끊어내며 성령의 열매로 바꾸기 위하여 하나님께서 신실하게 일하신다는 것이다.

성령이 우리에게 임하여 하나님의 나라가 도래되었다면, 사탄이 우리를 통치하므로 맺혀졌던 사탄의 성품을 끊어 내는 것부터 시작한다. 바로 이것이 속사람과 겉사람의 싸움이며, 속사람의 성품인 성령의 열매가 맺혀지도록 고난과 환란과 어려움을 통하여 우리를 연단 시켜 나간다. 성령의 열매가 어떻게 맺혀지겠는가? 고난 가운데 맺혀질 수 있다. 사랑할 수 없는 사람을 사랑해야 한다는 하나님의 통치의 법에 의하여, 그 말씀을 감동으로 받고 사랑하고자 몸부림칠 때 성령의 사랑의 열매가 맺혀진다는 것이다. 희락 할 수 없는 환경 속에서 기뻐하기 위하여, 우리의 삶을 변화시켜 나아간다면 그로 인하여 성령의 열매가 맺혀진다. 쉽게 분노하며, 쉽게 혈기를 부렸던 그 성품들이 고난과 환란과 어려움을 통하여 하나님의 통치하에 우리가 순종하며 살아갈 때 맺혀지는 것이 있으니 바로 성령의 열매가 될 것이다.

---

142 (갈 5:19-21, 개정) [19] 육체의 일은 분명하니 곧 음행과 더러운 것과 호색과 [20] 우상 숭배와 주술과 원수 맺는 것과 분쟁과 시기와 분냄과 당 짓는 것과 분열함과 이단과 [21] 투기와 술 취함과 방탕함과 또 그와 같은 것들이라 전에 너희에게 경계한 것 같이 경계하노니 이런 일을 하는 자들은 하나님의 나라를 유업으로 받지 못할 것이요

성령의 통치가 더 강력하게 임하는 조건이 무엇인지 아는가? 바로 순종이다. 우리가 하나님의 통치에 의하여 하나님의 말씀을 감동으로 받을 때, 그 말씀에 따라 살아가기로 결단하며 순종할 때, 성령의 통치가 더 강력해지며 속사람이 강건해지므로, 사탄의 나라에서 우리가 흡수했던 사탄의 성품과 겉사람의 기질들을 더욱 복종시켜 하나님의 형상으로 복원된다는 것이다. 하나님의 형상으로 복원하기 위하여 성령은 더욱 성령의 통치의 법으로 우리를 인도해 나간다. 말씀대로 살며, 믿으며, 순종해 나가는 삶을 성령이 요구하시므로 사탄의 나라에서 흡수했던 사탄의 성품을 파쇄하며 성령의 열매로 우리를 변화 시켜 나간다는 것이다. 이것이 속사람과 겉사람[143]의 싸움이며 하나님의 나라의 자녀로서 이 땅에 하나님의 나라가 도래한 하나님의 자녀에게 성령이 행하시는 일이다.

성령의 열매가 맺어지게 하기 위하여 성령은 고난을 허락하시는 것이다. 연단을 허락하시는 것이다. 더 혹독한 훈련을 통하여 그들의 기질을 바꿔나가기 위하여 하나님께서 그들을 성령의 통치의 법으로 인도해 나간다는 것이다. 그 통치의 법, 하나님의 말씀을 감동으로 받을 때, 그 말씀에 따라 순종하는 삶을 선택한다면 그들에게 맺혀지는 열매가 바로 성령의 열매이다. 하나님의 나라는 성령의 열매가 맺혀진 자들로 인하여 확장되어 나간다는 것이다.

---

143 (고후 4:16) 그러므로 우리가 낙심하지 아니하노니 우리의 겉사람은 낡아지나 우리의 속사람은 날로 새로워지도다

18. 하나님의 용사와 군대

하나님의 시간표를 살펴보고, 마지막 때에 징조들을 보자. 마지막 때를 살아갈 때 두려워하지 않도록 하나님의 말씀 가운데 마지막 때의 징조들을 보여 주신다.[144] 주변을 둘러보고, 말씀에 따라 분별해야 한다. 하나님은 일점일획도 어긋남이 없이 말씀을 성취하시는 진리의 하나님이시다. 이 혼탁한 시대 가운데 진리의 말씀을 붙잡고 일어나는 하나님의 군대[145]들을 지금 하나님은 모으고 있다.

사탄도 자신의 군대들을 세워나가며 이 세상을 패역한 세상으로 이끌어 가고 있다. 적그리스도를 세워나갈 것이다. 거짓 선지자들을 통해서 혼탁한 비진리가 이 세상을 만연하게 할 것이다. 더러운 우상숭배의 죄와 인간이 만든 신을 더 창출해 낼 것이다.

하나님은 우리를 창조하였다. 그러나 사탄이 우리를 통치함으로 인간이 만든 신이 재창출되고 있다. 이것이 우리를 미혹하는 수단

---

144 (마 24:6-8, 개정) [6] 난리와 난리 소문을 듣겠으나 너희는 삼가 두려워하지 말라 이런 일이 있어야 하되 아직 끝은 아니니라 [7] 민족이 민족을, 나라가 나라를 대적하여 일어나겠고 곳곳에 기근과 지진이 있으리니 [8] 이 모든 것은 재난의 시작이니라
(눅 21:10-13, 개정) [10] 또 이르시되 민족이 민족을, 나라가 나라를 대적하여 일어나겠고 [11] 곳곳에 큰 지진과 기근과 전염병이 있겠고 또 무서운 일과 하늘로부터 큰 징조들이 있으리라 [12] 이 모든 일 전에 내 이름으로 말미암아 너희에게 손을 대어 박해하며 회당과 옥에 넘겨 주며 임금들과 집권자들 앞에 끌어 가려니와 [13] 이 일이 도리어 너희에게 증거가 되리라

145 (딤후 2:3-4) [3] 네가 그리스도 예수의 좋은 군사로 나와 함께 고난을 받을찌니 [4] 군사로 다니는 자는 자기 생활에 얽매이는 자가 하나도 없나니 이는 군사로 모집한 자를 기쁘게 하려 함이라

이다. 이제 진리와 비진리의 전쟁이 일어날 것이다. 이제는 하늘에 속한 자와 땅에 속한 자들의 전쟁이 일어날 것이다. 이것이 바로 요한계시록의 전쟁이며, 마지막 때에 하나님께서 예비하시고 있는 전쟁일진대, 하나님께서 지금 어떻게 일하고 있는지를 알아야 하지 않겠는가?

지금은 마지막 때이다. 그리하여 사탄은 자신의 정체를 드러내며 자신을 나타내고 있다. 우리의 눈으로 보는 것들, 우리가 감각적으로 느끼는 것들, 공중매체 속에 떠돌아다니는 영상들을 살펴보면, 이제 사탄이 자신의 실체를 드러내며 영적으로 통치해나가고 있다. 통제의 시대로 사탄이 종속하며, 세상의 신에 의해 통치하는 시대로 접어들고 있다. 이것이 마지막 때의 징조 가운데 하나이다.

인간이 만든 신에게 우상숭배를 통하여 미혹되어 나갈 것이다. 또한 하나님의 창조 질서를 무너뜨리며, 하나님의 말씀을 땅에 떨어뜨리는 능욕의 행위를 서슴지 않고 행하여 나갈 것이다. 하나님의 창조 질서 가운데 생육하고 번성하여 하나님의 나라를 다스리라는 하나님 말씀에, 사탄은 그들이 세워나가는 종들을 통하여 훼파시켜 나갈 것이다. 사탄의 통치를 받은 사탄의 종노릇 하는 자들을 통하여 인간이 신을 만들어 낼 것이다. 미혹하게 할 것이다. 거짓 선지자들을 드러낼 것이다. 우리는 분별해야 한다. 그리할진대 하나님은 이 전쟁을 준비하지 않겠는가? 하나님은 인격적이다. 그러나 사탄은 비인격적이다. 사탄은 사탄의 군대를 만들어 낼 때, 땅의 전쟁을 수행하기 위하여 그들의 종노릇 하는 자들을 만들어 낼 때, 세상의 재물을 그들에게 준다. 명예를 준다. 성공을 준다. 자신이 만든 신을 인간에게 주입시키고, 인간이 다시 신을 만들며 그것에게 절할 때, 사탄이 가진 재물을 준다. 성공을 준다. 지금 사탄이 행하고 있는 일이다. 그리하여 인간은 영혼을 사탄에게 팔고 있는 것이다.

사탄의 종노릇 하는 자들로 인하여, 인간이 신을 만들어서 금송아지에게 절을 할 때, 사탄이 가진 권세를 인간에게 뿌려주며, 그 악의 산물을 인간이 먹을 때, 사탄과 땅에 속한 전쟁을 준비하는 사탄의 무리로 전락하여 나가는 것이다. 지금 사탄은 자신의 종노릇 하는 자들을 통하여 하늘과 땅의 전쟁을 준비하고 있다. 이것은 계시록의 성취 가운데 일어나는 일이다. 하나님 말씀의 예언이 성취될 때, 사탄은 그저 도구로서 자신의 직임을 다할 뿐이다. 이미 이 말은 여호와의 말이며 말씀에 기록된 예언의 말씀이다. 이 예언의 말씀을 성취하기 위하여 하나님께서 사탄을 허락한 것이다. 그리할진대 하나님은 이 전쟁에 아무것도 하지 않은 채 바라만 보고 있겠는가? 하나님은 인격적이다. 하나님의 자녀로서의 삶을 살아가는 순종하는 자녀들을 통하여 인격적으로 하나님의 군대를 이끌어 나가고 있다. 사탄은 자신이 가진 권세를 가지고 비인격적으로 그들을 점령함으로 자신의 종들을 세워나가는 것이다.

요한계시록을 보면, 마지막 때의 전쟁은 진리와 비진리의 전쟁이다. 하늘과 땅의 전쟁이다. 하나님의 군대와 사탄의 종노릇 하는 군대와의 치열한 전쟁인즉, 이제 하나님의 군대를 세워나가는 그 일을 하나님께서 행하고 계신다는 것이다.

우리는 하나님의 군대가 되어야 한다. 하나님의 군대는 하나님의 영으로 하나님의 나라를 이룬 자들 가운데 선발될 것이다. 하나님께서 이제 징집명령을 내릴 것이다. 하나님의 나라 군대의 자격은 하나님의 나라 삶을 사는 자들에 의하여 마지막 전쟁을 수행하는 용사로 세워나갈 것이다. 그러나 인격적인 토기장이 하나님께서 우리를 만들 때 우리 안에 자유의지로 선택하며, 희락을 넣어주며, 기뻐하며 우리가 원하는 것들을 선택할 수 있는 권세를 주었다. 이것은 권세이다. 우리가 자유의지로 선택하며 하나님 안에서 성령의 통치법에 따른다면, 우리가 누리고자 하는 것들이 복종되며, 하나님의 나라를 이루어 가는 놀라운 권세를 준 것이다.

그러나 세상의 신인 사탄은 그 권세를 잠식하며 빼앗고 있다. 그러할지라도 우리가 하나님 안에서 순복한다면, 그리하여 마귀를 대적한다면 마귀가 순복하며 음부의 권세가 이기지 못한다는 것이다. 그러한 성화의 삶을 살아갈 때 하나님의 나라가 우리 안에 이루어지며, 그 하나님의 나라 삶을 살고 있는 자녀들을 통하여, 마지막 때 하나님의 군대를 일으켜 하늘과 땅의 전쟁을 수행하는 용사들로 세워나갈 것이다. 하나님은 지금 준비하고 있다. 하나님의 군대가 되겠는가? 하나님의 징집명령에 아멘으로 순종하겠는가? 그렇다면 인격적인 토기장이 하나님께서 우리를 빚으신 대로, 우리가 기뻐하고 즐거워하는 그 영역 안에서 하나님께서 우리를 쓸 것이다.

하나님은 이제 아브라함의 중보의 군대를 세워나갈 것이다. 요엘의 신부의 군대를 세워나갈 것이다. 다윗의 영적 용사의 군대를 세워나갈 것이다. 이제 여호수아의 점령 군대를 세워나갈 것이다. 이 모든 것 위에 용병으로서 성령 하나님의 군대를 세워나갈 것이다.

아브라함의 중보의 군대는 무엇을 감당해야 하겠는가? 바로 이 땅을 향한 중보자이다. 중보의 부대를 일으켜 나갈 것이다. 아브라함은 중보자이다. 예수 그리스도의 영을 충만히 받은 자들은 유일한 중보자이신 예수 그리스도의 영으로 중보 할 수 있다. 하나님과 어떠한 대상과 중간에 서서 하나님과 연합 시키고, 화합시키는 그 기도를 올리는 자가 바로 중보자이다. 어떤 대상과 사탄의 중간에 서서 사탄의 올무를 파쇄하며 결박을 파쇄하는 기도를 올리는 자들이 중보자이다. 이제 아브라함의 중보의 군대를 세워나갈 것이다. 아버지의 마음을 아는 자, 아버지의 눈물을 보는 자, 이들을 통하여 아브라함의 중보의 군대를 세워나갈 것이다. 무엇보다도 친밀함의 단계로서[146] 하나님의 마음을 받는 자들을 통하여, 어떠한 대상과 하나님을 연합시키고, 또한 어떠한 대상과 사탄의 중간에 서서 파쇄하는 기도를 올리며, 열방을 하나님의 전쟁을 수행할 수 있는 땅

146 아브라함의 친밀함 : (창 18:17, 개정) 여호와께서 이르시되 내가 하려는 것을 아브라함에게 숨기겠느냐

으로 기경 시켜 나가는 그 일을 아브라함의 중보의 군대가 할 것이다. 이제 놀랍도록 중보자들을 세워나갈 것이다.

또한 요엘의 거룩한 신부의 군대들을 세워나갈 것이다. 이제 마지막 때이다. 주가 오신다. 주가 오시는 그 일 가운데 우리는 주의 길을 예비해야 한다. 주가 오실 길을 예비해야 한다. 광야의 외치는 자의 소리가 있은즉 주의 오실 길을 예비해야 한다. 이제 세례요한의 그 외침이 다시 요엘의 거룩한 신부의 기도 가운데 올려져야 할 것이다.[147]

주가 오실 때에 영광의 왕으로 오실 것이다. 만주의 주, 만왕의 왕으로 오실 것이다. 신부들의 "호산나! 호산나!" 기뻐하며 환영하는 그 음성을 즈려밟고 오실 것이다. 주가 오시는 그 상황 가운데 요엘의 신부들이 주가 오실 길을 예비하게 될 것이다. 주가 오실 수 있는 가장 기본적인 조건이 있은즉, 바로 주가 오시는 것을 사모하는 신부들의 기도가 올려져야 한다.

아멘! 주 예수여 어서 오시옵소서![148]

---

147 (마 3:1-3, 개정) [1] 그 때에 세례 요한이 이르러 유대 광야에서 전파하여 말하되 [2] 회개하라 천국이 가까이 왔느니라 하였으니 [3] 그는 선지자 이사야를 통하여 말씀하신 자라 일렀으되 광야에 외치는 자의 소리가 있어 이르되 너희는 주의 길을 준비하라 그가 오실 길을 곧게 하라 하였느니라

148 (계 22:20, 개정) 이것들을 증언하신 이가 이르시되 내가 진실로 속히 오리라 하시거늘 아멘 주 예수여 오시옵소서

오직 주가 오실 것을 사모하는 요엘의 신부가 되어, 하나님의 음성을 듣고 성령을 통하여 기도를 올리는 자에게 하나님의 오실 길을 보여주며 그 일을 예비하게 할 것이다.

광야의 외치는 자가 있어 주의 오실 길을 예비하라!

주의 오실 길은 예비하는 것은 사모함이다. 간절함이다. 신부가 신랑을 기다리는 간절함으로 기도하는 요엘의 거룩한 신부의 부대들을 세워나갈 것이다. 하나님께서 하나님의 영을 만민에게 부어주리니 우리는 장래 일을 말할 것이다. 노인은 꿈을 꿀 것이며, 젊은이는 환상을 볼 것이다.[149] 그리하여 하나님께서 가는 길을 요엘의 거룩한 신부들의 사모함 기도를 통하여, 요엘의 신부의 군대들을 통하여 준비해 나갈 것이다. 그렇다면 우리가 준비하는 것인가? 그렇지 않다. 하나님께서 준비하는 것이다. 이제 먹고 마시는 하나님의 나라가 아니라, 희락과 평강과 의의 삶을 살고 있는[150] 아브라함과 같은 중보의 부대와 요엘의 신부의 부대를 세워 하나님께서 스스로 하나님의 갈 길을 예비하실 것이다. 우리가 준비하는 것이 아니다. 하나님 스스로 성령을 통하여 하나님께서 가는 길을 예

---

149 (욜 2:28-30, 개정) [28] 그 후에 내가 내 영을 만민에게 부어 주리니 너희 자녀들이 장래 일을 말할 것이며 너희 늙은이는 꿈을 꾸며 너희 젊은이는 이상을 볼 것이며 [29] 그 때에 내가 또 내 영을 남종과 여종에게 부어 줄 것이며 [30] 내가 이적을 하늘과 땅에 베풀리니 곧 피와 불과 연기 기둥이라

150 (롬 14:17, 개정) 하나님의 나라는 먹는 것과 마시는 것이 아니요 오직 성령 안에 있는 의와 평강과 희락이라

비할 것이다. 하나님께서 오실 길은 하나님의 나라 본체 되시는 하나님께서 예비하며, 성령을 통해서 부어진 하나님의 군대를 통하여 그 일을 예비하게 할 것이다.

아브라함의 중보의 군대여 일어날지어다!
요엘의 신부의 군대여 일어날지어다!
이제 다윗의 영적 용사의 군대여 일어나라!
하늘과 땅의 전쟁이로다.

하나님께서 우리에게 천국 열쇠를 주시며, 이 땅에서 매면 천국에서도 매일 것이고, 이 땅에서 풀면 천국에서 풀린다고 말씀하셨다.[151] 하나님께서 우리를 교회로 기름 부으셔서, 우리 안에 교회가 있다면 음부의 권세가 이기지 못할 것이다. 하나님께서 천국 열쇠를 주어 음부의 권세를 파쇄하는 능력을 줄 것이다. 마치 골리앗 앞에 선 다윗처럼, 천국열쇠를 가지고, 예수 그리스도의 이름을 선포하며 대적할 때, 골리앗을 무너뜨린 것처럼 하나님께서 그 일을 감당하게 할 것이다. 다윗은 영적 용사이다. 강력한 하나님의 용사로서 예수 그리스도의 이름으로 나아가며, 이 전쟁은 여호와께 속한 전쟁이며, 어둠의 권세 앞에서도 다윗처럼 포효하며 부르짖는 자들을 통하여 하나님께서 그 전쟁을 수행해 나갈 것이다. 사탄은 두려

151 (마 16:18-19, 개정) [18] 또 내가 네게 이르노니 너는 베드로라 내가 이 반석 위에 내 교회를 세우리니 음부의 권세가 이기지 못하리라 [19] 내가 천국 열쇠를 네게 주리니 네가 땅에서 무엇이든지 매면 하늘에서도 매일 것이요 네가 땅에서 무엇이든지 풀면 하늘에서도 풀리리라 하시고

움을 주며, 칼과 창과 단창으로 마치 골리앗이 가지고 있는 무기를 통하여 우리를 위협해 나갈 것이다. 처처에 전쟁이 일어날 것이다.

마지막 징조 가운데 전쟁이 일어나며, 나라와 나라가 서로 대적하며 싸울 것이다. 전쟁의 소용돌이 속에서 그들은 칼과 창과 단창으로 골리앗이 우리 앞에 선 것처럼 위협해 나갈 것이다. 그리할 때, 다윗의 영적 용사는 골리앗 앞에 서서 이렇게 외칠 것이다.

> 너는 칼과 창과 단창으로 내게 나오거니와 나는 만군의 여호와 이름 예수 그리스도 이름으로 네가 모욕하는 이스라엘 군대 하나님의 이름으로 너에게 나아간다.[152]

예수 그리스도 이름의 권세를 가진 다윗의 영적 용사의 군대들이 불같이 일어나 칼과 창과 단창으로 두려움을 가지고 다가오는 골리앗 앞에 세워나갈 것이다. 그리하여, 이 전쟁은 여호와께 속한 것이라고 부르짖을 때 음부의 권세를 우리 앞에 무릎 꿇게 할 것이다. 이제 천국 열쇠를 가진 다윗의 영적 용사들이 일어날 것이다. 성령을 통해서 그 능력을 부어 줄 것이다. 아브라함의 중보의 군대

152 (삼상 17:45-47, 개정) [45] 다윗이 블레셋 사람에게 이르되 너는 칼과 창과 단창으로 내게 나아 오거니와 나는 만군의 여호와의 이름 곧 네가 모욕하는 이스라엘 군대의 하나님의 이름으로 네게 나아가노라 [46] 오늘 여호와께서 너를 내 손에 넘기시리니 내가 너를 쳐서 네 목을 베고 블레셋 군대의 시체를 오늘 공중의 새와 땅의 들짐승에게 주어 온 땅으로 이스라엘에 하나님께서 계신 줄 알게 하겠고 [47] 또 여호와의 구원하심이 칼과 창에 있지 아니함을 이 무리에게 알게 하리라 전쟁은 여호와께 속한 것인즉 그가 너희를 우리 손에 넘기시리라

와 주의 오실 길을 예비하는 사모함으로 부르짖는 요엘의 거룩한 신부의 군대가 일어날 때, 인격적인 하나님께서 바알 신에게 무릎 꿇지 않는 용사들을 다윗의 영적 용사의 군대로 훈련하여, 그들을 골리앗 앞에 세워나갈 것이다. 사탄 앞에 세워나갈 것이다. 사탄의 기름 부은 종들 앞에 세워 그들이 부르짖게 할 것이다.

"예수 그리스도 이름으로 명하노니 이 전쟁은 여호와께 속한 것이며, 결코 이 전쟁은 하나님의 군대 대장 지휘 아래 일어나는 것이니, 우리를 멸하지 못할 것이다."라고 외치는 다윗의 영적 용사의 군대들을 무수히 세워나갈 것이다. 이것이 하나님의 계획이다.

그리할 때 이제 여호수아의 점령 군대를 열방의 땅끝 복음의 완수자로 보낼 것이다. 여호수아는 점령의 군대이다. 하나님의 영토인 가나안 땅을 점령했다. 이제 마지막 때에 땅끝 복음이 완성될 때 예수님께서 오실 것이다. 여호수아를 요단강 앞에 세웠을 때, 모세를 통하여 기름부음 받은 그 마음으로 두려움을 극복하여, 하나님 말씀에 순종하는 용사들을 준비시킬 것이다.

이제 마지막 때에는 복음과 생명을 바꿔야 하는 시대가 도래될 것이다. 우리가 하나님을 사랑한다면 세상으로부터 미움을 받을 것이다. 우리가 하나님 이름을 선택한다면 세상으로부터 판단을 받을 것이다. 우리가 하나님을 선택하며 믿음을 선택한다면 생명을 잃어버리는 핍박의 시대가 도래될 것이다. 그리할 때 누가 땅끝 복음을 완성하러 가겠는가? 누가 요단강 앞에 서겠는가? 누가 여리고 성을 돌겠는가? 누가 그 땅끝 복음의 완주자로 가겠는가? "죽으면 죽으리라!" 고백하는 여호수아 군대, 점령의 군대가 들어가는 것이다. 이것이 마지막 때 전쟁 가운데 준비하고 있는 하나님의 군대 모습이다.

여호수아의 점령 군대, 다윗의 영적 용사의 군대, 요엘의 신부의 거룩한 군대, 아브라함의 중보의 부대, 바알 신에게 무릎 꿇지 않는 칠천 명의 훈련된 군대들을 연합하여 사람 낚는 그물을 내릴 것이다.

누구를 통해서 그 일을 하겠는가? 바로 성령 하나님의 군대이다. 이 모든 것의 연합 전쟁은 성령을 통하여 하나님의 군대가 된 용사를 통하여 사도행전 29장이 완성되어 나갈 것이다. 요한계시록이 성취되어 나갈 것이다. 성령 하나님의 군대로 누가 지원하겠는가? 하나님의 나라에 삶을 살고 있으며, 성령의 열매와 그 삶을 살아가고 있는 용사를 통하여, 하나님의 영적 전쟁을 수행하는 하나님의 군대로 세워나갈 것이니, 이는 성령 하나님의 군대이다.

이제 하나님의 군대가 일어날 시간표 안에 있다. 우리의 모든 것을 지으신 인격적인 토기장이 하나님께서 우리의 기질과 성품과 우리가 좋아하는 것들과 하나님을 바라보는 관점에 따라 중보의 군대로 세워나갈 것이며, 거룩한 신부로 세워나갈 것이며, 강력한 다윗의 영성이 있는 자들에게는 영적 용사의 기름 부음을 부어 그 일을 감당하게 하실 것이다. 땅끝 복음의 완수를 소원으로 품고 있는 자들에게는 땅끝 복음의 지경을 넓혀 줄 것이다.

"이 산지를 나에게 주시옵소서!" 외치는 자들을 통하여 여호수아 점령의 군대가 들어가게 할 것이다. 이 모든 것은 성령 하나님의 군대가 마지막 때에 해야 할 일인 것인즉, 이제 그 일을 하나님께서 준비하고 있다.

우리는 어떠한 하나님의 군대가 될 것인지 선택해야 한다. 그리할 때 하나님께서 기름 부어 줄 것이다. 하나님께서 지명하여 불렀던 즉, 그 아름다운 하나님의 군대의 퍼즐로 사용할 것이다. 두려워 말아야 한다. 이 전쟁은 여호와께 속한 것이니 여호와의 군대 대장이 행하시는 일을 보자. 하나님께서 도와주신다. 이 전쟁은 하나님의 손에 의해 예언의 말씀 성취를 위하여 달려가고 있는 믿음의 여정이니 두려워 않아야 한다. 하나님께서 행하신다. 하나님은 여호와의 군대 대장이시다.

PART 3

미래적 하나님의 나라

4장
영원한 하나님의 나라, 천국

01. 천국을 향한 소망

하나님의 나라가 우리의 영 가운데 도래한 자녀들이 가장 기뻐하며, 즐거워하며, 두려워하는 것은 바로 구원에 관한 문제이다. 성령이 내주함으로 그들의 영이 거듭나 하나님의 나라 세계를 경험했다면 그들 가운데 소원이 생기게 된다. 바로 천국을 향한 소망이다. 천국을 향한 침노이다. 천국을 향한 갈망이다. 이전보다 더 거듭나 성령의 통치를 입은 자들은 천국에 대해 더욱 소망하게 된다는 것이다.

하나님의 통치로 이 땅을 살아가고 있는 사람들의 고백을 살펴보자. 그들의 입술에서 어떠한 고백이 나오고 있는가? "이 땅에 미련이 없다. 천국에 가고 싶다. 지금이라도 하나님께서 데려가신다고 할지라도 미련이 없다. 나의 소원은 하나님의 집, 천국에 들어가는 것이다." 그 말을 그의 혼과 육으로 고백했겠는가? 아니다. 성령이 그들의 영 안에서 더 강력한 통치로 이끌어 감으로 혼과 육의 고백이 아니라 영의 고백을 하는 것이다. 천국을 사모하는 것은 하나님의 나라에서 성령의 통치를 입은 영이 거듭나고 깨어난 자들의 고백이다. 신앙고백인 것이다. 천국을 향한 기쁨과 희락과 소망이 있다는 것이다. 그것이 소원이 되어 살아가고 있다는 것이다.

그러나 지옥에 대한 두려움도 있다. 행여 믿음을 잃어버려 지옥으로 떨어질까? 다시 사탄의 나라에서 사탄의 통치로 믿음을 잃어버릴까? 두려워하며 지옥을 두려워한다는 것이다. 우리는 두렵고 떨림으로 구원을 이루어 나가고, 천국을 더 소망해 나가야 한다. 하나님은 우리가 지옥으로 떨어질까 두려워하기를 원하신다.

예수 그리스도를 믿는다면 우리가 구원을 받게 되며, 성령의 통치로 하나님의 나라 백성이 되므로, 종국에 사망 이후에 하나님의 완전한 왕국인 천국으로 입성하게 된다. 그러나 사탄의 통치가 강력해지므로 우리가 그 종속의 끈에서 해방되지 못한다면 그 끈에 묶여 지옥으로 떨어진다는 것이다. 얼마나 많은 무수한 영혼들이 지옥으로 떨어졌는가?

구약시대에 하나님께서 구원의 문을 그토록 열어 놓으며 이스라엘 백성들을 하나님의 왕국, 천국으로 데려가기 위하여 신실하게 일하셨다. 만물을 통해, 율법을 통해, 피흘림의 제사를 통해 구원의 문을 열어놓고 하나님의 나라에 그들을 초청하였다. 그러나 얼마나 많은 이들이 하나님의 나라, 왕국에 초청한 그 초청장을 헌신짝 버리듯이 버렸는가? 구원을 값없는 것으로 치부하여 하나님을 능욕하고 대적하며 떠나갔다. 하나님의 나라 통치를 받고 싶지 않음으로 자신의 생각대로, 자신이 행하고 싶은 대로 행하며 하나님을 떠나갔다. 그들이 간 곳이 어디겠는가? 그들은 음부의 권세의 손에 이끌려 지옥으로 떨어졌다.

지옥은 누구의 소유이겠는가? 누가 만들었겠는가? 사탄이 만들었는가? 하나님께서 만들었겠는가? 지옥은 하나님의 허락하심 안에서 하나님께서 신실하게 만드신 곳이다. 하나님께서 범죄한 천사들을 용서하지 아니하시고, 그들을 지옥에 던져 어두운 구덩이에 두어, 심판의 때까지 지키게 하기 위하여 하나님의 필요에 의해 지옥을 만들었다.[153] 지옥조차도 하나님의 주권과 통치하에 움직이는 곳일진대, 지옥에 던져진 범죄한 천사들, 타락한 천사들이 그곳에서 하나님을 대적하고 능욕하며 하나님의 소원을 철저히 짓밟고 있다는 것이다. 지옥은 천사들이 타락하여 하나님의 심판과 징계를 받기 위해 만든 곳이다. 하나님의 주권과 통치하에 움직이고 있는 곳이다.

153 (벧후 2:4, 개정) 하나님께서 범죄한 천사들을 용서하지 아니하시고 지옥에 던져 어두운 구덩이에 두어 심판 때까지 지키게 하셨으며

구약의 구원의 문은 율법과 피흘림의 제사와 만물을 통하여, 하나님께서 살아있다는 것을 인식하고 율법을 지키는 의를 통하여 하나님께서 열어 놓았다. 그리하여 천국에 인간을 초청하였다. 그런데도 불구하고 하나님의 왕국인 천국의 초청장을 인간은 값없는 것으로 여기고 버림으로써 구원을 잃어버렸다. 그리할 때 하나님께서 어떻게 하셨는가? 하나님의 나라 그 자체이시며, 말씀으로 이 땅을 창조하신 예수 그리스도가 성육신의 몸으로 인간을 대속하기 위하여 이 땅에 내려오신 것이다. 구원의 통로를 하나님 스스로 열기 위하여 하나님의 나라 본체이신 예수 그리스도가 이 땅에 내려오신 놀라운 사건이다. 지옥을 만들 때도 말씀이신 예수 그리스도가 함께 그 일에 합력했음을 기억해야 한다.

사람을 만들 때 무엇이라고 기록되어 있는가? "우리가 우리의 형상대로 사람을 만들자!"[154] 여기서 '우리가'는 누구이겠는가? 성부, 성자, 성령이다. 삼위일체 하나님께서 태초부터 존재하시며 삼위이나 일체로 움직이셨다. 말씀으로 창조하실 때, 그 하나님의 영안의 직임에 따라 삼위로 태초부터 계셨다는 것이다. 말씀이신 창조주 하나님, 성육신의 몸으로 내려오신 그 하나님께서 예수 그리스도이다. 그리할진대 지옥을 만들 때 말씀이신 창조주 하나님, 성육신의 예수 그리스도가 그 사역에 참여하셨다. 지옥조차도 삼위일

154 (창 1:26, 개정) 하나님께서 이르시되 우리의 형상을 따라 우리의 모양대로 우리가 사람을 만들고 그들로 바다의 물고기와 하늘의 새와 가축과 온 땅과 땅에 기는 모든 것을 다스리게 하라 하시고

체 하나님, 성부, 성자, 성령의 주권과 통치 안에 있다는 것이다.

그러나 만물과 율법과 피흘림의 제사에서 예수 그리스도를 믿는 믿음으로, 예수 그리스도의 이름으로 구원의 통로를 열었으며, 그 구원의 통로에 '아멘'하고 순종하며 따라가는 자녀들이 지옥이 아닌 천국으로 입성하는 놀라운 하나님의 역사적인 사건이 일어난 것이다. 바로 이것이 말씀으로 창조하신 창조주 하나님께서 성육신의 예수 그리스도의 몸으로 내려오셔서 구원의 이름(문)을 준 목적이다. 예수 그리스도가 십자가의 대속사역을 마치고 옥에 갇힌 자들에게 찾아간 것은 이 말을 선포하기 위함일 것이다.

천하 구원받을 이름은 오직 예수 그리스도 한 분뿐이다. 너희가 예수를 믿는다면 천국으로 갈 것이요, 영생의 하나님 나라의 자녀가 되는 삶을 살 것이다. 그러나 너희가 예수 그리스도의 이름을 믿지 않는다면 너희는 지옥으로 떨어지는 것이 합당하도다.

예수 그리스도는 지옥에 떨어진 자들에게 천하 구원받을 합당한 이름을 외쳤을 것이다. 이제 "하나님의 나라 그 자체이신 성육신 하나님의 이름 '예수 그리스도'를 믿는다면 지옥에 떨어지지 않는다."라는 구원의 문을 열어놓은 놀라운 사건이다. 예수 그리스도는 육신으로 지옥으로 떨어진 것이 아니라 십자가에 죽으심으로 구원사역을 완성하였다. 예수 그리스도의 이름을 믿는 믿음으로 천국에 입성할 수 있는 명분을 만드신 것이다. 예수 그리스도의 이름을 믿는다면 지옥으로 떨어지지 않는 명분을 받은 것이다. 오직 예수 그리스도의 이름만이 구원의 이름임을 십자가에서 죽으심으로 확증하였다.

예수 그리스도는 태초부터 영으로 존재하신 하나님이시기에 십자가에 죽으시고 3일 만에 다시 부활하셔서 하늘 보좌에 영으로 계시는 것이다. 영으로 옥에 갇힌 자들에게 찾아가 예수 그리스도의 이름 이외에는 구원받을 이름이 없으며 구원의 통로가 예수 그리스도임을 선포한 것이다.[155]

지금도 여전히 지옥에서 울려 퍼지고 있다.

예수 천당! 불신 지옥!

예수 그리스도를 믿는다면 영원한 하나님의 나라, 하나님 소원의 나라인 천국으로 입성하게 될 것이며, 예수 그리스도를 믿지 않는다면 지옥 불에 던져지는 것은 합당하다.

---

155 (벧전 3:18-20, 개정) [18] 그리스도께서도 단번에 죄를 위하여 죽으사 의인으로서 불의한 자를 대신하셨으니 이는 우리를 하나님 앞으로 인도하려 하심이라 육체로는 죽임을 당하시고 영으로는 살리심을 받으셨으니 [19] 그가 또한 영으로 가서 옥에 있는 영들에게 선포하시니라 [20] 그들은 전에 노아의 날 방주를 준비할 동안 하나님께서 오래 참고 기다리실 때에 복종하지 아니하던 자들이라 방주에서 물로 말미암아 구원을 얻은 자가 몇 명뿐이니 겨우 여덟 명이라

우리 안에 성령의 통치가 있는가? 우리는 하나님의 나라 소유된 백성인가? 그렇다면 예수 천당, 불신 지옥이라는 진리의 말씀이 심령 안에 녹아 있다. 예수 그리스도를 믿는다면 하나님의 영원한 나라 천국에 갈 것이며, 예수 그리스도의 이름을 믿지 않는다면 우리는 지옥 불에 떨어지는 것이다.[156] 이 말씀이 진정으로 믿어질 때 우리는 사탄의 올무에서 풀어지며 하나님의 나라 통치권 안에서 천국을 더 사모하게 된다는 것이다.

하나님의 자녀들은 천국을 더 사모해야 한다. 지옥을 두려워하지 말아야 한다. 그러나 누구의 통치를 받을 것인지를 늘 두렵고 떨림으로 선택해 나가야 한다. 사탄의 것은 확실하고 분명하게 악하다. 죄 된 본성으로 말미암아 그 열매가 맺혀지기 때문에 열매를 보면, 그들이 사탄의 나라 백성인지, 하나님의 나라 자녀인지 분별하여 보아 알게 될 것이다.[157]

---

156 (계 20:15, 개정) 누구든지 생명책에 기록되지 못한 자는 불못에 던져지더라

157 (마 7:16-20, 개정) [16] 그들의 열매로 그들을 알지니 가시나무에서 포도를, 또는 엉겅퀴에서 무화과를 따겠느냐 [17] 이와 같이 좋은 나무마다 아름다운 열매를 맺고 못된 나무가 나쁜 열매를 맺나니 [18] 좋은 나무가 나쁜 열매를 맺을 수 없고 못된 나무가 아름다운 열매를 맺을 수 없느니라 [19] 아름다운 열매를 맺지 아니하는 나무마다 찍혀 불에 던져지느니라 [20] 이러므로 그들의 열매로 그들을 알리라

02. 하나님 사랑의 완성 : 천국의 삶

사랑은 영원하다. 이 땅에서 경험한 사랑과 앞으로 천국에서의 경험되어질 사랑이 얼마나 차이가 나는지 우리는 모른다. 하나님의 사랑은 영원하다. 우리가 느끼는 사랑과 차이가 있다. 이 땅에서 하나님을 경험하는 자들조차도 하나님을 사랑이라고 고백하며 하나님을 사랑한다고 말하지만, 그들이 경험된 사랑은 한계가 있다. 하나님의 사랑을 경험한 많은 자녀들이 천국에 가게 될 때, 하나님의 무한한 사랑에 감격한다. 하나님의 놀라운 사랑과 끝없는 사랑에 경이로움까지 느끼게 될 것이다.

천국은 완전한 하나님의 사랑만이 가득한 곳이다. 주렁주렁 열매가 널려있는 과실조차도 그 사랑하는 자녀가 좋아하는 것들로 가득 채워질 것이다. 천국에 온 자녀들을 향한 맞춤의 공간이 될 것이다. 우리가 좋아하는 것들이 지천에 널려 있게 될 것이다. 우리가 사랑하는 것들로 가득 채워져 있다. 그 자녀가 사랑하는 것, 아끼는 것, 존귀하게 여기는 것들로 그 자녀의 눈에 가득 넣어줄 것이다. 그 자녀뿐만 아니다. 천국에 온 모든 자녀, 한 사람, 한 사람에 맞춰 하나님께서 디자인하신다. 그 자녀를 위해 하나님께서 새로운 집을 지으며, 그 자녀가 좋아하는 것들로 가득 채워 놓았다. 과실나무의 열매를 먹으며 하나님의 사랑을 무한하게 느낀다. 그 자녀가 가장 좋아하는 맛으로, 가장 좋아하는 것으로, 좋아하는 색깔로 그 자녀만을 위해 준비할 것이다. 오직 그 자녀 하나만을 위하여 천국이 존재하는 것처럼 다니는 곳마다 온통 그 자녀가 좋아하는 것들로 가득 채워져 있다. 그 자녀뿐만 아니라 모든 천국에 온 하나님의 사랑하는 자녀들이, 이 땅에서 누려보지 못한 사랑과 관심과 아버지의 은혜에 감격하게 된다.

우리가 이 땅에서 살아갈 때 좋아하는 것도 있으며 싫어하는 것도 있다. 하나님의 자녀들이 이 땅에서 살아갈 때 만족하지 못한 채 살아가고 있다. 그러한 삶 속에서 우리가 하나님의 은혜에 감사하며 하나님의 사랑에 감격해한다. 그 자녀가 이 땅에서 예수 그리스도를 믿고 좁은 길로 걸어가며, 많은 것들을 내려놓고 살아갈 때, 그 자녀가 좋아하지만 취하지 못한 것이 많이 있을 것이다. 하나님을 사랑하기에, 좁은 길을 걸어가야 하기에, 이 땅에서 누리지 못한 것이 얼마나 많겠는가? 순간순간 하나님 때문에 내려놓은 것들이 얼마나 많은가? 재물을 내려놓았을 것이다. 단지 하나님 때문에 버렸어야 할 것들, 취하지 못한 것들, 아버지 때문에 내려놨던 것들을 하나님께서 스쳐 가는 그 짧은 순간에도 다 기억해 놓으신다. 그리하여 천국에서 "너희가 하나님 때문에 이것을 포기했었지. 너희가 이것을 내려놓았었지." 모든 기억과 함께 모든 것을 준비해 놓으신다.

이 땅에서의 모든 기억은 천국에서 다 기억할 수 있을 것이다. 이 땅에서 하나님 때문에, 믿음 때문에 가지지 못했던 모든 것들, 그 기억조차도 천국에서 기억할 수 있다. 그 모든 것들을 하나님께서 준비하고 또 준비하여 하나님의 열심으로 아름답게 디자인하여 우리를 향한 사랑을 풀어놓을 것이다.

그러하기에 천국이 가장 아름다운 곳이다. 눈을 돌리는 곳마다 다 우리가 좋아하는 것으로 가득 채워져 있을 것이다. 한 자녀를 위해 마련된 장소인 것처럼 가는 곳마다 하나님의 무한한 사랑과 은혜에 눈물을 흘리게 된다. 행복에 겨운 눈물이다. 슬픔도, 아픔도, 고통도 없이 오직 하나님의 은혜에 감사하며 오직 자신만을 위하여 마련한 것처럼 느끼는 것이다. 그래서 천국인 것이다.

사랑하는 자녀 한 명, 한 명만을 위하여 천국에서 잔치가 열릴 것이다. 그 자녀만을 위해 잔치가 열리는 것처럼 천하보다 귀한 그 한 자녀만을 위하여 천국에서 잔치를 열며, 자녀를 섬기며, 그 자녀에게 큰 기쁨을 주기 위하여 천사들이 섬긴다. 이 땅에서 한 번도 경험해 보지 못한 사랑, 은혜, 감격이 있을 것이다.

이 천국이 바로 이 땅에서 좁은 길을 가는 자들이 누릴 수 있는 영화로운 삶이다. 그러하기에 이 땅에서의 삶에 미련을 갖지 말아야 한다. 이 땅에서의 가장 행복한 순간보다 천 배, 만 배, 억 배로 천국에서의 삶이 더 행복할 것이다.

이것이 소망이다. 이것을 믿는 것이 믿음이다. 천국은 천국에 들어온 그 자녀 한 명만을 위하여 존재하는 것처럼, 그렇게 그 자녀들을 위해 준비되어 있을 것이다.

하나님의 자녀들이여, 무슨 색깔을 좋아하는가? 천국은 온통 하나님의 자녀가 좋아하는 색깔로 가득 차 있다. 무엇을 좋아하는가? 무엇을 기뻐하는가? 무엇을 볼 때 행복한가? 무엇을 누리지 못했는가? 무엇을 내려놓았는가? 무엇을 포기했는가? 천국은 그 모든 것들로 가득 채워질 것이다.

넓은 길로 가지 말고, 넓은 길을 보지 말아야 한다.

우리가 이 땅에서 좋은 것들을 누리고 넓은 길로 간다면 사망의 길로 빠지는 것인즉, 그것이 영원한 죽음의 길이 될 것이다. 이 땅에서 누리지 못한 행복과 환희를 천국에서 누릴 것이다.

하나님의 사랑은 무한하다. 이 땅에서의 삶에서 경험하고 있는 하나님의 사랑과 하나님의 나라에서의 하나님의 사랑과는 비교할 수 없을 것이다. 차원이 다른 것이다.

완전한 사랑이다. 무한한 사랑이다. 영원한 사랑이다.

끝없이 펼쳐지는 하나님의 사랑을 천국에서 누리게 될 것인즉, 이 땅에서 하나님의 사랑을 우리가 받는 것이 제한된다. 하나님은 영이시며 보이지 않기에, 동일한 하나님의 사랑이 이 땅을 덮고 있다고 할지라도 제한되어 느껴지는 것인즉, 완성된 하나님의 사랑을 천국에서 누려야 한다. 천국을 소망해야 한다.

하나님을 사랑하는 백성들, 자녀들은 이 땅의 좋은 것들로 현혹되지 않아야 한다. 이 땅의 좋은 것들로 미혹되지 않아야 한다. 마치 선악과와 같은 것이다. 먹음직도 하고 보암직도 하여 우리의 눈에 아름답게 보이는 것들, 우리를 죄의 구렁텅이로 빠지게 하는 선악과를 따먹지 말아야 한다. 그것이 선악과이다.

하나님 때문에, 하나님의 은혜 때문에 선악과를 내려놓을 때, 천국에서 영생의 생명의 나무에 있는 열매들을 먹으며, 단지 한 사람만을 위하여 준비된 작품처럼 우리를 영원히 사랑하며 보호하신다. 아버지와 함께 영생할 것이니 이 땅에서의 고단한 삶을 잘 이겨내야 한다.

하나님은 우리를 사랑한다. 영원히 사랑한다. 끝없이 사랑한다. 끝까지 영원히 사랑할 것이다. 우리는 하나님의 사랑하는 자녀들이다.

03. 하나님의 소원

이 세상에 모든 것이 하나님의 장중 안에서 움직이고 있다는 것을 기억해야 한다. 그 어떠한 한순간도 하나님께서 허락하시지 않는다면 결코 일어날 수 없음을 기억해야 한다. 해를 운행하는 것도, 어두워지면 달이 떠서 빛을 비춰주는 것도, 바다에 소금이 만들어져 사용할 수 있는 것도, 그 어떠한 한순간도 하나님께서 허락하지 않는다면 결코 일어날 수 없다는 것이다.

그러나 이 세상이 왜 이렇듯 완악해지며, 강퍅해지며 악이 만연하겠는가? 이것을 하나님께서 허락한 것인가? 그렇다면 무엇 때문에 일어나고 있는 일인 것 같은가? 한순간, 일 초도 하나님께서 허락하지 않는다면 존재할 수 없다. 이 지구가 지금, 이 순간 하나님의 명령으로 '멈추라' 한다면 모든 운행이 멈춰져 멸망하게 될 것이다.

하나님은 사랑하는 자녀들이 구원의 문이 열린 상태로 구원받게 하기 위하여 이 시간을 허락하고 있다. 하나님께서 바라보시는 관점은 한 영혼이라도, 한 자녀라도 구원하기 위해, 이 온 우주에 시간을 운행하고 있다는 것이다.

이 땅의 시간은 한계가 있다. 우리의 인생의 시간도 한계가 있는 것처럼, 온 우주의 시간도 한계가 있다. 태초에 천지를 창조하신 하나님께서 "이제 그만 온 우주여, 멈출지어다!" 이 명령이 떨어진다면 멈춰야 한다. 아버지 하나님은 전능하시기에 말씀으로 창조했으며, 말씀으로 멸할 수도 있다. 그러나 하나님께서 왜 지금까지도 이 세상을 허락한 줄 아는가? 하나님의 아들 한 영혼이라도, 하나님의 사랑하는 딸 한 영혼이라도 구원하여 영생에서 함께 살기 위함이다.

많은 하나님의 자녀들이, 하나님의 아들이, 하나님의 딸이 천국에 지금 있을 것이며, 하나님을 바라보며 천국의 삶을 누리고 있다. 하나님의 왕국이 이루어지고 있다. 눈에 보이지는 않으나, 그 하나님의 왕국이 천국을 통해 이루어지고 있다. 그 하나님의 왕국에 하나님의 영으로 충만한 하나님의 딸과 아들을 초청하기 위하여 이 시간을 허락한 것이다. 이 세상에 사는 이유는 단지 하나님의 영원한 왕국의 자녀로 살아가기 위해 준비하는 시간이다.

이 땅에서 얼마나 많은 영혼을 구원했느냐에 따라 천국의 상급이 다르다. 천국에서 살아가는 방식이 다르다는 것이다. 천국에서 하나님의 권속의 자녀로서 살아갈 수 있다. "행한 그대로 갚아 주리라! 심은 대로 거두리라!"라는 하나님의 말씀이 가장 적합하게 적용되는 곳이 바로 아버지의 나라, 하나님의 왕국인 천국이 될 것이다. 이 땅은 그저 하나님의 왕국에 시민권을 얻기 위하여 지나가

는 시간일 뿐이다.[158]

천국의 하나님의 왕국에서 권속의 자녀로 하나님과 얼굴과 얼굴을 대면하며 살아갈 수 있는 자격을 얻는 것은 우리 안에 성령 하나님께서 내주해 계시느냐, 계시지 않느냐에 따라 판별될 것이다. 우리 안에 성령 하나님께서 있다면 성령에 이끌려 천국으로 들어가는 것이며, 하나님의 영, 성령이 없다면 하나님의 자녀가 되는 권세를 받지 못하였으므로 지옥불이 떨어진다.[159] 우리 안에 하나님의 영인 성령이 있을 때만 천국의 시민권을 얻을 수 있으며 생명책에 기록될 수 있다는 것을 기억해야 한다. 그러므로 성령을 근심케 하지 않고 성령을 소멸치 말아야 한다. 우리 안에 죄로 인하여 성령이 근심하고 소멸되어 구원을 잃지 않도록 죄와 피 흘리기까지 싸워야 한다. 그러한 자녀들이 천국의 시민권을 가지고 생명책에 기록되어 구원받게 되는 것이다.

마지막 전쟁, 강력한 영적 전쟁은 우리의 영혼과 육이 분리되는 사망의 순간이 될 것이다. 우리에게 성령이 함께하신다면, 영이 깨어나 영혼이 천국으로 입성하게 될 것이다. 그러나 성령이 내주

---

158 (빌 3:20-21, 개정) [20] 그러나 우리의 시민권은 하늘에 있는지라 거기로부터 구원하는 자 곧 주 예수 그리스도를 기다리노니 [21] 그는 만물을 자기에게 복종하게 하실 수 있는 자의 역사로 우리의 낮은 몸을 자기 영광의 몸의 형체와 같이 변하게 하시리라

159 (요 1:12-13, 개정) [12] 영접하는 자 곧 그 이름을 믿는 자들에게는 하나님의 자녀가 되는 권세를 주셨으니 [13] 이는 혈통으로나 육정으로나 사람의 뜻으로 나지 아니하고 오직 하나님께로부터 난 자들이니라

하지 않았다면, 우리의 혼의 작용으로부터, 우리의 뜻과 의지대로 이 땅을 살아갔다면, 혼과 육체가 함께 지옥불로 떨어져 나갈 것이다.[160] 이것은 불변의 진리이다. 그 누구도 예외가 될 수 없다.

우리 안에 성령이 계시는가? 우리의 영을 거듭남으로 성령이 우리를 자라나게 하고 있는가? 혼적인 작용을 제한하며, 복종시키며, 육체까지도 복종할 때, 성령이 근심하지 아니하며 소멸되지 않는다. 그러한 자녀들이 영원한 하나님의 왕국, 천국에 입성할 수 있는 자격을 받을 것인즉, 천국에 들어가는 것은 낙타가 바늘귀로 들어가는 것보다 더 어렵다.

지옥에 많은 사람들이 떨어지고 있다. 천국에 입성하는 자녀보다 지옥불로 떨어지는 백성들이 더 무수히 많음은 이 땅이 완악하여지기 때문이다. 이 땅이 완악하기에 죄악에 파묻혀 살다 하나님을 잃어버리는 것이다. 이 세상은 단지 하나님의 영원한 왕국인 천국에 입성하기 위하여 시민권을 취하는 그 한순간의 과정일 뿐이다. 점 하나도 되지 않는, 일 초의 순간도 되지 않는, 짧은 시간인 것을 기억해야 한다. 그러나 이 땅에서 성령을 근심시키지 아니하며, 소멸시키지 아니한 채 하나님의 나라 영광을 위해 살았다면, 천국에서도 그 상급으로 영원히 영생할 것이다. 성령이 우리 안에 내

160 (히 9:27, 개정) 한번 죽는 것은 사람에게 정해진 것이요 그 후에는 심판이 있으리니
(계 20:15, 개정) 누구든지 생명책에 기록되지 못한 자는 불못에 던져지더라

주하신다면 구원받아 천국에 입성할 수 있다.

그러나 천국은 이 땅의 조직과 체계보다 더 구체적으로 질서정연하게 움직이고 있음을 기억해야 한다. 천사들이 우리를 섬길 것이다. 천사는 구원받을 후사들을 섬기라고 보내신 섬기는 영이라고 기록되어 있다.[161] 이 땅에서 보이지 않는 섬김을 우리가 받고 있다. 성령이 내주한 자녀들, 구원받을 후사들을 하나님께서 돕고 보호하기 위해 수호천사를 보내주며, 싸우는 천사들을 보내주는 것이다. 수많은 천사들이 우리의 옆에 있음을 기억해야 한다. 그 천사들에게 이끌려 우리가 마지막 죽음의 순간에 천성문에 입성할 수 있다. 천국은 철저한 계급사회로 움직이는 것을 기억해야 한다. 우리의 행한 대로, 심은 대로, 천국의 처소가 다르며 하나님을 바라볼 수 있는 구간도 다를 것이다.[162]

부끄러운 구원을 받은 자들은 하나님 영광의 빛만 바라보게 될 것이다. 하나님 영광의 광채만을 바라보며, 이 땅의 삶을 하나님께 온전히 복종시키지 못한 것에 대해 후회하게 될 것이다. 이 땅에서 하나님의 영광을 위하여 살아간 자들은 천국에서도 하나님 영광의 자리에서 얼굴과 얼굴을 대면하며 살아가게 될 것이다. 권속의 자

161 (히 1:14, 개정) 모든 천사들은 섬기는 영으로서 구원 받을 상속자들을 위하여 섬기라고 보내심이 아니냐

162 (계 22:12, 개정) 보라 내가 속히 오리니 내가 줄 상이 내게 있어 각 사람에게 그가 행한 대로 갚아 주리라

녀로 다스리는 권세를 받고 살아갈 것이다.

예루살렘 성의 기둥이 되어 이름이 새겨진 것처럼, 이 땅에서 성령의 통치에 의해 하나님의 나라와 의를 구하며 많은 영혼을 구원하는 어부가 된 자들은 천국에서도 다스리는 권세로 하나님의 영광 자리에 함께 앉게 될 것이다.[163]

걱정하지 말고, 근심하지 말며, 이 세상은 단지 하나님의 왕국, 천국에 들어가기 위해 거쳐 가는 순간인즉 이 땅의 것에 미련을 두지 않아야 한다. 힘이 드는가? 고단한가? 억울한가? 괴로운가? 이 땅에서 하나님과 주 예수 그리스도와 성령의 통치로 인하여 우리의 겉사람의 기질들이 복종되므로 세상과 다른 관점에서 살아갈 때 받는 능욕이 상급이 될 것이다. 그것을 기쁨으로 받아야 한다. 천국은 영원한 하나님의 왕국이다. 이 세상을 허락한 것은 바로 하나님의 영원한 왕국, 천국의 하나님의 자녀를 추수하기 위한 것이다.

이제 마지막 때가 가까워 왔다. 이 온 우주에 하나님의 숨결을 풀어 넣었다. 하나님의 형상을 풀어 넣었다. 온 만물에 하나님의 인성과 신성을 풀어 넣어, 그 누구도 하나님께서 없다 핑계하지 못할 만큼, 하나님의 영을 풀어 넣었다. 그 하나님의 영에 통치되어 살아

163 (계 3:12) 이기는 자는 내 하나님 성전에 기둥이 되게 하리니 그가 결코 다시 나가지 아니하리라 내가 하나님의 이름과 하나님의 성 곧 하늘에서 내 하나님께로부터 내려오는 새 예루살렘의 이름과 나의 새 이름을 그이 위에 기록하리라

온 자들은 이 땅에서 뿐만 아니라 천국에서도 하나님의 자녀 권세로 살아가게 될 것이다.

천국을 사모해야 한다. 천국에 하나님의 자녀들을 모으고 있다. 이제 때가 찼고, 구원의 문이 닫히게 될 터인즉, 천국에 하나님의 자녀를 입성시키는 것이 하나님의 가장 큰 기뻐하는 뜻임을 기억하여 복음 전파에 죽도록 충성하도록 해야 한다.

한 영혼이라도 살려내야 한다. 한 영혼이라도 구원받게 해야 한다. 한 영혼이라도 천국에 입성시킬 수 있도록 기도하며, 그들을 섬기도록 하고, 다른 것은 보지 말아야 한다.

하나님의 영원한 소원, 하나님의 왕국에서 하나님의 자녀들과 함께 사는 것, 그 일을 위하여 목숨을 걸어야 한다. 그리할 때 천국에서 다스리는 권세와 권속의 자녀로 영원히 영생할 것이다. 이것은 여호와의 뜻이니 반드시 그대로 이루어질 것이다. 두려워하지 않아야 한다. 걱정하지 않아야 한다. 근심하지 않아야 한다. 이 세상은 지나가는 일분일초의 시간도 안 되는 시험대의 시간일 뿐이다.

5장
요약과 결언

01. 요약

우리는 육으로 난 존재이다. 아담이 불순종의 죄를 지음으로 하나님의 나라에서의 상속이 끊어지며, 하나님께서 그에게 부어준 생기가 멈춰서 생령으로 살아가는 것이 아니다.[164] 다시 흙의 존재로 혼의 영역으로 살아가는 존재가 되었다.

아담에게 생명이 들어갔을 때는 하나님의 형상으로 자녀로서의 삶을 살 수 있도록 하나님의 능력과 하나님의 신성을 부으셨다. 영으로부터 받는 하나님의 공급이 있었다. 우리 안에 생기가 부어져 생령이 되므로 하나님의 말씀 능력이 부어지며, 하나님의 자녀로서

164 (창 2:7, 개정) 여호와 하나님께서 땅의 흙으로 사람을 지으시고 생기를 그 코에 불어넣으시니 사람이 생령이 되니라

의 삶을 살 수 있도록 능력이 부어지는 것이다.

그러나 하나님 앞에 불순종의 죄를 지음으로 말미암아 하나님과의 영적인 관계가 단절되므로, 이제 영의 사람이 아니라 혼과 육의 사람으로 아담이 변화된 것이다. 아담이 하나님의 자녀로서 생령의 능력을 영으로부터 계속 공급을 받는다면, 영으로부터 흘러나오는 희락으로 하나님의 나라를 이루어 나갔을 것이다.[165] 하나님의 나라를 이루는 것뿐만 아니라 하나님의 나라 주권자로서 대행자로서 대언자로서 에덴동산을 이끌어갈 수 있었을 것이다.

하나님의 생기가 그에게 부어져 하나님 말씀의 통치대로 살아가는 능력이 상실된 이후에 하나님과 영적으로 단절되므로, 그는 혼의 영역에서 사는 존재가 되었다. 그 혼의 영역에서 사탄이 생각과 감정과 양심을 통하여, 자유의지를 흔들어 대므로 언제든지 사탄의 종속으로 이끌어갈 수 있는 영역이 된 것이다. 아담의 원죄는 아담의 형상으로 지음 받은 우리에게 원죄로 내려간 것이다. 그 순간부터 아담의 형상으로 태어난 우리는 하나님의 형상을 잃어버리고, 사탄의 종속으로 본질상 진노의 자녀로 우리가 태어난 것이다.

하나님의 자녀가 되는 권세는 마치 아담의 코에 생기를 불어 넣

165 (롬 14:17, 개정) 하나님의 나라는 먹는 것과 마시는 것이 아니요 오직 성령 안에 있는 의와 평강과 희락이라

어 생령이 된 것처럼, 우리 안에 성령이 내주하심으로 하나님의 생기가 들어갈 때, 하나님의 자녀가 되는 권세를 누리며, 또한 아버지 하나님의 형상을 복원할 수 있는 근원이 우리 안에 들어갈 수 있다는 것이다. 그러나 태중에서 태어나 성장하며 자라날 때 여전히 마귀의 원죄 종속이 있기에, 그 영역에서 우리가 희락을 찾으며 그 안에서 평화를 유지하기 위해서 몸부림치는 것이다. 그러나 혼의 종속권을 사탄이 가지고 있기에, 우리의 아비가 마귀이기에, 언제든지 그 희락과 평강과 감정을 지킬 수 있는 능력이, 어느 순간 사탄에게 종속되므로 언제든지 잃어버릴 수 있는 영역인 것이다.

하나님께서 우리에게 얼마나 큰 희락을 주시는지 우리는 모른다. 이 희락은 우리의 육체로부터 받는 것이 아니며, 우리의 혼의 영역으로 받을 수 있는 영역이 아니라고 말씀하신다. 이 하나님으로부터 주는 희락은 아버지로부터 받는 것이며, 성령을 통하여 우리 안에 희락을 붓는 것이다.

우리가 최소 단위 하나님의 나라 구조로 변화될 때, 즉 우리 안에 하나님의 나라가 도래될 때 가장 먼저 일어나는 영적인 변혁이 물과 성령으로 거듭나는 것이다.[166] 우리가 물과 성령으로 거듭나 하나님 자녀의 권세를 찾는다면, 또한 거듭난 이후에 하나님의 자

166 (요 3:5 개정) 예수께서 대답하시되 진실로 진실로 네게 이르노니 사람이 물과 성령으로 나지 아니하면 하나님의 나라에 들어갈 수 없느니라

녀로서의 삶을 살아가기 위하여 순종한다면, 그것을 의로 여기사 영으로부터 흘러나오는 의와 평강과 희락을 우리에게 부어주신다는 것이다.

우리 안에 최소 단위 하나님의 나라가 이미 도래하였다. 성령을 통하여 우리의 영혼이 거듭났다면, 물과 성령으로 다시 태어났다면 하나님의 자녀로 형상이 복원되어 태어난 것인즉, 마치 아담의 코에 생기를 불어 넣어 생령이 되게 한 것처럼 에덴동산에서의 그 일이 다시 복원되는 놀라운 사건이 일어난다는 것이다. 성령이 우리 안에 내주하심으로 성령을 통해 거듭났다면, 마치 에덴동산에서 흙으로 지은 아담에게 생기를 부어 생령이 되게 한 동일한 사건이 지금도 여전히 일어나고 있다는 것이다.

우리가 성령을 통하여 하나님의 자녀로 거듭났다면 에덴동산에서 아담이 누리는 다스리는 권세를 받을 수 있다. 아담에게 부어진 권세가 무엇인가? 말씀으로 창조하신 하나님의 능력이 아담에게 부어져, 그가 부르는 모든 이름이 존재가 되며 그들의 이름이 되지 않았는가?[167]

지금 성령의 시대에 우리가 물과 성령으로 거듭나 하나님의 자

167 (창 2:19, 개정) 여호와 하나님께서 흙으로 각종 들짐승과 공중의 각종 새를 지으시고 아담이 무엇이라고 부르나 보시려고 그것들을 그에게로 이끌어 가시니 아담이 각 생물을 부르는 것이 곧 그 이름이 되었더라

녀로서의 삶이 복원되고 있다면, 마치 아담이 에덴동산에서 부르는 이름마다 존재가 부여되어 그의 이름이 된 것처럼, 하나님의 형상이 복원된 자녀의 입술로 말미암아 말씀대로 그대로 이루어지는 놀라운 권세가 주어진다는 것이다. 이것이 하나님의 자녀로 복원된 성령으로 거듭난 자의 권세이다.

성령은 어떠할 때 우리에게 임하는가? 우리가 믿음으로 예수 그리스도를 영접할 때 믿음을 의로 여기사 성령이 우리 안에 내주 할 수 있다는 것이다. 마음으로 믿고 예수 그리스도가 구세주인 것을 입으로 시인할 때,[168] 그것을 의로 여기사 우리 안에 성령이 내주하심으로 하나님의 나라 최소 단위를 이루어 나간다는 것이다. 그때부터 사탄의 종속이 끊어지며, 하나님의 통치법이 다스리며, 우리가 그 통치의 법에 순종하며 살아간다면, 그때부터 하나님께서 속사람이 되어 싸워나가신다는 것이다. 우리가 죄로 말미암아 사탄에게 내어준 모든 권세를 이제 속사람이신 성령이 군대대장 되시어 그 권세를 찾기 위하여 속사람과 겉사람의 전쟁을 이루어 나간다는 것이다.

우리가 순종하는 것을 의로 여기사 강력한 평강을 부으며, 또한 말씀대로 이루어지는 삶을 경험하게 하므로 놀라운 희락이 부어진

---

168 (롬 10:9-10, 개정) [9] 네가 만일 네 입으로 예수를 주로 시인하며 또 하나님께서 그를 죽은 자 가운데서 살리신 것을 네 마음에 믿으면 구원을 받으리라 [10] 사람이 마음으로 믿어 의에 이르고 입으로 시인하여 구원에 이르느니라

다는 것이다. 그리할 때 최소 단위인 우리 안에 하나님의 나라가 강건해지며, 하나님의 통치가 굳건해지며, 우리의 입술의 권세가 마치 아담에게 부어준 권세처럼 다시 복원되기 시작한다는 것이다. 그리할 때 나타나는 표적들이 무엇이겠는가? 믿는 자들의 표적이 일어난다는 것이다.[169]

성령이 우리 안에 거하실 때 가장 먼저 주는 선물이 있은즉 믿음이다. 믿음은 은사이다.[170] 성령을 통해서 부어지는 은사일진대 성령을 통해서 믿음을 지속적으로 부으시며, 하나님의 자녀로서의 삶을 살도록 이끌어갈 때, 우리가 순종한다면 의로 여기사, 이 삶을 유지할 수 있도록 희락과 평강을 하나님께서 선물로 주시며, 영으로부터 그 희락과 평강을 받는다는 것이다. 성령을 통해서 영으로부터 희락과 평강을 받는다면, 사탄이 그 희락과 평강을 앗아갈 수 없는 것이므로, 하나님으로 받은 희락과 평강이 지속적으로 유지될 수 있다는 것이다. 그리할 때 복원되는 것이 무엇이겠는가? 경건이

169 (막 16:17-18, 개정) [17] 믿는 자들에게는 이런 표적이 따르리니 곧 그들이 내 이름으로 귀신을 쫓아내며 새 방언을 말하며 [18] 뱀을 집어올리며 무슨 독을 마실지라도 해를 받지 아니하며 병든 사람에게 손을 얹은즉 나으리라 하시더라

170 (고전 12:4-11, 개정) [4] 은사는 여러 가지나 성령은 같고 [5] 직분은 여러 가지나 주는 같으며 [6] 또 사역은 여러 가지나 모든 것을 모든 사람 가운데서 이루시는 하나님은 같으니 [7] 각 사람에게 성령을 나타내심은 유익하게 하려 하심이라 [8] 어떤 사람에게는 성령으로 말미암아 지혜의 말씀을, 어떤 사람에게는 같은 성령을 따라 지식의 말씀을, [9] 다른 사람에게는 같은 성령으로 믿음을, 어떤 사람에게는 한 성령으로 병 고치는 은사를, [10] 어떤 사람에게는 능력 행함을, 어떤 사람에게는 예언함을, 어떤 사람에게는 영들 분별함을, 다른 사람에게는 각종 방언 말함을, 어떤 사람에게는 방언들 통역함을 주시나니 [11] 이 모든 일은 같은 한 성령이 행하사 그의 뜻대로 각 사람에게 나누어 주시는 것이니라

다. 거룩이다. 우리가 하나님께서 부어주시는 희락과 평강의 삶을 성령의 보호하심 속에서 살아간다면, 그리하여 죄를 멀리하며 사탄의 공격에도 자유롭게 된다면, 우리가 다시 거룩성을 찾는 것이다.

아담의 에덴동산에서 살 수 없었던 것은 바로 거룩성을 잃어버렸기 때문이다. 그 안에 죄가 침투하여 성령이 내주하실 수 없을 만큼 더러워졌기에 하나님과의 영적인 분리가 일어난 것이다. 우리도 그러하다. 하나님께서 희락과 평강을 부어 주시는 이유는 우리를 거룩의 통로로, 경건의 자녀로 삼기 위한 보호 하심 가운데 하나님의 자녀가 되라는 것이다.

하나님께서 부어주신 희락과 평강의 삶을 유지하며 살아간다면 삶은 경건해질 수 있다. 거룩해질 수 있다. "내가 거룩하니 너희도 거룩하라!"라고 하신 말씀을 순종하며 나아간다면, 그것을 의로 여기사 더 강력하게 역사하시며, 우리 안에 하나님의 나라를 하나님 스스로 지켜나가신다는 것이다. 그리할 때 아담에게 부어 주신 입술의 권세가 다시 부어지며, 믿는 자의 표적들이 나타나며, 입술의 권세가 회복되는 놀라운 신성의 영역까지도 복원될 수 있다는 것이다.

그러나 우리의 삶은 어떠한가? 영으로부터 흘러나오는 평강과 의를 유지할 수 있는 그 삶은 고통과 고난의 삶, 십자가이기에 우리가 다 포기하고 돌아선다는 것이다. 아무리 하나님께서 영으로부터 희락과 평강과 하나님의 의를 붓는다고 할지라도, 그 삶을 선택해 나가는 삶이 십자가의 삶이기에 다 내려놓고 포기한다는 것이다. 그러하기에, 그 삶을 사는 것이 좁은 길이다. 가시밭길이다. 고난의 길이다. 십자가의 길이라는 것이다. 그러나 그 길을 걸을 때, 하나님께서 더 강력한 희락과 평강을 부어 주기에, 그 삶을 통하여 우리가 거룩해지며 경건해진다면, 그 순간 이후부터는 강력한 능력과 희락이 부어짐으로 그 삶을 사모하게 된다는 것이다. 더 이상 좁은 길이 아니며, 더 이상 가시밭길이 아니며, 그 삶 이외에는 우리가 소원하는 삶이 없을 만큼 기뻐하므로 삶을 살아갈 수 있다는 것이다. 이것이 진정한 하나님 자녀의 삶을 회복한 자녀의 모습이 될 것이다.

하나님의 형상을 찾는 자녀의 삶이 바로 하나님께서 부어주신 강력한 희락과 평강 가운데 어떠한 사탄의 공격에도 무너지지 아니하며, 평정심을 잃지 않으며, 하나님의 나라와 의를 구하여 살아가는 삶, 이것이 바로 하나님의 자녀들에게 요구하는 삶이며 이를 통하여 하나님의 놀라운 일을 행하신다는 것이다.

이 삶을 사는 자들에게 부어주는 복이 있은즉 바로 믿는 자의 권세가 회복되는 것이다. 입술의 권세가 창조하신 그대로의 아담의 권세가 복원된다는 것이다. 이 땅에서 하나님 자녀의 권세를 회복하여 살아가는 자녀를 천국에 입성시키시어, 하나님의 왕국에서 하나님과 함께 살도록 하시고, 천국에서 다스리는 권세와 권속의 자녀로 영원히 영생하도록 하시는 것이 하나님의 소원이다.

02. 결언

하나님께서 우리를 통하여 일하기 위해서는 가장 먼저 성령의 성품이 준비되어야 한다. 많은 이들이 하나님의 사명을 감당한다고 한다. 많은 종이 하나님의 일이며 하나님께서 기뻐하시는 사역이라 한다. 그러나 하나님은 우리가 하나님을 위해서 일하는 것보다 우리 자신의 성품을 위하여 연단 받는 것을 더 기뻐하신다. 그 어떤 누구보다도 우리의 한 영혼이 더 중요하기 때문이다. 우리 영혼을 잃어버릴진대 다른 영혼을 구원한들 하나님께서 그로 인하여 얼마나 아프겠는가? 그 누구보다도, 그 무엇보다도 우리 한 영혼이 더 중요한 것이다. 모든 영혼의 구원은 우리 한 사람으로부터 시작된다. 우리 한 사람 영혼이 구원받을 때, 천국에서 잔치가 일어나며 하나님께서 그 한 영혼을 구원하기 위하여 쉬지도, 먹지도, 졸지도 아니한 채 오직 그 일만 하신다.

하나님과 자녀와의 관계는 아버지와 자녀와의 관계이다. 그 어떤 누구보다도 하나님은 한 자녀만을 집중하여 바라본다. 개별적이고 인격적인 하나님의 관계 속에서 자녀와의 친밀함을 유지해 나가신다. 그것이 하나님의 위대함이다. 그것이 하나님의 전능함이다.

우리에게 성령이 내주하시어 거듭났다면, 이미 우리의 영 안에 하나님의 인격과 하나님 아버지의 사랑 속성이 있기에, 수억 명의 하나님의 자녀들이 있을지라도, 그 한 영혼의 자녀만이 이 세상에 존재하는 것처럼 사랑할 수 있다는 것이다. 그것은 우리가 하나님의 영 안에 흡수되었기 때문이다.

하나님의 영은 온 우주에 편만하게 펼쳐져 있으며, 우리에게 성령이 내주하심으로 하나님의 자녀가 되는 권세를 받았다면, 그때부터 하나님과 친밀한 관계로서 아버지와 자녀의 관계가 형성되는 것이다.

수억 명의 영혼들이 성령이 내주하여 하나님의 통치를 받는다 할지라도 하나님은 그 영혼이 이 세상에 홀로 존재하는 것처럼 그 영혼만을 바라보며 눈동자처럼 지켜주신다. 그리하여 많은 자녀가 하나님께서 "나를 제일 사랑하는 것 같아"라는 말을 하는 것이다. 이 말은 진리이다.

오직 그 영혼 하나만을 사랑하는 것처럼 공평하신 하나님의 사랑이 편만하게 펼쳐져 있다. 그러나 하나님은 그 누구보다도 그 한 영혼에게 집중하신다. 한 영혼, 한 영혼 하나님의 사랑하는 자녀, 오직 이 세상에 그 자녀 홀로 존재하는 것처럼, 하나님은 그 자녀만을 바라보며 인격적으로 얼굴과 얼굴을 대면하는 그 단계까지 이끌어가기 위하여 쉬지 않고 일한다는 것이다. 이것이 하나님의 사랑의 능력이다. 하나님의 위대하심이다. 우리가 성령이 내주하심으로 하나님의 영 안에 있기에 가능한 일이다.

예수 그리스도가 빌립에게 말하지 않았는가? 빌립이 하나님을 보여 달라고 예수 그리스도에게 말했을 때 예수 그리스도가 "하나님께서 내 안에 있으며 내가 하나님 안에 있도다."[171] 한 영으로 연합되는 것이다. 우리가 성령이 내주한다면 하나님과 한 영으로 연합되는 것이다. 이것이 한 영이라고 말할 수 있는 근거이다. 온 우주 가운데 편만하게 펼쳐져 있는 하나님의 영[172], 그 가운데 불신자의 죽은 영만이 하나님과 한 영으로 묶이지 않은 상태이다. 그러나 그들이 예수 그리스도를 영접함으로 성령이 내주할 때, 그 불신자의 죽은 영이 거듭나고 깨어나 온전히 하나님의 영으로 그의 온 영과 혼과 육을 적셔 나가는 것이다. 하나님의 성령이 그의 영을 깨우며 혼과 육을 적셔 나갈 때, 하나님과 영으로 하나가 되는 것이다. 진정한 아버지와 자녀로서 한 영이 되는 것이다. 하나님의 영 안에 우리가 춤추며 마치 에스겔처럼 무릎부터 머리끝까지 성령으로 채워질 때[173] 성령의 생각과 뜻과 계획이 우리의 뜻과 계획이 되므로

171 (요 14:8-10, 개정) [8] 빌립이 이르되 주여 아버지를 우리에게 보여 주옵소서 그리하면 족하겠나이다 [9] 예수께서 이르시되 빌립아 내가 이렇게 오래 너희와 함께 있으되 네가 나를 알지 못하느냐 나를 본 자는 아버지를 보았거늘 어찌하여 아버지를 보이라 하느냐 [10] 내가 아버지 안에 거하고 아버지는 내 안에 계신 것을 네가 믿지 아니하느냐 내가 너희에게 이르는 말은 스스로 하는 것이 아니라 아버지께서 내 안에 계셔서 그의 일을 하시는 것이라

172 (왕상 8:27, 쉬운) 하나님께서시여, 하나님께서 정말로 땅에서 사시겠는가? 하늘과 하늘의 가장 높은 곳이라도 하나님을 모실 수 없을 텐데, 제가 지은 이 집에 주님을 모실 수 있겠는가? (창 28:16, 개정) 야곱이 잠이 깨어 이르되 여호와께서 과연 여기 계시거늘 내가 알지 못하였도다

173 (겔 47:1-5, 개정) [1] 그가 나를 데리고 성전 문에 이르시니 성전의 앞면이 동쪽을 향하였는데 그 문지방 밑에서 물이 나와 동쪽으로 흐르다가 성전 오른쪽 제단 남쪽으로 흘러 내리더라 [2] 그가 또 나를 데리고 북문으로 나가서 바깥 길로 꺾여 동쪽을 향한 바깥 문에 이르시기로 본즉 물이 그 오른쪽에서 스며 나오더라 [3] 그 사람이 손에 줄을 잡고 동쪽으로 나아가며 천 척을 측량한 후에 내게 그 물을 건너게 하시니 물이 발목에 오르더니 [4] 다시 천 척을 측량하고 내게 물을 건너게 하시니 물이 무릎에 오르고 다시 천 척을 측량하고 내게 물을 건너게 하시니 물이 허리에 오르고 [5] 다시 천 척을 측량하시니 물이 내가 건너지 못할 강이 된지라 그 물이 가득하여 헤엄칠 만한 물이요 사람이 능히 건너지 못할 강이더라

한 영으로 묶인다는 것이다.

성령이 충만할 때, 한 영으로 느끼는 것은 머리부터 발끝까지 하나님의 영으로 충만할 때 가장 먼저 수직적인 관계에서 하나님과 한 영으로 느끼는 것이다. 그리할 때 그 성령의 충만함을 지속해서 유지한다면, 수평적인 관계에서 그들의 영이 또 하나님 안에서 한 영으로 묶어지는 것을 느끼는 것이다. 한 영이며 태초부터 존재했던 영으로서, 그 영의 생각을 깨달아 알며, 영의 사랑을 통하여 하나님의 양자 된 자녀로서 그 안에서 하나로 느끼는 것이다.

하나님의 왕국은 하나님과 한 영이 된 영혼들이 수평적인 관계에서 모든 구원 받은 영혼들과 하나가 되어 마치 한 몸을 이룬 것처럼, 영생에서 살기를 원하는 것이 아버지의 소원이다. 그리하여 천국은 하나님의 영 안에서 하나가 된 자녀들이 성령의 충만함으로 그 영이 태초부터 하나였던 것처럼, 한 영이 되어 영원한 영생에서 천국을 맛보며 살기를 원한다는 것이다.

이 땅에서도 그러하기에 성령이 충만한 자들은 하나님 안에서 수직적인 관계에서 한 영으로 느끼며, 수평적인 관계에서 그 사랑이 부어짐으로 이웃사랑의 가장 극대화된 영혼 육의 진정한 사랑을 느끼게 되는 것이다. 이것이 수평적인 관계의 이웃사랑 실천을 이 땅에서도 맛보아 알기를 원한다는 것이다.

우리가 진정한 하나님과 한 영으로 연합되므로, 그 사랑으로 수

평적인 관계에서 이웃과 가족을 향하여 마치 태초부터 존재했던 영의 연합으로써 한 영이 되기를 원한다는 것이다. 성령이 충만한 자들이 그 진정한 영혼 육의 이웃사랑을 느낄 수 있을 것이다.

하나님과 한 영이 되는 것을 이 땅에서 이뤄야 함은 이 땅에서 하나님과 한 영으로 하나가 될 때, 비로소 천국에서도 하나님의 권속의 자녀로서 하나님의 얼굴과 얼굴을 대면하며 하나님 곁에서 영원히 살 수 있기 때문이다.

이 땅에서 성령이 내주함으로 하나님 영 안에서 거듭난 자녀들, 그러나 그들의 믿음의 상태와 믿음의 분량, 영적인 상태를 보면, 거룩의 영으로, 경건의 삶으로 그들을 쳐서 복종시키는 성화의 과정을 통하여 거룩해질 때, 하나님께서 친히 거룩의 영을 부으신다. 거룩의 전신갑주를 입혀주며, 이 땅에서 하나님과 한 영의 소통을 이룬 자녀를 보호해 나가시는 것이다. 어떠한 공격도 허락지 아니하며 강력한 평강과 희락을 통하여 그 하나님과 하나 된 영을 보호하며 친히 인도해 나가신다. 이것이 축복이다.

그러나 그 축복을 받기 위해서는 고난과 고통과 고독 속에서도, 오직 하나님을 바라보며 피 흘리기까지 죄를 짓지 않기 위해 싸우는 성화의 삶과 하나님의 자녀 된 삶을 선택해 나가는 순종을 통하여, 하나님께서 때가 차매 거룩의 영을 부어, 그 어떠한 순간도 마귀가 공격하지 않도록 평강을 능력으로 붓는다는 것이다. 희락을 부어버린다는 것이다. 이 단계까지 이른 자들이 바로 하나님의 한 영으로 권속의 자녀로서 영원히 살 수 있는 권세를 누리는 것이다.

우리가 이 땅에서 행한 대로 갚아 주실 것이다. 우리가 이 땅에서 심은 대로 갚아 주실 것이다. 이 땅에서 하나님 아버지와 자녀의 친밀한 한 영의 관계를 유지하는 삶을 순종으로 살았다면 그 삶에 대한 보상은 천국에서 이루어 주실 것이다.

하나님의 자녀들은 온 우주에 편재하신 하나님의 영 안에 더욱 안식하며 들어가야 한다. 하나님의 지성소로 들어가야 한다. 온 우주에 무소부재 하도록 임재하시는 하나님의 영 안에 우리 영을 깨워 갈망을 채워나가며, 침노하며, 하나님의 안으로 들어가야 한다. 하나님께서 우리 안에, 우리가 하나님 안에, 있음은 한 영으로 하나 된 것이다. 하나님과 하나님의 영 안에서 한 영으로 하나 되었다면, 하나님의 생각과 뜻, 우리를 향한 계획이 소원이 되어 이룰 수 있으니, 그때부터는 우리와 하나님을 분리할 수 없는 단계이며, 이것이 바로 다윗의 합한 단계라는 것이다.[174]

하나님과 합하기 위해서는 우리가 예수 그리스도를 믿음으로 말미암아 성령을 통해 거듭난 것부터 시작되어야 한다. 거듭날 때 속

---

174 (행 13:22, 개정) 폐하시고 다윗을 왕으로 세우시고 증언하여 이르시되 내가 이새의 아들 다윗을 만나니 내 마음에 맞는 사람이라 내 뜻을 다 이루리라 하시더니

사람이신 성령이 우리의 삶 가운데 겉사람의 기질을 복종시키며, 선한 싸움을 할 때 우리가 순종하고 결단하며, 고난 중에도 하나님을 찬양할 때 비로소 하나님의 성품이 우리에게 맺혀지며, 그것을 의로 여기사 우리에게 거룩의 영을 붓는다는 것이다. 거룩의 영이 부어진다면 사탄도 우리를 공격할 수 없다.

많은 종들이 크리스천들에게, 믿는 자들에게 마귀가 공격할 수 없다고 잘못된 가르침을 가르치고 있다. 사탄은 잡아놓은 물고기에게는 관심을 두지 않는다. 불신자들에게, 인간이 만든 신에게 머리를 조아리는 사탄의 자식들에게는 탐욕을 준다. 더 부를 준다. 재정을 준다. 명예와 성공을 통해서 그들을 사탄의 손에 움켜쥔 채 벗어날 수 없도록 지옥으로 끌고 간다.

그러나 우리에게 성령이 임하여 하나님의 자녀가 되고 크리스천이 됐다면 그때부터 불화살을 쏘아가며 공격하기 시작한다. 그리함으로 성령이 내주한 자녀들에게 오히려 사탄이 공격함으로 죄의 틈을 벌려 귀신이 역사하며, 그 안에 잠식하며 들어가는 공격을 멈추지 않는다는 것이다. 그러한 과정에서 크리스천들이 어둠의 권세 공격을 집중적으로 받는다는 것이다. 그리하여 영적전쟁이 일어나며, 그 영적전쟁 속에 엄청난 고난과 핍박과 마귀로부터 공격이 더 심화된다는 것이다. 이것이 거듭난 이후에 초기 단계에서 나타나는 일인 것이다.

우리의 인생 가운데 가장 고단한 시기가 언제였는가? 우리가 성령이 내주함으로 거듭났을 때는 하나님을 만난 첫사랑으로 기뻐하고 즐거워하며, 모든 어려움도 능히 극복할 수 있는 하나님의 사랑과 능력이 부어졌었다. 그러나 첫사랑이 식어지고 에베소 교회처럼 그 사랑을 잃어버렸을 때[175], 성령을 근심하게 하고 소멸시키기 위하여 마귀는 그때부터 본격적으로 공격해 들어온다는 것이다.

하나님을 향한 사랑이 강력하게 부어질 때는 모든 고난과 연단과 훈련도 능히 견딜힘을 받는 것이다. 사랑으로 이기는 것이다. 그러나 하나님께서 보이지 않기에 그 사랑도 희미해져 간다. 그리할 때 성령을 근심케 하는 죄를 마귀가 부어주며, 생각나게 하며, 환경을 통하여 죄를 짓도록 이끌어 간다는 것이다. 성령이 근심하여 소멸되기까지 마귀는 불화살을 쏘아댄다. 희락을 잃게 하기 위하여, 평강의 마음을 잃어버려, 마귀가 뿌려놓은 죄악의 덫에 걸리게 하기 위하여 마귀는 늘 우는 사자처럼 바라본다. 그리함으로 성령의 내주가 있을지라도, 첫사랑을 잃어버린 크리스천들에게 마귀는 믿음을 잃어버리게 하고, 죄를 짓게 함으로써, 성령을 근심케 하여 소멸하도록 더 강력한 공격을 행하여 나간다는 것이다. 이것이 영적인 세계에서 일어나는 일이다.

---

175 (계 2:4-5, 개정) [4] 그러나 너를 책망할 것이 있나니 너의 처음 사랑을 버렸느니라 [5] 그러므로 어디서 떨어졌는지를 생각하고 회개하여 처음 행위를 가지라 만일 그리하지 아니하고 회개하지 아니하면 내가 네게 가서 네 촛대를 그 자리에서 옮기리라

그리할지라도 하나님을 사랑하며 하나님의 존재를 인정하기에, 하나님의 영 안에서 하나가 되어 하나님을 신뢰하는 자녀들은, 그러한 상황 속에서도 하나님께 공급을 받으며 그 연단의 삶을 이겨낸다. 그리할 때 하나님께서 그 믿음과 순종과 결단의 삶을 순종으로 여기사, 이제는 그에게 강력한 평강과 희락의 능력을 부어 하나님의 나라를 만들어 간다. 하나님의 나라는 말에 있지 않고 그 능력에 있다.[176] 그 능력은 그 시험을 통과한 자녀들에게 희락과 평강을 강권적으로 부으사 거룩의 영으로 덮으신다. 영적인 나실인으로 전신갑주를 입혀, 마귀가 공격할지라도 그 전신갑주를 뚫지 못하도록, 하나님께서 보호막을 쳐나간다는 것이다.

하나님의 사랑하는 자녀들이여, 우리의 단계는 지금 어디에 있는가? 하나님의 영으로 하나님의 자녀 되는 권세를 받았는가? 편재하신 하나님의 영 안에 하나님과 한 영이 되었는가? 그렇다면 무엇을 결단해야겠는가? 이제부터 마귀가 우리를 더 공격할 것이다. 많은 종들이 크리스천에게는 귀신이 들어올 수 없다고 가르치고 있으나 그렇지 않다. 더 강력히 공격하여 우리의 겉사람(마귀의 본성)을 마귀에게 복종시켜 속사람(성령, 우리의 영)의 전쟁에서 마귀가 이기기 위하여 더 우리를 공격한다는 것이다. 그때부터 진정한 믿음을 보여야 한다.

---

176 (고전 4:20, 개정) 하나님의 나라는 말에 있지 아니하고 오직 능력에 있음이라

하나님의 자녀들은 두려워하거나 걱정하지 말고, 하나님의 나라 자녀의 삶을 살기 위하여 순종하며, 하나님을 바라보는 삶으로, 말씀대로 이루어가는 삶으로 결단하며 나아가야 한다. 그리할 때 하나님께서 우리 안에서 행하시며 기쁨을 주셔서, 하나님의 나라를 만들어가는 그 일 가운데 하나님께서 더 강력하게 일하실 수 있다는 것이다. 거룩의 영으로 덮은 자녀들에게 강력한 희락과 평강을 부어, 마귀가 공격하지 못하도록 일하시는 것, 이것이 지금 이 시간에 우리를 향한 하나님의 신실하게 일하심이라는 것이다. 이와 같이 우리 안에, 이 땅에 하나님의 나라를 이루시는 것이 하나님의 소원이시다.

에필로그

하나님은 영이시다. 우리의 존재도 영적인 존재이다. 영은 거룩하다. 따라서 우리의 영도 거룩하다. 그러나 우리가 에덴동산에서 아담의 구조와 같은 존재로 살아왔다면 심판의 대상이 아니라 사랑의 대상이었다. 아담이 생육하고 번성하여, 그의 코에 불어 넣어준 생기로 생령이 되어 다스리는 권세로 이 땅에 살아갔다면, 그들은 심판의 대상이 아니며 하나님의 사랑의 대상이었다. 진정한 하나님의 나라가 완성되는 하나님의 소원을 풀어드리는 사랑의 대상이었다는 것이다. 우리를 바라보기만 해도 하나님께서는 기뻐하신다.

인간의 영은 언제부터 존재했을까?

하나님은 인간의 영을 사랑하신다. 그러나 만물의 창조주이신 하나님께서 보이는 하나님의 나라에서 생육하고 번성하여 하나님의 나라를 다스리는 하나님의 형상을 닮은 자녀들을 만들기 원하셨다. 이것이 아담을 만든 목적이다. 하나님의 형상으로 아버지의 모습으로 아담을 만들어 아버지의 영을 불어 넣었다. 생기를 불어넣었다. 생령이 되게 하셨다. 하나님께서는 하나님의 형상과 모양으로 하나님의 나라의 백성을 만드는 것이 소원이었다. 그리하여 흙으로 아담을 빚고 생기를 불어넣을 때 하나님의 영과 인간의 영과 혼을 같이 불어넣어 생령이 되게 한 것이다.

이 땅을 온전히 다스려 하나님 나라를 완성시키는 도구로서 인간의 영혼을 불어 넣었으며, 흙으로 인간의 육을 만든 것이다. 이것이 아담의 구조이다. 그 아담의 존재로 인간이 생육하고 번성했다면, 그것이 하나님의 나라이며 천국의 모형이었던 것이다.

혼의 영역에 자유의지를 부어주신 목적은?

그러나 인간의 혼에 하나님께서 자유의지를 불어 넣으며 선과 악을 선택할 수 있는 조절기능을 부어 넣어주셨다. 인간의 영은 오로지 하나님만 사랑한다. 거룩의 영이기에 천사처럼 하나님만 복종한다. 하나님께서는 하나님 나라에서 하나님을 자유의지로 선택하여 사랑을 느끼며, 표현하며, 진정한 사랑의 대상으로 인간을 만들고 싶으셨다.

천사는 하나님만을 사랑한다. 그러나 영의 존재로 살고 있는 천사는 자유의지가 없다. 하나님께서는 자유의지를 통하여 진정으로 하나님을 사랑하며, 순종의 삶으로 그 사랑을 확증하고, 하나님의 사랑을 받는 사랑의 대상, 존재를 만들기를 원하셨다. 하나님 나라의 백성으로 인간을 만들기 원하였다는 것이다.

천국에서는 자유의지가 없는 천사의 사랑과 그 땅을 다스리는 하나님의 주권으로 움직이고 있다. 천사는 거룩의 영이기에 자유의지를 통해서 하나님을 사랑하는 것이 아니다. 무조건적인 복종의 사랑이 영인 천사에게 부어진 것이다.

하나님은 자유의지로 인하여 하나님을 선택하며, 사랑하며, 진정으로 아버지를 사랑하는 그 존재를 원하셨던 것이다. 그리함으로 아담을 지어 하나님과 교제하며, 진정한 영혼 육의 사랑의 대상으로 인간을 창조한 것이다. 인간의 혼의 구조 안에 자유의지를 넣어주어, 그 자유의지로 하나님을 선택할 수 있도록, 하나님의 사랑을 혼의 영역가운데 자유의지에 넣어주셨다. 인간이 선과 악을 구별하여, 하나님을 사랑하며 선택하는 그 사랑이 진정한 사랑이기에, 하나님은 진정한 사랑을 나눌 대상으로 인간을 창조한 것이다. 그리하여 혼의 영역가운데 자유의지를 넣어준 것이다.

자유의지를 통해 무엇을 선택할 것인가?

하나님의 자녀들이여, 인간의 자유의지로 하나님의 사랑을 선택하라. 하나님은 인간을 사랑하신다. 그러나 인간은 자유의지로 하나님의 사랑을 선택할 수도 있으며, 하나님의 사랑을 외면할 수도 있다. 하나님께서는 인간이 하나님의 사랑을 자유의지로 선택하여 하나님 앞에 엎드림으로써 그 사랑을 증거하며, 하나님의 사랑을 받은 것, 이러한 진정한 영혼 육의 사랑을 나누길 원하여 인간을 창조한 것이다.

그러나 혼의 구조와 육의 본성 가운데 자유의지를 통하여 악을 선택하고 싶은 마음까지도 함께 존재한 것이다. 선과 악을 분별하여 하나님을 선택하는 것, 이것이 진정한 사랑이 아니겠는가? 그러나 자유의지 안에 악을 선택하고 싶은 마음까지도 있었다는 것이다. 이것을 타락한 천사가 알고 공격한 것이다.

자유의지 안에 하나님을 선택하고 싶지 않는 악을 넣어 그 통로를 통해 공격한다는 것이다. 이 연약함이 아담에게 있었다. 이 연약함이 아담의 후예에게 있었다. 이 연약함이 인간에게 있다는 것이다. 그 자유의지에 하나님을 선택하지 아니하고, 자유의지로서 사탄,의 것을 선택함으로써 모든 하나님의 사랑을 잃어버렸으며, 그 주권 안에서 누릴 수 있는 모든 것들을 잃어버린 것이다.

그렇다면 하나님께서 인간을 포기했겠는가? 인간의 영은 하나님을 갈망한다. 인간의 혼의 구조에 자유의지를 넣었다는 것은 그것이 하나님의 사랑의 표현이며 하나님께서 인간을 포기할 수 없다는 것이다. 선과 악을 분별하여, 하나님을 선택하며 사랑할 수 있도록 만들어진 혼의 자유의지로, 진정한 사랑을 선택하기를 원하기에, 그것이 소원이기에 인간을 창조했다는 것이다. 그러하기에 끝까지 인간의 자유의지로 하나님을 선택할 수 있도록 하나님께서 인간의 곁에 있는 것이다.

영혼 육의 온전한 사랑을 하나님께 올릴 수 있도록 끝까지 지키시며, 마지막 천국의 영원한 하나님의 나라까지 인도하시며, 진정한 영혼 육의 사랑을 올릴 수 있도록 하나님께서 인간을 이끌어 간다는 것이다.

하나님께서는 지금도 혼의 영역 속에서 자유의지로 하나님을 선택하는 자들을 기름 부어 진정한 영과 혼과 육이 하나님을 사랑할 수 있도록, 완성된 하나님의 나라 천국에 데려올 수 있도록, 그리하여 에덴동산에서 무너진 소멸된 하나님의 나라가 다시 세워질 수 있도록, 쉬지도, 먹지도, 졸지도 아니한 채 계속 일하고 계신다. 이것이 하나님 나라의 모습이다.

이 땅에서 성령을 통하여 인간의 영에 하나님의 사랑이 부어진다면, 거듭난 하나님의 자녀가 되는 것이며, 그 영이 혼의 자유의지를 통치하며 육까지도 통치하여, 온전히 영혼 육의 온전한 사랑을 하나님께 올리는 것, 이것이 하나님 자녀의 삶이다.

이 삶을 이끌어 갈 수 있도록 하나님은 포기하지 않으시며, 계속 말씀하시며, 우리와 함께하시며, 완성된 하나님의 나라로 이끌 수 있도록 신실하게 일하시고 있다. 인간의 영혼 육의 구조는 〈인간의 영혼 육, 그 신비한 비밀〉 책을 통하여 자세히 설명할 예정이다.

하나님의 나라에 대한 개념과 의미 역사적, 성서적, 신학적 관점, 시간성, 공간성, 통치성, 관계성 등을 살펴보기 위해 먼저 하나님의 나라에 관한 여러 저서와 논문, 설교를 조사하고 분석 하였다.

김태섭(2016)[177]은 구약성경과 신약성경을 인용하여 역사적, 성서학적 관점에서 하나님의 나라(천국) 의미를 분석하고, 하나님의 나라에 대해 주목하는 목회자, 학자, 평신도 운동을 고찰하였다. 하나님의 나라(천국)는 죽어야만 들어가는 사후 세계가 아닌 "이미 도래하여 이 세상에서 소유할 수 있는 실재"이며, 유토피아적 공간의 개념이 아닌 신자 들 안에 이미 도래한 또는 도래할 수 있는 현

177 김태섭. "한국교회의 천국(하나님 나라)에 대한 오해와 이해." 종교와 문화 308, ¸YP …P 문제연구소, 2016, 99-130.

재적 실재라고 서술하였다.

또한 하나님의 나라는 공간적 개념의 나라가 아닌 하나님의 "왕적 통치권", "주권", "통치" 개념이라고 구약과 신약성경을 인용하여 설명하면서 한국교회가 기독교의 가장 중요한 개념을 간과하고 있다고 주장하였다. 현재 도래한 하나님의 통치는 이 세상에서 영향력을 넓혀 가고 있으며, 지금은 그 통치의 미래적 완성을 기다리는 과정에 있고, 하나님의 나라 완성은 예수의 재림을 통해 이루어지는 미래적 비전이라 하고 있다.

따라서 하나님의 나라의 현재적 도래와 미래적 완성은 '이미'와 '아직'의 관계 놓여 있으며, 하나님의 나라, 하나님의 통치는 '이미' 도래 하였으나, 그 나라는 재림을 통해 '완성'될 것이고, 현 시대는 완성의 과정을 위해 존재하는 한 시점이라고 정리하고 있다.

마지막으로 이미 도래한 하나님의 나라(통치)의 삶을 사는 것과 종말적으로 완성될 그 나라는 상관이 있을 것이며, 하나님의 나라에 대한 통전적 이해가 요청된다고 주장 하면서 마무리 하고 있다.

조윤제(1992)[178]는 "하나님 나라의 시간성에 대한 연구"-관련된 성경구절의 시제어 분석을 통하여-에서 미래적인 하나님 나라만을 강조하여 현재의 삶에 대하여는 염세주의적인 비관적 세계관을 갖고 살아가도록 하는 것과 현재적인 하나님의 나라를 강조하여 현재의 삶에만 의미를 부여하는 두 가지 경우가 있는데 하나님 나라의

178 조윤제. "하나님나라의 시간성에 대한 연구." 한성어문학, 11권, 1992, 113-142.

시간성을 반드시 이해할 필요가 있다고 강조하였다. 그는 구약과 신약, 랍비 문헌의 경우를 조사하여 하나님 나라 용어의 의미는 하나님이 통치하시는 영역을 가리키기 보다는 하나님의 통치, 지배, 주권을 지칭하는 추상적인 것이라고 보는 것이 타당하다고 보고 있다.

하나님 나라의 시간성에 대한 성경의 교훈을 현재적 하나님 나라에 대한 것과 미래적 하나님나라에 대한 것에 대한 분석을 통하여 현재적 하나님의 나라는 이미 시작되었다고 보아야 하며, 미래적 하나님 나라는 아직 완성되지 않음을 알 수 있고, 이것은 우리가 시작과 완성의 중간적 시기에 살고 있음을 보여준다고 정리하고 있다.

결론적으로 성경의 교훈 속에 나타난 하나님 나라의 시간성은 현재적인 동시에 미래적인 양면성을 가지고 있으며, 현재 시작되어 진행 중에 있으며 미래에 완성될 나라로서 현재의 삶 속에서 경험하는 삶을 살아야 할 것이라고 말하고 있다.

김경진(2014)[179]은 복음서에 나타난 주님의 사역과 교훈을 종합해 보면, 그 핵심은 하나님의 나라로서 바울의 신학적 해석에 의한 십자가(구속 및 칭의)와 함께 복음서들이 전하는 메시지인 하나님의 나라를 포함할 때 비로소 성경이 말하고 있는 복음을 제대로 이해하게 된다고 말하고 있다. 그는 신약에 사용된 용례를 놓고

179 김경진. "하나님의 나라로서의 복음 이해." 생명과 말씀, 제9권, 2014봄, 7-33.

볼 때, 하나님의 주권적 통치와 지배를 가리키는 개념으로 예수 그리스도의 사역으로 말미암아 천국이 이미 우리 가운데 시작되었고, 우리 가운데에서 활동 중임을 말하는 것이라고 정리하면서, 이것이 하나님의 나라의 현재성이며, 다른 말로 실현된 종말론이라고 부른다고 말하고 있다.

하나님의 통치가 우리 가운데에 진행되고 있으며 실현되고 있는 것은 하나님이 지금 온 세상을 친히 다스리고 있다는 메시지를 선포하도록 인도한다고 설명한다. 또한 십자가의 구속의 은혜를 강조하는 복음의 정적인 상태에 머물러 사변적이 되어버린 신학의 오류를 극복하고 하나님 나라로서의 복음의 역동성을 회복하여 진정한 개혁주의 신학의 정체성을 새로이 확인하는 방향으로 나아감으로써 정체된 한국교회의 신앙과 신학을 고양시킬 수 있는 디딤돌이 될 것으로 믿는 다고 주장하였다.

김선권(2019)[180]의 논문에서 칼빈에 따르면 하나님의 나라는 물리적인 실재보다는 영적 실재에 관한 것이다. 하나님의 나라는 현재의 삶에 필요한 모든 것을 공급받아 육신을 따라 행복한 삶을 가져다주는 나라가 아니라, 그리스도인의 처지와 형편이 초라해 보일지라도 하늘에 속한 나라이기에 심령이 요동치지 않고 평안을 보장해주는 나라이다.

칼빈에게서 하나님의 나라는 세상 차원을 가지지만 세상을 넘어

180 김선권. "칼뱅의 하나님나라." 영산신학저널, Vol.50, 2019, 155-193.

서며, 육적으로 보이지 않는 것이기에 영적인 방식으로 찾아야 한다고 주장하였다. 하나님의 나라가 영적이라는 것은 하나님의 나라에 이르는 데에 성령의 역사가 필수적이다. 또한 칼빈에게서 신자의 개인적인 차원에서 임하는 하나님의 나라는 신자의 성화적 차원을 담고 있다. 하나님의 나라는 성령으로 말미암아 하나님의 형상이 신자 안에 새롭게 지어져 가는 것으로 시작한다.

신자들이 하나님의 통치를 받는 것은 하나님의 뜻에 대한 신자들의 자발적 순종에 관한 것이다. 하나님의 나라의 최소 범위는 신자이며(구원론적 사건), 더 큰 범위는 신자들의 모임인 교회(교회론적 차원) 안에 있다. 신자들 간의 영적 교제가 있는 곳에 하나님의 나라가 존재한다. 칼빈에게서 하나님의 나라는 신자와 교회로부터 국가와 세상으로 확장된다고 서술하였다.

안인섭(2020)[181]은 칼빈의 공관복음 주석에서 하나님에 의해서 지배되도록 자발적으로 헌신하고 복종할 때, 하나님께서 인간들 사이에서 다스리시며, 이것이 하나님 나라의 정의라고 선언하였고, 하나님 나라의 시작은 자아의 부정이요, 하나님 나라의 첫 결과는 육신의 욕심을 길들이는 것이라고 하였다. 그러면서 칼빈은 먼저 개인부터 하나님 나라의 평화를 깨뜨리는 일에서 자신의 부패를 정결케 해야 한다고 강조하였다. 칼빈은 결국 하나님의 나라의 현재성을 그 나라의 종말성과 연결시키고 있고, 하나님 나라는 현재는

181 안인섭. "칼빈의 하나님 나라 신학 연구." 한국개혁신학, 제68권, 2020, 132-16.

명확하게 드러나 보이지는 않으나 미래에는 빛과 기쁨과 행복과 영광이 가득하게 될 것이라 설명하였다.

또한 칼빈의 강조점은 영혼과 육체가 각각의 특징을 가진 채로 인간을 이루듯이, 영적인 영역과 육적인 영역은 서로 나뉘거나 혼합되지 않고 각각 하나의 통치, 즉 하나님의 통치를 이룬다는 것으로 마무리 하고 있다.

윤경숙(2012)[182]은 예수님의 가르침 안에서 하나님의 나라는 인간 노력의 성취물이 아니라 하나님의 사역으로 말미암은 것으로 이해되며, 바울 역시 하나님 나라는 예수 그리스도를 통한 하나님의 은혜로 주어진 선물이라는 사실을 강조한다. "이는 그리스도 예수 안에서 우리에게 자비하심으로써 그 은혜의 지극히 풍성함을 오는 여러 세대에 나타내려 하려 하심이니라. 너희가 그 은혜를 믿음으로 말미암아 구원을 얻었으니 이것이 너희에게서 난 것이 아니요 하나님의 선물이라"(에베소서 2장 7절-8절) 이 말씀은 하나님 나라의 도래는 인간 편에서의 어떠한 노력에 의한 것이 아니라 오로지 예수 그리스도 안에서 하나님의 구원적 사역으로 말미암은 것임을 강조하고 있다고 정리한다.

또한 하나님 나라에 대한 바울의 가르침 안에서는 성령의 사역이 더 많이 강조되고 있으며, 그것은 바울에게 있어선 예수 그리스도를 통하여 이미 도래한 하나님 나라의 종말적 능력이, 현재 역사

182 윤경숙. "에베소서에 나타난 하나님 나라와 기독교 윤리." 신앙과 학문, 17(1), 2012, 149-181

하고 있는 그리스도인들 공동체의 삶에 우선적 관심이 있기 때문이다. 따라서 바울에게 있어서 하나님 나라는 "성령의 삶" 또는 "예수 그리스도의 몸 안에서의 삶"으로 표현된 것처럼, 성령의 사역이 바울 서신서 안에서 하나님 나라에 대한 본질적인 요소로 자리잡고 있다고 서술하였다.

마지막으로 하나님 나라의 윤리에 대한 이해가 우리에게 주는 유익은 우리로 하여금 선하고 도덕적인 삶을 살기 위하여 자신의 능력이나 노력에 의존하게 하는 것이 아니라 지속적으로 성령의 인도하심에 순종하도록 한다고 말하고, 우리가 오직 성령의 충만을 받고 성령께서 우리를 인도해 가시도록 허락할 때 우리는 성령 안에서 우리 삶속에 역사하는 하늘의 의와 평강과 희락으로 하나님 나라를 증명해 보일 수 있게 된다고 서술하고 있다.

허익호(1996)[183]는 하나님의 나라의 시간성(통치의 시기), 공간성(통치의 영역), 본질(통치의 성격)에 대해 논하면서 하나님의 나라는 하나님의 통치를 의미하고, 예수님께서 하나님의 나라를 선포하고 실현하였으며, 하나님의 뜻이 하늘에서 뿐만 아니라 땅에서도 이루어지므로 영적이면서 동시에 정치적, 현세적이면서 예수 그리스도의 재림을 통해 완성될 영원 및 영광스러운 통치라고 서술하였다.

183 허호익. "하나님의 나라의 신학적 이해." 한국조직신학회, Vol.2 No.1, 1996, 343-358.

정지련(2008)[184]은 예수님이 선포한 하나님 나라가 현존하는 실재를 지시하는 것이라면, 신학적 규정상 이 세계에 존재하는 실재와는 다른 실재를 뜻한다고 말한다. 하나님 나라는 "새로움 그 자체, 즉 지금까지 있어 본 적이 없는 것, 상상을 초월하는 것, 불가연적인 것, 조작할 수 없는 것, 그러기에 하나님만이 주실 수 있는 것, 결국 하나님 자신을 의미 한다고 정리하였다. 또한 하나님의 나라는 현상의 세계와 질적으로 다른 절대적 신비에 속한다. 따라서 하나님 나라는 하나님 편에서 자신을 드러낼 때에만 인간에게 해명될 수 있다. 성서적으로 하나님의 나라는 오직 성령으로 거듭난 자만이 보고 들어갈 수 있는 신비의 차원이다. 그러나 피조물의 세계와 무관한 나라가 아니라 현상의 세계 가운데로 들어와 그 세계를 변화시키거나 지양시키는 궁극적 실재라고 설명하였다.

이영호(2008)[185]는 영산 조용기 목사의 설교 가운데 나타난 하나님 나라에 대한 이해가 신약의 본문을 배경으로 하고 있는지 살펴보았다. 그는 신약의 하나님 나라는 예수 그리스도의 하나님 나라 선포를 근본으로 하고 있다는 사실이 발견하였다. 예수님은 하나님 나라를 자신의 사역으로부터 출범하여 재림으로 완성된다는 사실을 선포하셨다. 따라서 현재는 하나님 나라의 "이미 와 아직"의 긴장 속에 있고, 이는 하나님 나라가 확장해 가고 있음을 알게 한다. 즉 예수의 사역으로 하나님 나라가 확장되며, 예수께서 보내신 성

184 정지련. "하나님 나라에 대한 신학적 반성." 한국조직신학논총 22집, 2008, 159-191.
185 이영호. "영산의 설교 가운데 나타난 하나님 나라." 영산신학저널 Vol.13, 2008, 232-278.

령의 활동을 통해 하나님 나라 확장은 지속되고 있는 것이라고 설명하였다.

김희성(2008)[186]은 조용기 목사의 하나님의 나라에 관한 설교를 분석하고, 설교에 나타난 하나님의 나라는 본질적으로 하나님께서 통치하는 곳으로, 세상 초월적이면서 내재적이며, 예수님의 사역을 통해 세상에 도래하였고, 십자가 사건을 통해 정착되었으며, 성령을 통하여 성도들에게 죄 용서, 병 고침, 저주에서의 해방, 기쁨 등으로 그 실재가 경험되는 것으로 성도는 이러한 하나님의 나라를 침노하고 구해야 한다고 촉구함으로써 하나님의 나라가 성도들의 삶 속에서 역동적이 되게 한다고 말하고 있다.

또한 이 땅에서 천국을 체험하고 천국의 지점이 이루어진 사람만이 이 세상을 떠나 본점인 영원한 천국에 들어갈 수 있다고 설명하고 있다. 조용기 목사의 1998년 5월 3일 행한 "하나님의 소원"이란 설교에서 지상천국을 세우는 것이 하나님의 뜨거운 소원이라고 선포하였으며, 이 땅에 하나님의 나라를 세우고자 하시는 하나님의 뜨거운 소원은 에덴 천국, 가나안 천국, 예수 그리스도가 전파한 천국을 거쳐서 십자가와 부활 사건을 통해서 성취되며, 성령이 임하여서 천국을 사람들의 심령가운데 정착시키고 있으며, 이것을 심령천국이라고 설명하고 있다.

186 김희성. "조용기 목사의 하나님의 나라." 영산신학저널 Vol 13, 2008, 131-162.

하나님께서는 그 마음속에 뜨거운 소원을 갖고 계십니다. 그것은 다름 아닌 이 지구상에 하나님의 나라를 세우는 것입니다. 이 땅에 하나님께서 온전히 다스리시고 경영하는 나라가 서게 될 때 하나님의 소원이 성취되는 것입니다. 그러므로 오늘 이 시간에도 하나님의 절대적인 관심은 역사를 통해서 하나님의 나라를 이 땅에 세우시기 위하여 여러 번 시도 하셨습니다. (조용기 설교, "하나님의 소원", [1998. 5. 3])

이상과 같이 조용기 목사는 구원의 역사를 하나님의 나라 사상으로 꿰뚫었고, 하나님의 가장 뜨거운 뜻(소원)은 하나님의 나라를 이 땅에 구현하는 것으로 파악했다. 하나님의 소원에 따른 시도는 에덴동산에서의 아담의 실패, 약속의 땅 가나안 천국에서 이스라엘의 실패를 거쳐 예수님께서 성취하셨다.

예수님이 전파한 하나님의 나라는 십자가 부활 사건을 통해서 정착되고 성령을 통해서 현재적으로 확장되며, 앞으로 있을 예수님의 공중 재림과 지상 재림을 통해서 천년왕국이 이루어지고, 천년왕국이 끝난 후에 최후의 심판을 거쳐 영원천국이 이루어진다고 정리하고 있다. 이렇게 구원의 역사 전체를 하나님의 나라 사상으로 꿰뚫음으로써 조용기 목사는 하나님의 나라가 성경 전체의 중심 주제임을 분명히 하였다고 논문에서 서술하고 있다.

손승화(2007)[187]는 대부분의 신약학자들이 '하나님 나라'가 하나님의 통치라는 데 동의하고 있고, 이것은 구약성서와 신·구약 중간

187 손승화. "신약성서에 나타난 '하나님 나라'의 다양성과 통일성." 성서마당, 2007, 172-193.

시대 문서들에서부터 나타나는 개념이라 정리하면서 '하나님의 통치'라는 개념의 다양한 표현 속에서 '하나님의 통치는 곧 섬김'이라는 통일성이 어떻게 나타나는지 연구하였다.

그는 '구약성서의 하나님 나라', '역사적 예수의 하나님 나라', '신약성서의 하나님 나라'로 성경 속의 역사적 순서에 따라 하나님 나라에 대해 서술하였고, 결론에서 다음과 같이 정리하고 있다.

> 신약성서에서 나타난 하나님 나라는 '죽어야' 가는 나라라는 점에서 일치한다. 하나님 나라는 이미 예수 그리스도의 대속적 섬김 속에서 이 땅에서 이루어졌다. 그러므로 하나님 나라는 예수를 따르는 그리스도인의 섬김 속에서 이 땅 가운데 지속적으로 이루어져야 하는 나라이다. 왜냐하면 예수의 하나님의 나라는 이미 그 속에 그의 제자와 그리스도인이 섬김의 삶을 살아감으로 그 나라를 이룰 수 있는 가능성과 소명을 포함하고 있기 때문이다.

'예수를 따르는 그리스도인'은 예수 그리스도를 믿어 그 안에 성령님이 내주하고 있는 사람들을 말하며, 그들은 예수 그리스도의 섬김의 삶을 살아감으로 이 땅에 하나님의 나라를 이루어야 한다고 요약할 수 있다.

선행연구에서 나타난 하나님의 나라에 대한 공통점을 요약하면 하나님의 나라는 예수 그리스도가 십자가에 죽으시고 부활함으로써 하나님의 나라가 시작되었고, 예수 그리스도가 재림 할 때 영원한 하나님의 나라, 미래적 하나님의 나라가 완성될 수 있으며, 지금 현재 인간은 예수님을 믿음으로 거듭나서 성령님의 통치와 인도에 따라 성화되는 삶을 살아감으로써 이미 도래하였지만 아직 완성되지는 않은 현재적 하나님의 나라 삶을 살아가고 있다는 것이다. 이러한 하나님의 나라를 이 땅에 이루어 나가고 확장해 나가는 것이 하나님의 뜻, 하나님의 소원이라고 정리할 수 있다.

참고문헌

강신권. "칼뱅의 하나님 나라." 영상신학저널, Vol.50, 2019, 155-193.

권연경. "바울과 하나님 나라 – 로마서 14장 17절." 신약논단, 2021, 28(1), 111-151.

권연경. "능력으로 상속하는 하나님 나라(고전 4:20)." 신약논단, 15(4), 2008, 987-1016.

김광수. "공관복음서에 나타난 하나님의 나라의 본질과 목적(1)". 복음과 실천, 17(1), 1994, 37-68.

김경진. "하나님의 나라로서의 복음 이해, 생명과 말씀." 제9권, 2014봄, 7-33.

김경진. 『하나님 나라와 윤리』. 솔로몬, 2003.

김경표. "요한복음의 구조로 본 하나님 나라." 피어선신학논단, 3(2), 2014, 167-192.

김도훈. "창조성과 하나님 나라." 장신논단, 33, 2009, 153-173.

김명혁. "초대교회에 나타난 하나님의 나라에 대한 개념." 신학지남, 43(1), 1976, 60-71.

김민웅. "[예수의 사건과 비유(8)] 하나님 나라와 겨자씨." 기독교사상, 2010, 86-93.

김선권. "칼뱅의 하나님나라." 영산신학저널 Vol.50, 2019, 155-193.
김세윤. "예수의 하나님 나라 선포와 그리스도인의 정치적 실존." 신학지남, 56(4), 1989, 6-49.
김세윤, 김회권, 정현구. 『하나님 나라 복음: 신구약을 관통하는 하나님의 다스림』. 서울:새물결플러스, 2013.
김진동. 『하나님 나라의 복음신학 연구』. 서울:도서출판 포이멘, 2006.
김진수. "구약과 하나님의 나라." 신학정론, 39(1), 2021, 51-80.
김태섭. "한국교회의 천국(하나님 나라)에 대한 오해와 이해, 종교와 문화." 제30호, 서울대학교 종교문제연구소, 2016, 99-130.
김한경. "오순절적인 하나님의 나라의 신학을 향하여." 오순절신학논단(11), 2013, 9-37.
김형동. "하나님 나라의 복음 전파/침노에 관한 두 본문(눅 16:16/ 마 11:12)." 성경원문연구(8), 2001, 207-215.
김홍기. "하나님의 나라-역사신학적 조명." 기독교사상, 36(3), 1992, 102-119.
김회권. "천지창조와 하나님 나라의 시작." 기독교사상, 47(2), 2003, 144-155.
김회권. "인간 창조와 하나님 나라의 좌절." 기독교사상, 47(3), 2003, 169-181.
김희성. "예수의 하나님의 나라.", 한국기독교신학논총, (41), 2004, 7-30.
김희성. "조용기 목사의 하나님의 나라." 영산신학저널 Vol 13, 2008, 131-162.
박노식. "마가복음의 하나님 나라와 제자도." 신약논단, 13(2), 2006, 279-317.
박영복. "하나님의 거룩한 나라." 성경원문연구(39), 2016, 86-104.
박재은. "하나님 나라의 관점으로 읽는 존 칼빈의 영혼의 깨어있음에 관하여 (Psychopannychia)." 신학지남, 84(2), 2017, 185-216.
박형규. "하나님 나라와 교회의 역할." 기독교사상, 24(3), 1980, 66-71.
박형용. "사도 요한을 통해 계시된 하나님 나라.", 신학정론, 22(2), 2004, 435-464.
박형용. "야고보서, 베드로전후서, 유다서를 통해 계시된 하나님의 나라와 그 나라 안에서의 삶." 신학정론, 34(2), 2016, 123-152.

배재욱. "바울서신의 하나님의 나라.", 장신논단, 26, 2006, 97-128.

백용기. "틸리히 역사신학의 토대로써 하나님 나라 개념연구.", 한국기독교신학논총, 37(1), 2005, 119-145.

손기철. "킹덤빌더: 이 땅에 도래한 하나님나라를 세워가는 사람." 서울: 두란노, 2015.

손기철. "알고싶어요 하나님의 나라." 서울: 두란노, 2013.

손승화. "신약성서에 나타난 '하나님 나라'의 다양성과 통일성." 성서마당, 2007, 172-193.

손승화. "신약성서에 나타난 '하나님 나라' m의 다양성과 통일성." 신학박사논문, 장로신학대학교, 2007.

신성종. "신약에 나타난 '하나님 나라'의 개념.", 신학지남, 47(4), 1980, 32-41.

심상법. "신약신학과 총체적 복음사역-하나님 나라와 제자도를 중심으로-." 신학지남, 72(3), 2005, 157-182.

안인섭. "칼빈의 하나님 나라 신학 연구.", 한국개혁신학 제68권(2020), 132-16.

양용의. "하나님 나라 어떻게 이해할 것인가?." 서울:성서유니온선교회, 2005.

오현기. "칼빈의 하나님의 나라 사상 및 하나님의 통치 사상을 중심으로 본 현실참여 연구." 대학과 복음, 9, 2004, 159-194.

원종천. "칼빈의 하나님 나라 개념." 성경과 신학, 1993, 75-110.

윤경숙. "에베소서에 나타난 하나님 나라와 기독교 윤리." 신앙과 학문, 17(1), 2012, 149-181.

윤철원. "사도행전 읽기와 하나님 나라의 상관성." 신약논단, 21(1), 2014, 91-125

윤철호. "예수의 선포와 실천 속에 나타난 하나님 나라." 장신논단, 13, 1997, 162-186.

이금만. "하나님 나라와 영성교육에 관한 한 연구." 신학연구, 48, 2006, 341-360.

이신영. "하나님 나라 관점으로 본 하나님 형상 이해." 박사학위논문, 한세대학교, 2017.

이영호. "영산의 설교 가운데 나타난 하나님 나라." 영산신학저널 Vol.13, 2008, 232-278.

이종성. "교회와 하나님 나라." 기독교사상, 38(6), 1994, 238-246

임진수. "니고데모와 하나님 나라." 신약논단, 13(3), 2006, 631-661

정명현. "하나님의 나라와 그리스도의 제자로서의 교회." 개신논집, 1, 1994, 211-235.

장상. "예수가 선포한 하나님 나라." 기독교사상, 31(12), 1987, 41-50.

정성구. "교회와 세상과 하나님의 나라." 신학지남, 63(2), 1996, 190-211.

정승우. "왜 바울은 하나님 나라에 대해 침묵하는가?" 신약논단, 13(2), 2006, 401-429.

정용석. "초대교부들의 하나님 나라 이해." 대학과 선교, 제7집, 2004, 125-148.

정일웅. 『우리 시대의 하나님 나라』. 서울:총신대학부설 한국교회문제연구소, 1990.

정지련. "하나님 나라에 대한 신학적 반성." 한국조직신학논총 22집, 2008, 159-191.

조경철. "예수의 하나님나라 설교와 자기이해." 신약논단, 12(3), 2005, 497-529.

조규만. "신앙과 하나님 나라." 신학과 사상, 45, 2003, 141-179.

조용기 설교, "하나님의 소원." (1998. 5. 3).

조용기. 『쓸모 있는 사람과 쓸모없는 사람』. 1986

조영모. "누가-행전에 나타난 하나님 나라와 성령의 관계 연구." 신약논단, 10(2), 2003, 305-326.

조영모.『누가와 바울이 말하는 성령과 하나님의 나라』. 용인:킹덤북스, 2010.

조윤제. "하나님나라의 시간성에 대한 연구.", 한성어문학 11권, 1992, 113-142.

조태연. "예수의 신학적 언어와 하나님의 나라.". 한국기독교신학논총 , 80(1), 2012, 83-100.

존 맥아더. 『하나님 나라의 비유』. 생명의말씀, 2015.

주재용. "어거스틴의 사상 형성 배경과 하나님 나라." 신학연구, 31, 1990, 137-154.

최영실. "예수와 하나님 나라 운동." 기독교사상, 35(2), 1991, 9-27.

최윤배. "사랑과 하나님 나라에 뿌리를 둔 목회." 기독교사상, 45(1), 2001, 135-144.

황금봉. "복음 선포와 하나님의 나라." 신학과 목회, 15, 2001, 197-215.

허호익. "하나님의 나라의 신학적 이해." 한국조직신학회, Vol.2 No.1, 1996, 343-358.

허호익. "천당, 천국 그리고 하나님의 나라." 한국기독교신학논총, 41(1), 2005 347-377.

헤르만 리델보스. 『하나님의 나라』. 황영철 옮김. 생명의말씀, 1985.

현경식. “하나님의 나라와 믿음의 공동체.” 신약논단, 13(2), 2006, 377-400.

피터 쿠즈믹. 『교회와 하나님의 왕국』. 명종남 역. 서울:새순출판사, 1994.

Alan Vincent. 『땅 위에 임한 하나님 나라』. 김광석 역. 서로사랑, 2010.

Louis Burkhof, 『벌코프 조직신학』. 권수경, 이상원 역. 고양:크리스챤 다이제스트, 2001.

Jean Calvin. 『기독교 강요』. 원광연 역. 고양:크리스챤다이제스트, 2006.

Geerhardus Vos. 『하나님 나라』. 정정숙 역. 서울:엠마오, 1981

Geerhardus Vos, George Eldon Ladd. 『하나님의 나라, 제대로 알고 믿는가?』. 정정숙, 신성수 역. 서울:개혁주의신행협회, 1990.

George Eldon Ladd. 『예수와 하나님의 나라』. 이태훈 역. 서울:엠마오, 2001.

George Eldon Ladd. 『하나님 나라의 복음』. 박미가 역. 서울:서로사랑, 2001.

George Eldon Ladd. 『The presence of the Future』. Grand Rapids : William B. Eerdmans Publishing Company, 1974.

John Bright. 『하나님 나라』. 김철손 역. 서울:컨콜디아, 1990.

Klaas Runia, John R. W. Srott.『하나님 나라의 신학』. 정일웅 역. 서울: 한국로고스연구원, 1992.

하나님의 소원
하나님의 나라가 이 땅에!

초판 1쇄 발행 2022. 9. 20

지 은 이 다니엘 권, 에스더 권 공저
펴 낸 이 예수사랑선교회
북디자인 한혜진

펴 낸 곳 도서출판 십자가사랑
등록번호 제 214-93-24689 호
구매문의 010-2043-6515
홈페이지 www.crosslove.co.kr
이 메 일 crosslove2030@gmail.com
I S B N 979-11-979846-1-7(03230)
책 값 24,000원

유튜브채널 〈성경에세이〉, 〈Jesus Love TV〉

잘못 만들어진 책은 구입하신 서점에서 교환해 드립니다.